CONECTANDO-SE COM OS ARCTURIANOS 3

Campos Energéticos, Vibrações Superiores e a Evolução da Humanidade

Canalizado por David K. Miller

CONECTANDO-SE COM OS ARCTURIANOS 3

Campos Energéticos, Vibrações Superiores e a Evolução da Humanidade

Tradução:
Bianca Rocha

MADRAS®

Publicado originalmente em inglês sob o título *Connecting with the Arcturians 3*, por LightTechnology Publishing.
©2019, David K. Miller.
Direitos de edição e tradução para todos os países de língua portuguesa.
Tradução autorizada do inglês.
© 2024, Madras Editora Ltda.

Editor:
Wagner Veneziani Costa (*in memoriam*)

Produção e Capa:
Equipe Técnica Madras

Tradução:
Bianca Rocha

Revisão da Tradução:
Jefferson Rosado

Revisão:
Jerônimo Feitosa
Arlete Genari

Dados Internacionais de Catalogação na Publicação (CIP)
(Câmara Brasileira do Livro, SP, Brasil)

Miller, David K.
    Conectando-se com os arcturianos 3 : campos energéticos, vibrações superiores e a evolução da humanidade / canalizado por David K. Miller ; tradução Bianca Rocha. -- São Paulo : Madras Editora, 2024.
    Título original: Connecting with the arcturians 3.
    ISBN 978-65-5620-077-4

    1. Encontros humanos-extraterrestres
    2. Objetos voadores não identificados
    3. Vida em outros planetas I. Título.

24-208969   CDD-001.942

Índices para catálogo sistemático:
1. Arcturianos : Encontros entre humanos e extraterrestres : Mistérios 001.942
Tábata Alves da Silva - Bibliotecária - CRB-8/9253

É proibida a reprodução total ou parcial desta obra, de qualquer forma ou por qualquer meio eletrônico, mecânico, inclusive por meio de processos xerográficos, incluindo ainda o uso da internet, sem a permissão expressa da Madras Editora, na pessoa de seu editor (Lei nº 9.610, de 19/2/1998).

Todos os direitos desta edição, em língua portuguesa, reservados pela

MADRAS EDITORA LTDA.
Rua Paulo Gonçalves, 88 – Santana
CEP: 02403-020 – São Paulo/SP
Tel.: (11) 2281-5555 – 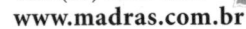 (11) 98128-7754
www.madras.com.br

Dedico este livro à minha esposa, Gudrun R. Miller, que ofereceu um grande apoio e auxílio durante a escrita e a canalização desta obra. Ela se dedica ao trabalho dimensional superior e a conectar a nossa consciência terrestre com a luz superior arcturiana.

Índice

Prefácio 13
    A Minha Base Espiritual 14
    Esperança e Cura 15
    Agradecimentos 17

CAPÍTULO 1
O Novo Paradigma Necessita de um Novo Ser Humano 18
    Paradigmas e Estados de Consciência 19
    O Novo Paradigma Requer uma Consciência Superior ... 20
    O Subconsciente Humano e a Noosfera 22
    O Novo Ser Humano 25

CAPÍTULO 2
Um Pensamento Criou um Universo 27
    Pensamento de Unidade Pode Criar uma Nova Realidade ... 31
    Visualização do Ponto Ômega 33
    O Ponto Mais Elevado de Evolução 34

CAPÍTULO 3
Uma Nova Ferramenta Poderosa para a Ascensão 36
    Visualizem Sua Ascensão 38
    A Intersecção das Dimensões 41

CAPÍTULO 4
Os Três Lados do Triângulo Sagrado 45
    A Terra Está se Intersectando com a Quinta Dimensão ... 46
    Carma Cósmico 47
    Espiritualidade Galáctica 49
    A Terra como um Organismo Vivo 51
    Pensamento Místico e Trabalho Energético 53

CAPÍTULO 5
Cidades de Luz Planetárias na Terceira e na
Quinta Dimensões..55
    O Corpo da Quinta Dimensão 56
    Shangri-la 57
    A Sociedade Justa 60
    Conduzam a Forma da Quinta Dimensão para o
    Mundo da Terceira Dimensão 62
    Manifestem um Futuro Mais Brilhante..................................63

CAPÍTULO 6
Utilizem a Neutralização para Cura Pessoal e Planetária............66
    Quando o Equilíbrio e a Compaixão
    Não Funcionam Mais 67
    Pratiquem a Neutralização..70
    Utilizem Energia Pung para Resiliência.................................71

CAPÍTULO 7
A Consciência Superior é a Próxima Etapa na
Evolução Humana 74
    O Efeito do Centésimo Macaco e a Evolução
    da Consciência...76
    Crise Causa Mudança..78
    Removam Seus Antolhos 79

CAPÍTULO 8
Trabalhem com Sua Aura 82
    Exercício de Expansão da Aura..83
    Protejam e Potencializem Seu Pung.......................................85
    Aumentem a Pulsação da sua Aura para Remover
    Vínculos..87
    Tremulação 89
    Exercício do Lago de Cristal 90
    Ascensão e o Trabalho com a Aura 91

Exercício para Abrir Seus Chacras..92
Vocês Podem Expandir e Contrair Sua Aura........................94

CAPÍTULO 9
Usem os Códigos de Ascensão para Alcançar a
Consciência Superior..96
Desbloqueiem a Memória da Alma para Curar Traumas.....98
A Terra Precisa de Mestres da Quinta Dimensão..................100
Influências Externas..101
Purifiquem o Inconsciente Coletivo ao Desbloquear
os Códigos de Ascensão...103

CAPÍTULO 10
Estratégias de Ascensão para a Quinta Dimensão......................105
O Portal Estelar..106
Frases Especiais do Arcanjo Miguel para Desbloquear
Seus Códigos de Ascensão...107
Sananda Recomenda Participar de um Grupo Espiritual......107

CAPÍTULO 11
A Importância dos Espaços Sagrados..109
O Dano Pode Ser Reparado...110

CAPÍTULO 12
Usem as Constelações de Pensamentos para se Manifestar........113
Manifestem-se com uma Constelação de Pensamentos........114
Constelações de Pensamentos para Purificar a Terra............116
Meditação do Humano Ômega...119
Constelação de Pensamentos para a Cura da Terra...............120

CAPÍTULO 13
A Redefinição e o Primeiro Contato Global..................................122
Redefinição da Terra...123
Tipos de Primeiro Contato...125
Requisitos para o Primeiro Contato Global.............................127

Primeiro Contato e Energia Messiânica..................................128
Meditação do Primeiro Contato 130

CAPÍTULO 14
Campos de Pensamento em Grupo Arcturianos........................131
    Utilizem a Energia da Forma-Pensamento Universal............132
    O Campo de Pensamento Arcturiano da Terra
    Transcende as Limitações da Terceira Dimensão 134
    Trabalho de Cura do Lago de Cristal..135
    Exercício do Lago de Cristal..137

CAPÍTULO 15
Preparem-se para a Intersecção das Dimensões.......................141
    A Terceira Dimensão é um Vislumbre da
    Mente do Criador..141
    A Oportunidade Reside na Interação Dimensional...............143
    A Quinta Dimensão se Compara à Luz Solar.........................144
    Efeitos da Intersecção 146
    Os Mestres Ascensionados Direcionarão
    Energia de Luz para os Lugares Certos 147
    Meditação para a Luz da Intersecção.......................................148

CAPÍTULO 16
Ajudem a Ascensão da Terra..149
    A Esfera de Influência...149
    Consciência Superior...150
    Exercício da Aura da Terra 151

CAPÍTULO 17
A Importância da Calibração Espiritual 153
    Reservas Oceânicas de Luz 155
    Calibrações Necessárias para Luz e Energia Espirituais 156
    Terra Espiritual..158
    Medo de Perder a Individualidade..160

O Eu Multidimensional 161
Abram-se para a Espiritualidade Galáctica 162

CAPÍTULO 18
Sons e Vibrações de Cura Sagrados 164
A Psicologia da Cura pelo Som 165
Os Sons Sagrados da Língua Sagrada 166
Meditação Sonora 167
Arcanjo Miguel Discursa sobre a Unidade 170

CAPÍTULO 19
Sobre a Árvore da Vida Planetária Arcturiana 171
A Tríade Superior 173
Conhecimento Oculto 175
Bondade Amorosa e Julgamento 176
A Nova Sociedade Justa 178
Tremulação e Equilíbrio 179
Trabalho dos Caminhos na Árvore da Vida 180

CAPÍTULO 20
Novas Ferramentas Espirituais para a Ascensão 183
O Conflito entre Liberdade e Restrição 184
A Intervenção Messiânica é Miraculosa 185
O que Está em Cima é Como o que Está Embaixo 187
Portal Estelar para a Quinta Dimensão 188

CAPÍTULO 21
Purificação Ritual e Tremulação 190
Purificação por meio da Tremulação 191
Tremulação para a Cura Pessoal 192
Arcanjo Metatron Discursa sobre o Ritual de Purificação 193

CAPÍTULO 22
Cura Quântica 195
Campo Energético de Cura Quântica 196

CAPÍTULO 23
A Espiritualidade Galáctica Expande Sua Perspectiva 198
   Não Existe Limite 199
   Compreendam Quem Vocês Têm Sido 201
   Como Trabalhar com Seu Eu Futuro 203
   Cacique Coração de Búfalo Discursa Sobre Ajudar
   a Mãe Terra a Ascender 205

CAPÍTULO 24
Preparem-se para a Nova Terra 207
   Observem o Panorama Completo 209
   Sistemas de Crenças Antigos Estão Colapsando 211
   A Nova Terra Está Esperando 213

APÊNDICE A
A Meditação do Anel da Ascensão 215

APÊNDICE B
   A Importância do Trabalho do Templo 218
   Meditação do Campo de Pensamento em Produção 220
   Ajudem a Curar o Planeta Terra 221

Glossário 225

Prefácio

David K. Miller

Tenho recebido informações e mensagens diretas dos arcturianos há mais de 22 anos. Como resultado dessa poderosa conexão, canalizei mais de 15 livros, escrevi mais de 200 artigos e conduzi mais de 50 *workshops* internacionais sobre temas relacionados aos arcturianos.

Este livro é baseado essencialmente em exposições e informações que canalizei durante o ano de 2017 de meu guia arcturiano, Juliano. Os temas dessas exposições atuais têm como foco a evolução da humanidade, o próximo estágio do nosso desenvolvimento planetário, a crise planetária em geral (incluindo a sexta extinção em massa) e como nós, como trabalhadores da luz espirituais e sementes estelares, podemos nos preparar para o nosso futuro e para a ascensão. Cada um desses temas poderia facilmente se tornar um livro inteiro, principalmente quando observamos as relações entre assuntos tão complexos quanto física quântica e espiritualidade. Existem referências frequentes neste livro sobre física da Nova Era, a fim de aprender como isso se relaciona às dimensões superiores e às técnicas de cura. Por exemplo, Juliano muitas vezes usa terminologias como "cura quântica" e "luz ômega".

Alguns dos assuntos deste livro foram discutidos e explicados em alguns dos meus livros anteriores. No entanto, devido à complexidade desses assuntos, esses temas merecem ser revisitados de uma maneira mais profunda e explorados em novas perspectivas. Sendo assim, apesar de os temas poderem ser semelhantes, novas informações e explicações mais claras foram acrescentadas. Espera-se que as novas informações ofereçam percepções sobre temas como cura quântica, ascensão e viagem astral. Peço a compreensão dos leitores quanto a essa questão, pois qualquer repetição pretende oferecer uma clareza maior sobre assuntos espirituais complexos.

Quanto a assuntos relacionados à astrofísica, à física quântica e à cosmologia, bem como questões teológicas relacionadas ao fim dos tempos, essas canalizações têm origem na perspectiva galáctica da quinta dimensão dos arcturianos. Os arcturianos são uma espécie avançada que é muito mais evoluída do que a humanidade. Seu desenvolvimento inclui avanços na ciência, na teologia e na cosmologia. Diferentemente de muitos dos cientistas da Terra, os arcturianos integram, de bom grado, física com espiritualidade. Teologicamente, em alguns momentos este livro aborda a questão da astrofísica e do fim dos tempos. Com o avanço da nossa alma, o conceito de graduar da Terra e ascender se torna mais importante.

"Ascensão" é um termo que descreve a transmutação do corpo físico para a quinta dimensão, completando os ciclos de encarnação da Terra. Essa experiência de ascensão foi descrita com mais detalhes na Bíblia hebraica, especificamente pelas experiências de Elias e Enoque. Os arcturianos associam o processo de ascensão ao fim dos tempos, e eles anunciam que a ascensão está aberta a todos que buscam a verdade espiritual superior, especialmente aqueles que estão abertos à espiritualidade cósmica.

Algumas informações deste livro podem ser fortemente mentais. Este livro lida com outros assuntos interessantes, mas complexos, conforme destacado, bem como com informações sobre psicologia da alma, cristais etéricos e curas pessoais. Quando possível, os arcturianos tentaram oferecer explicações detalhadas sobre esses conceitos. Também acrescentei um extenso glossário para ajudar o leitor. Pesquisei esses temas com a esperança de ajudá-los a ter um entendimento maior da perspectiva arcturiana sobre o trabalho espiritual. No entanto, não tentarei atenuar as canalizações de alguma forma, mesmo se elas parecem estar lidando com assuntos muito complexos. Evidentemente, alguns desses temas teológicos – como o fim dos tempos, a ascensão da alma da Terra e o estudo da criação – requerem percepções e explicações científicas.

A Minha Base Espiritual

É honesto informar a vocês que a minha base espiritual tem origem na Cabala, que é a forma avançada do misticismo judaico. Alguns religiosos e estudiosos místicos disseram que a Cabala é a base de todo o misticismo ocidental. Isso inclui conceitos como rosacruzes, cartas de tarô, a Aurora Dourada e até mesmo o trabalho da famosa vidente russa Madame Blavatsky.

Eu utilizo as interpretações e os aprofundamentos arcturianos dos conceitos cabalísticos. O principal conceito cabalístico que estudo é baseado na Árvore da Vida. Este livro não tem como foco a Árvore da Vida cabalística tradicional. Para essa perspectiva cabalística, recomendo autores cabalistas judeus mais tradicionais, como Gershom Scholem ou Aryeh Kaplan.

Os arcturianos apresentam uma interpretação galáctica e não tradicional da Árvore da Vida cabalística, especificamente criada para a cura planetária; portanto, essa Árvore da Vida é denominada de Árvore da Vida Planetária Arcturiana. Essa Árvore da Vida, em geral, representa os ensinamentos fundamentais sobre como a mente do Criador funciona e como podemos adotar esses paradigmas cabalísticos para o desenvolvimento pessoal e planetário.

Duas esferas, ou energias, adicionais na Árvore da Vida Planetária Arcturiana são adotadas em relação à Árvore da Vida tradicional. Acima de tudo, essa Árvore da Vida Planetária é explicada como um método para a cura planetária. Os conceitos e as relações dessas esferas e emanações são interpretados para ajudar a curar os desequilíbrios no planeta Terra. O objetivo é oferecer novas bases e percepções na cura planetária.

Outro conceito novo é que a Árvore da Vida Planetária oferece localizações geográficas para cada esfera de energia. Esse certamente é um método não ortodoxo, e, que eu saiba, nunca foi experimentado no pensamento cabalístico tradicional. A fim de ajudá-los a compreender esses conceitos, apresentarei um diagrama e algumas definições aprofundadas das doze esferas. Espero que isso os ajude a superar a dificuldade de entender a relação entre as localizações geográficas, os espaços sagrados e a Árvore da Vida Planetária Arcturiana.

Esperança e Cura

Existem dois outros conceitos importantes relacionados à Árvore da Vida Planetária Arcturiana. Um deles são as cidades de luz planetárias, um importante conceito relacionado a definir e criar cidades sagradas ao redor do planeta. Esse é um método de cura e equilíbrio planetário que os arcturianos nos ensinaram. Tenho trabalhado para manifestar as cidades de luz planetárias na Terra. Esse trabalho foi criado por meio das técnicas de cura com o nosso grupo de meditação – o Grupo de Quarenta, que minha esposa, Gudrun, e eu fundamos juntos. Nós temos mais de 750 membros ao redor do mundo, e, no momento em que escrevo este livro, temos aproximadamente 45 cidades de luz planetárias.

Outro importante conceito mencionado neste livro é o Triângulo Sagrado. Esse conceito une três tradições espirituais: as tradições místicas de todas as religiões, a espiritualidade galáctica e os ensinamentos dos nativos americanos (ou Primeira Nação).

Um ponto final a respeito da gramática e da sintaxe deste livro: a canalização é geralmente citada como um discurso automático; portanto, as exposições originais neste livro são baseadas em estruturas de fala em oposição a estruturas escritas. No entanto, todas essas exposições canalizadas foram amplamente editadas para desenvolver uma gramática e uma estrutura de frases melhores. Ao mesmo tempo, empenhei-me em preservar os sons, tons e sentimentos originais em cada exposição.

Frequentemente, muitas dessas exposições contêm transliterações de som para descrever o canto de alguns tons que canalizo durante as exposições. Infelizmente, não existe uma maneira exata para reproduzir de forma escrita os tons poderosos e os efeitos. Alguns desses tons também estão na forma hebraica clássica, e isso vem de parte do meu estudo anterior em hebraico bíblico.

Eu espero que essas explicações os preparem para a nova aventura, ao se aprofundarem nos pensamentos e nas perspectivas dos arcturianos. Os arcturianos apresentam uma abordagem única e simples para a nossa crise atual na Terra, e acredito que, acima de tudo, suas mensagens proporcionam esperança, auxílio e cura. As curas apresentadas por meio de seus pensamentos são relevantes nas esferas pessoal e planetária.

Agradecimentos

Eu quero agradecer a Birgit Smothers, por seu excelente trabalho ao transcrever e editar o texto. Também quero agradecer a Bill Spuhler, que ajudou a editar muitas dessas exposições, e a Kristine Brenner, que contribuiu com informações introdutórias sobre a Árvore da Vida Planetária Arcturiana.

Quero também agradecer à minha esposa e cofundadora do Grupo de Quarenta, Gudrun R. Miller, pelo seu apoio. Por fim, quero agradecer a todos os membros do Grupo de Quarenta que fazem parte do grupo de cura planetária arcturiano das sementes estelares que Gudrun e eu conduzimos.

Capítulo 1

O Novo Paradigma Necessita de um Novo Ser Humano

Juliano e os arcturianos

Estamos nos aproximando de cinco anos depois do alinhamento de 2012. A energia liberada e direcionada ao planeta Terra causou despertares e mudanças na consciência. Ela também causou confusão, porque as pessoas não conseguiram se ajustar ao novo paradigma que vem com uma transmissão muito elevada de energia.

Muitas pessoas ainda atuam sob o antigo paradigma, que pode ser comparado aos computadores antigos. Os computadores antigos, como o Commodore 64, foram incríveis em sua época e proporcionaram melhorias extraordinárias para cálculos e outras tarefas difíceis e que consomem tempo. Atualmente, vocês estão em uma era dos computadores avançada. Se vocês executarem um computador antigo (ou um paradigma antigo), não conseguirão processar e acompanhar as mudanças dramáticas. Se vocês estão utilizando um paradigma antigo, seu processador (a sua mente) não conseguirá computar e calcular rapidamente o suficiente para acompanhar todos os acontecimentos atuais. O significado desses acontecimentos não ficará claro para vocês. Vocês não conseguirão tomar decisões referentes às informações que recebem porque não possuem a integração adequada para todas as variáveis.

Não é bom tomar decisões planetárias com dados insuficientes. Acreditem em mim: os diversos acontecimentos e os dados correspondentes que eles geram atualmente estão sobrecarregando até mesmo as sementes estelares! Os acontecimentos políticos, econômicos e sociais que ocorrem na biosfera são tão numerosos que um computador gigantesco com uma unidade de processamento altamente avançada ainda teria dificuldade de analisá-los para realizar ajustes e previsões.

Um novo paradigma é necessário. Novos processadores e análise de dados avançada são requeridos para compreender o que vocês estão vivenciando na Terra. Primeiramente, estou me referindo à sua compreensão dos acontecimentos do ponto de vista da mente, sua habilidade mental de processar acontecimentos.

Sabemos sobre os quatro corpos: mental, espiritual, emocional e físico. Eles são muitas vezes denominados na Cabala como os quatro mundos. O corpo mental é importante. O corpo mental do Criador produziu o pensamento que deu início à criação, então a palavra que iniciou a criação realmente surgiu depois do primeiro pensamento. Sendo assim, a forma como sua mente funciona, analisa e compreende este mundo é importante.

Paradigmas e Estados de Consciência

Os estados de consciência podem tanto ser inferiores quanto elevados. Existe até mesmo um estado de consciência em que vocês percebem que aquilo que pensavam ser bom ou ruim não faz mais diferença. Esse é um estado geralmente caracterizado como: "Tudo é como deve ser. Tudo está na ordem divina". Nesse estado de consciência mais elevado, vocês não se incomodam com o que está acontecendo, porque sabem que tudo é como deve ser. Vocês percebem que o plano divino está se revelando e conduzindo a uma ordem superior.

Existem muitas formas naturais e artificiais de se alcançar esse estado de consciência. Por exemplo, ficar bêbado é um método artificial. Nesse estado, vocês podem não se importar com a dor ou as questões que os preocupam em seu estado normal. Também existem estados de consciência induzidos por drogas, como quando vocês trabalham com alguns xamãs. Existem também meditações muito complexas e difíceis que produzem um estado de consciência mais elevado.

Há uma grande verdade na percepção de que tudo é como deve ser, mas esse é apenas um estado temporário. Quando vocês retornam de um estado de consciência alterado para a terceira dimensão, podem ter uma sensação de desesperança. Por exemplo, pela perspectiva da terceira dimensão, vocês teriam muita dificuldade em testemunhar um sofrimento animal ou humano. É difícil dizer que tudo é como deve ser, principalmente quando a dor e o sofrimento que vocês presenciam no planeta não são aceitáveis para seu coração.

Então, vocês têm um paradoxo: tudo é como deve ser pela perspectiva superior, mas, na perspectiva da terceira dimensão, a situação precisa mudar. Como vocês devem lidar com isso? É por esse motivo que estamos trabalhando com vocês para desenvolver um novo paradigma e tentar colocar tudo na perspectiva certa. Parte desse processo depende da sua habilidade de usar a perspectiva mental correta. Novamente, o corpo mental é a forma mais elevada e é o primeiro dos quatro mundos.

A sabedoria faz parte da mente e inclui um entendimento superior. Vocês precisam fazer a conexão entre o que sabem e compreendem intuitivamente, de modo que possam realizar mudanças na terceira dimensão. Por exemplo, as pessoas que fumam podem intuitivamente saber que cigarros fazem mal para a saúde delas e que a fumaça polui seus pulmões. Elas até mesmo podem compreender que a fumaça do cigarro pode causar dano celular. No entanto, o ato final é parar de fumar. A pessoa tem de associar tudo isso e tomar essa decisão, e esse último passo é o mais crucial. É nesse ponto que muitas pessoas falham. Elas não têm a habilidade de colocar em prática o que sabem.

Por que pessoas que parecem informadas e inteligentes não conseguem associar isso? Tenho certeza de que vocês já se fizeram essa pergunta em relação a como as pessoas tratam o meio ambiente. A sabedoria diz a vocês que poluir faz mal para a biosfera e para a vida. Existe evidência científica para isso. Tenho certeza de que todos já viram as estatísticas dramáticas de crianças morrendo de asma em países industrializados. Ainda assim não há uma vontade de parar a poluição. Por que a indústria livre de poluição não é implementada ao redor do mundo?

O Novo Paradigma Requer uma Consciência Superior

O eu mediano é a parte de vocês que deseja passar por cima do eu animal e realizar coisas boas. O eu mediano também tenta passar por cima do egocentrismo e do narcisismo. Ele deseja estar a serviço da humanidade – um aspecto importante para a ascensão. Servir é uma forma de superar um pouco do carma negativo que vocês acumularam em outras vidas. Aqueles de vocês que estão à serviço de alguma forma são elegíveis à graça fenomenal. Neste período extremamente acelerado, as oportunidades de servir e ter graça são enormes.

Muitos daqueles que estão no poder neste planeta e aqueles que apoiam a destruição e o dano ao planeta estão usando a consciência animal. Eles estão agindo a partir do eu inferior, que deseja autossatisfação. A maior parte da humanidade está conectada com a consciência animal, mas está tentando evoluir a um passo acima disso. Existem aqueles que são inteligentes e parecem ter conhecimento e sabedoria, mas não possuem a habilidade de se conectar, a fim de que possam se manifestar e mudar. Eles também são dominados por seu eu animal. Existe apenas uma pequena porcentagem de sementes estelares e pessoas com mentalidade ética e espiritual neste planeta que estão tentando passar por cima do eu animal.

Vamos dedicar um momento para meditar sobre a diferença entre o eu animal e o eu superior, pois vocês ainda possuem seu eu animal, portanto, ainda devem reagir a ele. Vocês não podem dizer: "Eu não tenho esse eu animal". Dizer isso é negar a realidade. No entanto, vocês podem escolher expandir sua consciência para o eu mediano ou o eu superior.

Afirmem: "Eu estou me conectando agora com o meu eu superior". Quando vocês se conectam com seu eu superior, podem implementar a sabedoria e o conhecimento que adquiriram. Podem fazer a conexão para aperfeiçoar sua manifestação. Usei o exemplo do fumante que possui o conhecimento de que fumar é prejudicial. O fumante tem o conhecimento científico sobre os efeitos prejudiciais de fumar. Quando ele se conecta com o eu superior, consegue aprender, conectar e implementar a mudança necessária.

Então, novamente meditem sobre esta afirmação: "Eu estou me conectando agora com o meu eu superior". [Canta] "Oooohhhh, oooohhhh". Lembrem-se de que vocês não estão bloqueando seu eu animal; estão simplesmente se concentrando em seu eu superior. Vocês ainda precisam do seu eu animal. Façam uma prece antes de comer, e isso elevará a vibração do ato de comer e do eu animal.

Vocês podem dizer: "Bem, todo mundo contribui para a destruição deste planeta. Todo mundo dirige. Todo mundo come. Algumas pessoas, é claro, são vegetarianas, mas até mesmo a comida vegetariana tem de ser levada até o mercado, e as pessoas usam motores a gasolina para entregá-la. Então, todo mundo tem uma parte nisso". Evidentemente, há alguma verdade nessa visão. No entanto, vocês ainda podem elevar a vibração das suas atividades ao abençoar ou devotar as energias que estão utilizando para a sobrevivência do seu eu. Vocês estão, portanto, usando energia superior para promover o eu superior.

O Subconsciente Humano e a Noosfera

Um princípio do subconsciente humano é que tudo o que é inserido é recebido e manifestado. O subconsciente geralmente não diferencia os tipos de informações que são recebidas. O subconsciente pode ser comparado a um computador. Os cientistas da computação muitas vezes dizem brincando: "Lixo entra, lixo sai". Se vocês inserirem informações erradas, obterão resultados errados. Os *chips* de memória em um computador não diferenciam dados certos ou errados. O subconsciente humano opera sob o mesmo princípio.

Defesas do eu superior, incidentemente, afetam o subconsciente. Quando vocês vão além do eu animal, desenvolvem seu corpo mental. Vocês logo aprendem que aquilo em que pensam e acreditam pode mudar seu subconsciente. Existem formas de usar afirmações, sistemas de crenças, diálogo interno e outros métodos visuais para comunicar informações positivas ao seu subconsciente, e vocês fazem isso sabendo que o subconsciente manifestará a nova informação.

Existem restrições e limitações às habilidades do seu subconsciente. Por exemplo, vocês podem usar a afirmação "Eu me tornarei milionário. Terei 500 milhões de dólares". E podem repetir essa afirmação 20 mil vezes. Vocês podem não obter esse resultado (e provavelmente não obterão). O motivo para isso é que existem diretrizes de como usar seu subconsciente para se manifestar nesta realidade. Vocês vieram para este planeta a fim de aprender as lições corretas e a técnica de manifestação na terceira dimensão. Em vez de dizerem "Eu terei 500 milhões de dólares", vocês podem dizer: "Eu terei tudo de que necessito para uma vida feliz, saudável e gratificante". Essa é a verdadeira riqueza, afinal. A verdadeira riqueza não é ter dinheiro; a verdadeira riqueza é ser feliz e satisfeito e obter aquilo de que se necessita para continuar a viver de uma forma saudável e confortável.

Algumas pessoas acreditam que o sofrimento faz parte da vida. Em uma base cármica, as pessoas que são desequilibradas em alguma vida e se tornam muito ricas e luxuriantes algumas vezes precisam retornar para viver uma vida mais simples e espiritual. No entanto, para a maioria de vocês, esse não é o caso.

A noosfera planetária atua sob princípios semelhantes ao do subconsciente. É muito incrível que, conforme a espécie humana evolui, vocês aprendem mais sobre sua mente consciente e sobre como ela influencia diretamente o subconsciente.

A noosfera planetária é a coleção de todos os pensamentos, acontecimentos e energias que ocorreram neste planeta desde o início. É um campo energético que pode ser comparado ao campo energético mental. A noosfera planetária registrou e vivenciou todos os acontecimentos, incluindo as diferentes extinções que ocorreram. A noosfera até mesmo registrou os momentos em que a Terra teve um clima muito tropical e quando foi atingida por asteroides. Houve um período em que a Terra estava em perigo, porque cientistas atlantes conduziram experimentos que levaram à destruição de um continente inteiro. Todos esses acontecimentos estão registrados na noosfera.

O planeta tem uma consciência, e ele se autorregula para atingir o equilíbrio. O que é diferente atualmente é que uma abertura ocorreu para a humanidade. Essa abertura permite que a humanidade aprenda a direcionar a evolução planetária e a noosfera. Existem muitas leis importantes sobre a noosfera:

- Ela interage com a consciência humana, o inconsciente coletivo e o subconsciente humano.
- A humanidade agora faz parte da noosfera da Terra.
- A noosfera da Terra supervisiona e controla a evolução de todas as espécies do planeta. Isso ocorre por meio de várias técnicas, incluindo imagens na noosfera e dados coletivos sobre o que precisa ocorrer para realizar os julgamentos necessários.

- A noosfera planetária também está conectada à noosfera galáctica e à consciência galáctica.

- Alguns dos paradigmas e formas-pensamento superiores sobre criaturas, plantas e animais foram transmitidos à noosfera a partir de fontes galácticas superiores. O alinhamento com o Sol Central criou uma abertura na qual novas imagens, paradigmas, formas-pensamento e possibilidades evolutivas foram transmitidos para a noosfera. Essas ideias estão prontas para se manifestar com a informação correta e a habilidade de implementá-las por meio de técnicas de cura planetária especiais.

- Aqueles com poder arcano superior, ou poder do pensamento, podem ter uma influência mais forte sobre a noosfera, o que ajuda a criar uma evolução e uma manifestação mais elevadas. Os grandes profetas que influenciaram fortemente os seres humanos demonstraram isso. Eles não estavam falando sobre integrar a noosfera planetária com a consciência humana. Essa integração é o próximo nível da evolução humana. O próximo paradigma e o novo protótipo da humanidade estão presentes na noosfera da Terra.

- O protótipo superior da humanidade se manifestará quando ela interagir com a noosfera planetária. O paradigma para esse próximo estágio de evolução deve incluir uma interação com a consciência planetária e a noosfera planetária. Isso possui muitas ramificações. A Terra é sua mãe. A Terra é o ponto de partida para sua ascensão e sua plataforma para os reinos superiores. Sua evolução está inter-relacionada com a noosfera da Terra.

- Vocês podem influenciar a Terra de forma mais positiva e poderosa durante períodos sagrados (dias santos) e em lugares sagrados. Quando vocês vão a lugares sagrados, usam energia sagrada, como a energia de cristais. Isso aumenta sua habilidade de influenciar a noosfera. Vocês podem até mesmo se unir em cerimônias com outros grupos espirituais nesses momentos.

Vamos retornar à comparação da noosfera planetária com o subconsciente. Uma regra para mudar o comportamento é mudar as afirmações, os comandos ou as direções que entram no subconsciente. Nós descobrimos que esses comandos ou afirmações devem ser pronunciados de uma determinada forma. Por exemplo, ao enviar afirmações ao subconsciente, podemos dizer: "Se for para o bem maior, por favor, permita que venha a mim quanta riqueza for possível, de modo que eu possa viver e ter todas as minhas necessidades atendidas". Percebam que acrescentamos "se for para o bem maior". Quando vocês inserem afirmações na noosfera, usam palavras como essas. Vocês podem conectar sua afirmação ao anel da ascensão para intensificar seu poder arcano.

Outra coisa que sabemos sobre o subconsciente humano é que as imagens muitas vezes são mais poderosas do que as palavras. Isso significa que inserir imagens agradáveis e equilibradas em seu subconsciente pode ser capaz de ajudá-los a manifestar o que vocês querem em sua vida terrena. Se vocês querem uma casa nova, visualizem-se sorrido e felizes em uma casa confortável. Observarem-se em uma casa muito confortável é uma boa imagem para transmitir ao seu subconsciente. Para a cura planetária, visualizem cidades de luz planetárias no estilo de Shangri-la e reservas oceânicas de luz puras e cristalinas ao redor do mundo. Essas imagens, então, podem ser transmitidas à noosfera.

O Novo Ser Humano

Igualmente importante para elevar a consciência é transmitir a nova imagem do novo estágio de evolução da humanidade, o novo ser humano. Os novos seres humanos vivem a partir do eu superior, e não do eu animal. Os novos seres humanos vivem em harmonia com o planeta e em equilíbrio com todas as energias planetárias. Nós vemos isso como o novo estágio evolutivo.

Quantas espécies humanas diferentes existiram neste planeta? Eu não conseguiria nomear todas elas, mas vocês já ouviram falar dos australopitecos, dos neandertais e dos Cro-Magnon. Atualmente, estamos avançando em direção a um novo ser humano, além do

Homo sapiens. Adoro a expressão "semente estelar". Ela é uma expressão descritiva que poderia se adaptar ao próximo protótipo.

Vamos nos concentrar no protótipo desse ser superior, esse novo ser humano que possui a consciência das sementes estelares. Essa consciência das sementes estelares naturalmente inclui as energias galácticas e a percepção e o conhecimento de outras vidas neste planeta. A semente estelar possui a habilidade da consciência expandida que pode ir além do eu animal, até o eu superior. O novo ser humano pode viver em equilíbrio harmonioso, interagir com a noosfera e compreender e receber as transmissões energéticas superiores do Sol Central, que contém os protótipos para o novo ser humano.

Agora, vamos meditar para visualizar o novo ser humano. Conforme vocês meditam, podem ter dificuldade para imaginar o próximo estágio evolutivo. Recomendo usar a imagem de Sananda, P'taah ou qualquer mestre ascensionado com o qual vocês se sentirem confortáveis. Cada grande mestre ascensionado está tentando melhorar o protótipo humano para facilitar o acesso ao novo estágio evolutivo.

A ideia do novo ser humano deve ser mantida no alto imaginário na noosfera da Terra. Vocês, com os mestres ascensionados, estão inserindo o novo protótipo para o novo ser humano. A consciência expandida é o próximo estágio. Vocês e eu devemos ajudar a transmitir esse protótipo à noosfera e ao seu subconsciente. Vocês devem manifestar e fazer parte de um novo protótipo. Com a consciência expandida, surgem poderes psíquicos maiores, habilidades de cura e poderes de manifestação. Todos os mestres ascensionados possuem grandes habilidades para se manifestar na terceira dimensão. [Canta] "Oooohhhh".

Que a luz brilhe dentro de vocês, e que seus pensamentos sejam poderosamente projetados na noosfera e no seu subconsciente usando a luz ômega. Permitam que a luz ômega ilumine de forma brilhante e dourada a imagem do novo protótipo da humanidade, tanto na noosfera quanto no seu subconsciente.

Eis uma conexão e um exercício de cura poderosos.

Capítulo 2

Um Pensamento Criou um Universo

Juliano e os arcturianos

Vamos estudar um conceito relacionado à biorrelatividade, uma técnica que denominamos de noorrelatividade. A biorrelatividade é a habilidade de se comunicar telepaticamente com o espírito da Terra para criar mudanças no sistema de ciclo de realimentação. Isso ajuda a manter as diversas forças em alinhamento para benefício da humanidade e do planeta.

A noorrelatividade é uma técnica baseada no conceito da noosfera – a energia coletiva do campo de pensamento ao redor deste planeta, contida no campo energético da Terra. É a habilidade de interagir e orientar a noosfera para uma direção positiva. A noorrelatividade é semelhante à biorrelatividade. A diferença é que, na noorrelatividade, vocês utilizam seus poderes arcanos de energia de pensamento para criar e aprimorar a evolução, tanto do planeta quanto da humanidade.

Para compreender a noosfera, vocês precisam compreender o conceito de campos de pensamento e a ideia de energia vibracional. As pessoas têm se referido à ilusão da terceira dimensão como *maya*, termo hindu para "véu". Quando vocês olham para uma mesa na terceira dimensão, ela parece ser sólida. As pessoas parecem ser sólidas. Até mesmo a Terra parece ser sólida. Essa ilusão é conhecida como véu. Na realidade, tudo vibra.

Vocês possuem uma válvula perceptiva no cérebro, conhecida como sistema ativador reticular, que os ajuda a enxergar o mundo como sólido. Essa válvula possui diversos níveis de estar aberta ou fechada. Durante o funcionamento da vida normal, a válvula fica fechada, e vocês não enxergam a realidade vibracional que existe. Quando a válvula está mais aberta, vocês conseguem vivenciar o mundo de energia vibracional. Vocês conseguem enxergar os campos energéticos das pessoas, a velocidade vibracional de suas auras, seus campos de pensamento e suas emoções. Nessa experiência, vocês conseguem enxergar um campo de pensamento ao redor da cabeça de uma pessoa. O campo de pensamento é baseado no acúmulo das energias de pensamento que vocês têm nesta vida e em outras vidas. Esse campo de pensamento também possui diferentes camadas e características.

Por exemplo, pessoas de uma evolução superior – que possuem uma conexão com seus eus superiores – são capazes de conduzir pensamentos superiores a seus campos energéticos. Campos de pensamento são campos energéticos coletivos localizados ao redor da aura que consistem em energia vibracional criada por pensamentos.

Infelizmente, neste momento de sua evolução, os seres humanos não conseguiram criar uma forma precisa de medir o campo de pensamento. Quando sua válvula perceptiva está aberta, vocês conseguem ver que pensamentos são energias e possuem um poder que somente pode ser descrito como energia quântica. Os pensamentos têm a habilidade de criar esta realidade. A Cabala e outros textos religiosos místicos observam que o Divino se concentrou primeiramente em um pensamento para criar este universo, esta realidade. Como resultado, vocês atualmente estão vivenciando a terceira dimensão, que inclui a realidade física de tudo o que existe neste universo.

Alguns filósofos dizem que a primeira ação começou com as palavras "faça-se luz", o que tem sido comparado com o Big Bang. No entanto, os cientistas têm perguntado sobre o que existia antes do Big Bang. Os astrônomos e os físicos sabem que o Big Bang existiu. Sabem que ele aconteceu. Contudo, não sabem o que explodiu ou como isso explodiu. A resposta é o pensamento do Divino, que disse: "Faça-se luz". O pensamento do Divino colocou em movimento tudo o que existe e criou tudo que é vivenciado neste universo. Isso demonstra a vocês o poder do pensamento.

A noosfera – a energia coletiva do campo de pensamento deste planeta – controla e direciona a evolução de todas as espécies, incluindo a evolução da humanidade. O *Homo sapiens* se tornará outra espécie mais evoluída. Nós falamos sobre os neandertais, os Cro-Magnon e outros hominídeos associados ao ciclo evolutivo humano. Os *Homo sapiens* não são o produto final. O próximo estágio na mudança evolutiva da humanidade será direcionado pela noosfera.

É realmente incrível que, por causa de suas possibilidades evolutivas, vocês sejam capazes de se envolver em pensamentos superiores e em um modo de pensar superior. Existe muito primitivismo neste planeta dualista e polarizado, que está repleto de guerras, ódio e inveja. No entanto, as pessoas são capazes de ter formas-pensamento mais elevadas do que qualquer outro animal ou planta. Por causa disso, a humanidade pode contribuir para sua evolução. Esta é a primeira vez na história deste planeta que uma espécie pode influenciar o destino de todas as outras espécies.

Vocês podem se perguntar: "Qual será o nome dessa espécie superior?". É difícil encontrar um termo científico relevante que os cientistas concordariam em utilizar para denominar o novo estágio do *Homo sapiens*. Sendo assim, tomei a liberdade de denominá-los de seres sementes estelares da quinta dimensão. Por que escolhi esse nome? Porque o próximo estágio evolutivo da humanidade precisa da consciência das sementes estelares para sua expansão e evolução.

A consciência das sementes estelares possui a capacidade de compreender que existe vida além deste planeta e desta dimensão. Ela também inclui a capacidade de se conectar com a energia e a luz necessárias da quinta dimensão.

O poder da forma-pensamento reside na noosfera, ou no campo de pensamento ao redor da aura deste planeta. Existem formas com as quais os seres humanos (que muitas vezes denomino de espécie de Adão) podem influenciar a noosfera. Vocês estão familiarizados com algumas dessas técnicas, como recitar afirmações poderosas e usar a energia arcana para aumentar o poder dos seus pensamentos. Outras técnicas incluem usar o poder coletivo para transmitir energia do pensamento à noosfera.

O anel da ascensão também interage com a noosfera. Ele é um halo de luz superior que possui habilidades especiais para interagir com a mente, os pensamentos e a energia dos mestres ascensionados. O desenvolvimento da noosfera e a evolução da humanidade por meio das formas-pensamento são coordenados com os mestres ascensionados. O anel da ascensão também faz parte da noosfera. Descrevi o valor do anel da ascensão em relação ao seu trabalho pessoal e à ascensão planetária. Ele proporciona uma fonte de luz, uma tecnologia, para interagir com a noosfera.

A energia do pensamento se acumula nos campos que vocês denominam de constelações. Vocês podem ver constelações quando observam as estrelas à noite. Ao considerarem a realidade científica, não parecem existir formas consistentes entre as 5 mil estrelas que podem ficar visíveis ao olho nu humano, mas, por meio do que pode ser denominado de formação *gestalt*, a mente humana representou animais e diversas outras formas. Os seres humanos criaram nomes para essas configurações, que eles sobrepuseram a essas estrelas aparentemente não relacionadas, de modo que a mente pudesse reconhecê-las e interagir com elas. Por exemplo, quando vocês olham para o céu à noite, podem ver Boötes, o sistema estelar que abriga a nossa estrela Arcturus, como um padrão distinto, ou uma constelação. Nomear esse padrão os ajuda a se identificar com ele energeticamente.

De forma interessante, as estrelas em uma constelação não estão necessariamente na mesma distância da Terra. Estrelas podem estar a anos-luz de distância entre si. Arcturus está a 36 anos-luz de distância da Terra. Algumas estrelas na constelação de Boötes podem estar a 200 ou 300 anos-luz de distância. A razão de elas parecerem estar juntas é que aparentam ser uma formação coletiva a partir da sua perspectiva na Terra.

Grupos estelares tornando-se constelações é um bom modelo para compreender os campos de pensamento na noosfera. As constelações se tornam campos de pensamento que influenciam a consciência humana. Essas constelações receberam formas (Órion, Virgem e as outras no zodíaco), e esses campos energéticos se acumularam ao longo de séculos ou milênios. As formas-pensamento criam um campo perceptivo que modela essa realidade. Como isso acontece? Esse é um dos mistérios da terceira dimensão e da realidade multidimensional da quinta dimensão. Esse é um dos mistérios da criação: como um pensamento pode criar um universo inteiro? A resposta não é simples.

Os pensamentos e os campos de pensamento mudam e fazem evoluir um planeta. Os campos de pensamento são a forma de energia luminosa mais elevada que existe no universo. Os pensamentos são vibrações energéticas, e os campos de pensamento possuem a capacidade de transcender o espaço e o tempo. Os pensamentos são multidimensionais e possuem a capacidade de transcender vidas. Vocês podem até mesmo conduzir um campo de pensamento de uma vida para a seguinte. Alguns pensamentos contêm campos energéticos negativos, e alguns contêm campos energéticos positivos. Alguns pensamentos especiais são das formas mais elevadas.

Pensamento de Unidade Pode Criar uma Nova Realidade

Para explicar como uma forma-pensamento da terceira dimensão pode mudar a realidade, preciso mencionar a Cabala. Existe uma meditação cabalística específica conhecida como pensamento de unidade. Em hebraico, isso é denominado de Yichud. Yichud é a capacidade de criar uma forma-pensamento que une as dimensões superiores com as dimensões inferiores. Essa união de pensamentos repara ou cura a realidade da terceira dimensão.

A Cabala relaciona unificar as formas-pensamento e reparar a terceira dimensão com o nome do Criador. Cabalistas antigos acreditavam que, ao recitar e meditar sobre um poderoso nome de Deus, podiam unir a terceira dimensão e a quinta dimensão. Isso ajudaria a reequilibrar a Terra.

Yichud, ou o pensamento de unidade, era uma prática mística dos rabinos totalmente devotos às suas orações e meditações para manter esse tipo de energia de pensamento de cura. Eles frequentemente se referiam ao pensamento Yichud como uma forma especial de oração. Eles acreditavam que pessoas especiais com energia mística superior e capacidade de usar momentos e lugares sagrados poderiam criar uma nova realidade que reuniria a luz superior com a luz inferior na Terra e, portanto, criaria uma nova Terra.

Esse pensamento de unidade pode ser usado para criar a próxima etapa evolutiva da humanidade. Vocês podem usar a constelação de pensamentos para unir esta realidade da terceira dimensão (que atualmente está polarizada e repleta de conflitos dualistas) com uma energia mais elevada e equilibrada da quinta dimensão. O pensamento de unidade pode ajudar a criar um novo equilíbrio para o próximo estágio da evolução humana.

O filósofo francês Pierre Teilhard de Chardin observou que a humanidade estava evoluindo em direção ao ponto ômega – a unificação divina. O ponto ômega é uma meta mais elevada, um modelo para seu estágio evolutivo. Como descreveríamos o próximo estágio de evolução? Devemos ter um modelo para ele, de modo que possamos transmitir e implementar as formas-pensamento corretas para começar esse estágio evolutivo.

Quando falo sobre o ponto ômega na evolução humana, estou observando o resultado – a forma mais elevada que vocês, como humanidade, podem assumir. Como podemos acelerar a evolução humana? Uma forma é criar um modelo e usá-lo como uma visualização para se manifestar na terceira dimensão. Algumas pessoas consideraram Jesus o protótipo do novo ser humano. Esse é um exemplo de um ser que era capaz de ascender. Ele era capaz de dar a outra face, por assim dizer, e não ser violento. Ele era capaz de ser amável. Jesus estava profundamente conectado com a luz divina e era capaz de assumir e retirar o carma das outras pessoas e realizar muitos tipos de cura. Ele tinha muitos atributos superiores que poderiam ser considerados parte do novo ser humano.

Considerando o eu passado, o eu presente e o eu futuro, temos as frases sagradas "Eu Sou o que Sou" e "Eu Serei o que Serei". Essas frases possuem muitas interpretações. A partir da perspectiva da evolução, essas frases implicam que vocês podem ser o que serão. Vocês possuem a capacidade de controlar seu processo evolutivo para o ponto ômega. Isso significa que vocês precisam observar o tempo de uma forma cíclica, e não de uma forma linear. Com o tempo como um ciclo, o eu passado, o eu presente e o eu futuro interagem. Isso significa que seu ponto mais elevado de evolução – coletivamente, o ponto ômega – já está interagindo com vocês. Tudo depende de vocês. Vocês podem trazer esse eu superior do futuro, o modelo superior, à Terra.

Agrada-me o termo "semente estelar". Agrada-me o modelo do novo ser humano da quinta dimensão que possui a consciência das sementes estelares, está ligado à quinta dimensão e sabe como transmutar energia da terceira para a quinta dimensão. A semente estelar sabe como ser multidimensional, pode transcender o espaço e o tempo e, então, viajar pelos corredores. A semente estelar pode trabalhar com seres de dimensões superiores, como os arcturianos, e, com a energia do portal estelar (que é como uma estação de trem para onde as pessoas vão após se graduarem da Terra e acessarem as encarnações multidimensionais em outros sistemas planetários em toda a galáxia), é capaz de se envolver em formas-pensamento de unidade.

Visualização do Ponto Ômega

Vocês têm visto muitas imagens de mestres ascensionados, e algumas retratam figuras muito belas. Neste exercício, quero que vocês se projetem como seres aprimorados da quinta dimensão no ponto ômega. Como seres multidimensionais, vocês ainda poderão viver na terceira dimensão, se assim desejarem. Vocês podem visualizar e criar um corpo que pareça ser tão evoluído quanto gostariam que ele aparentasse.

Vocês precisarão trabalhar com a forma que aparentam ser energeticamente, incluindo sua aura. Ela está equilibrada? Existem buracos na aura? Existem buracos vedados? Como estão os chacras? Eles estão abertos e girando na vibração correta? Existe uma presença multidimensional? Vocês possuem uma conexão com seu eu superior?

A visualização do seu eu mais avançado do ponto ômega está agora sendo criada em sua mente. Agora, transmitam essa forma para a noosfera. Visualizem um fluxo coletivo de consciência direcionando a evolução da espécie Homo sapiens *e transmitam seu eu mais avançado do ponto ômega para esse fluxo. Visualizem seu eu mais evoluído no ponto ômega – seu eu aprimorado com as qualidades mais elevadas – e transmitam essa imagem para as formas-pensamento que criam a noosfera do planeta Terra. Visualizem-se colocando a imagem do seu eu superior no fluxo evolutivo, que inclui os neandertais, os Cro-Magnon, os* Homo sapiens *e, agora, as sementes estelares, subindo a escada para a evolução aprimorada. Nesta prática, vocês estão direcionando o próximo estágio da sua evolução como espécie.*

Lembrem-se de que vocês estão transmitindo esse eu superior à noosfera. Observem essa nova etapa de evolução e desenvolvimento com sua válvula perceptiva aberta. Quando a válvula perceptiva está aberta, vocês enxergam a verdade e os efeitos de todas as suas ações: vocês imediatamente vivenciam a bondade ou a maldade de suas ações. Com a percepção aberta, seu comportamento mudará para o bem. Agora, visualizem o estágio final aprimorado da humanidade, o ponto ômega.

O Ponto Mais Elevado de Evolução

Em nossas discussões sobre o efeito do centésimo macaco, vocês aprenderam que os cientistas concluíram que um pequeno número de macacos que tinham uma nova percepção (aprenderam a usar novas ferramentas e técnicas) mudou, de forma radical e quase mística, o comportamento de todos os outros macacos em seu grupo. O efeito do centésimo macaco se aplica a esse processo evolutivo, porque a noosfera favorece a evolução superior. A noosfera estimula a forma superior de desenvolvimento, uma forma melhor. Essa forma melhor se torna um modelo com um poder místico (talvez pudéssemos chamá-lo de poder quântico) para mudar outras pessoas no grupo, fazendo com que evoluam para o próximo nível.

O ponto mais elevado de evolução é denominado de ponto ômega, porque, quando existe um grupo de seres em uma espécie que atinge esse ponto, os outros são atraídos em direção ao estado superior. Os pensamentos são a forma de energia mais elevada, e, emocionalmente, a vibração mais elevada é o amor. O amor é a forma de vibração emocional mais elevada, e, quando ele se une, isso os coloca em perfeita harmonia. É por esse motivo que podemos dizer que se amar é uma energia de muita cura.

O amor é uma forma-pensamento de cura e uma forma emocional de cura. Apesar de a nossa discussão diferenciar pensamentos e emoções, a realidade é que eles interagem. Nós separamos pensamentos e emoções para estudar suas características, mas pensamentos e emoções estão sempre em interação.

Existe um campo energético de pensamento ao redor da Terra. Existe um campo energético de pensamento, ou noosfera, ao redor do sistema solar. Existe uma noosfera ao redor da galáxia. Existe uma noosfera ao redor do que é denominado de grupo galáctico local, que é o aglomerado de galáxias do qual a Via Láctea faz parte. Existe também uma noosfera do universo.

Existiram culturas e místicos que trabalharam com o conceito de noosfera, como os rabinos cabalistas. Existem exemplos de místicos tibetanos que meditaram em cavernas e montanhas, mantendo a forma-pensamento para o desenvolvimento da Terra e da terceira dimensão. Na verdade, a noorrelatividade partilha de muitos dos objetivos da biorrelatividade, como tentar projetar uma forma-pensamento no ponto mais elevado da Terra, no qual a Terra atinge o ponto ômega.

Como este planeta seria se mudasse para seu ponto de evolução mais elevado? Como este sistema solar seria? Como esta galáxia seria? Na verdade, nós já estamos começando a formar na Terra a interação da consciência galáctica, e vocês estão começando a vivenciar a noosfera da galáxia. Esta foi uma das principais mensagens do trabalho com o Sol Central. Uma das energias do Sol Central foi criar sua percepção da consciência galáctica e contribuir para a noosfera galáctica.

Os monges tibetanos e outros grupos, como os hopis, continuam trabalhando para manter essas formas-pensamento para a evolução da humanidade e da Terra. Observamos que a situação da Terra se tornou muito complexa para os grupos locais conseguirem manter com sucesso a energia sozinhos. Sendo assim, um novo grupo precisa se unir, como o grupo com o qual estamos trabalhando agora, a fim de implementar esses exercícios de evolução.

Alguns dos conceitos da biorrelatividade incluem repetir formas-pensamento, repetir visualizações, cantar para os cristais etéricos usando o anel da ascensão e meditar em diferentes momentos ao redor do planeta. Por exemplo, vocês podem participar de uma meditação global na qual um grupo realiza uma visualização ao redor do mundo. Um grupo pode começar sua meditação às 11 horas (GMT), outro grupo pode começar às 12 horas (GMT), e, então, outro grupo pode começar às 13 horas (GMT), e assim por diante. Vocês também podem se conectar com grupos globais por meio de computadores e de telefones. Existem muitos métodos para trabalhar com a noosfera: visualizações, afirmações, cantos e rodas medicinais.

Vocês também podem ir a pontos de poder com grupos grandes. Por exemplo, Stonehenge é um lugar sagrado poderoso para realizar visualizações para a noorrelatividade. As regiões dos doze cristais etéricos e as sete escadas da ascensão também são bons pontos para realizar a noorrelatividade.

Eu transmito a vocês o meu amor e as minhas bênçãos neste momento de dualidade e polarização. Estamos perto do ponto em que a luz e a energia ômega estão adentrando formas-pensamento na consciência da espécie de Adão, e agora vocês podem participar da corrente de luz para direcionar sua evolução.

Capítulo 3

Uma Nova Ferramenta Poderosa para a Ascensão

Juliano e os arcturianos

Queremos falar sobre o mundo da criação e como ele se relaciona com as mudanças que estão acontecendo de modo pessoal e planetário. Vamos observar o mundo da criação do ponto de vista do corpo mental. Na verdade, existem seres, como na galáxia de Andrômeda, denominados de Povo Azul, que vivem apenas no mundo mental. Alguns de vocês estão conectados a esses seres avançados em um nível de alma.

O mundo da criação em sua linguagem também é expresso como o mundo das ideias e dos pensamentos. Para se manifestar, precisa haver uma ideia e uma imagem por trás disso. Alguém pode ter uma ideia e um desejo para criá-la. Vocês sabem que criar uma casa requer um desenho ou projeto arquitetônico. Para construir uma casa, primeiro vocês precisam contratar um arquiteto para desenhar o projeto, e, então, a partir desse projeto, a casa pode ser criada. Depois, vocês precisam comprar os materiais certos e reunir os trabalhadores certos para construí-la. Como isso se relaciona com as ferramentas de ascensão e com a ascensão da Terra? Vocês fazem parte da raça de Adão, a espécie de Adão. Vocês têm ideias e imagens que serão reveladas com o estímulo e a inclinação certos, incluindo os códigos de ascensão.

Um dos fatores principais na evolução em direção à ascensão é desbloquear os códigos de ascensão. Esses processos evolutivos elevados estão arraigados no seu DNA, nos seus padrões neurológicos, nas partes mais profundas da glândula pineal e nas partes mais elevadas do seu cérebro. A imagem e a ideia de como vocês podem evoluir para um estado superior fazem parte de vocês. A Terra foi criada com um programa para a evolução planetária superior. Essa evolução planetária superior possui os códigos para conduzir a Terra para a quinta dimensão. A Terra possui em sua esfera de luz astral o programa, as imagens e os códigos de evolução para a quinta dimensão. Para um planeta como a Terra evoluir, são necessários trabalhadores da luz.

Vocês não podem ascender completamente sem o auxílio dos mestres ascensionados. Os mestres ascensionados têm sido os pioneiros – os exploradores da consciência e da evolução. Existiram muitos trabalhadores da luz e mestres ascensionados que vieram para a Terra antes de vocês. Vocês não são os exploradores da consciência superior, da evolução e da ascensão mais antigos da Terra. Outros grupos espirituais fizeram progresso no passado. No entanto, por um motivo ou outro, esses grupos espirituais não foram totalmente bem-sucedidos. Estou me referindo especificamente aos lemurianos, aos atlantes, aos egípcios muito elevados e a alguns povos da América do Norte e da América Central, incluindo os maias.

Existiram seres de consciência elevada entre essas civilizações que trabalharam de uma forma direta e admirável para a ascensão deles e do planeta. Seres extraterrestres superiores ajudaram a Terra muitas vezes. Seres extraterrestres superiores anteriormente buscaram auxiliar na ascensão planetária e pessoal. Por que essas tentativas anteriores falharam, e o que está diferente agora? Bem, as outras tentativas falharam porque eles não conseguiram estabelecer a participação global. Até mesmo os atlantes e os lemurianos, que eram muito avançados, não interagiram globalmente. Os egípcios também estiveram muito focados no trabalho com os sirianos e os corredores interdimensionais conhecidos como o sistema planetário siriano, mas não estavam se expandindo em uma fronteira global. Eles não pareciam ter o desejo de desenvolver uma rede global.

Os seres elevados que trabalharam com os egípcios também foram para a Mesoamérica e para a América do Sul. Eles trabalharam com alguns dos povos antigos na construção de templos e lugares sagrados. Não houve uma participação em massa no trabalho de ascensão. A ascensão não ocorreu naquele momento, mas estágios evolutivos de desenvolvimento superiores foram alcançados. Essas conquistas incluíam a participação direta em cerimônias espirituais em templos sagrados. No entanto, houve uma má-interpretação e uma corrupção dos ensinamentos superiores, e uma mistura de seres extraterrestres de nível inferior influenciou as cerimônias.

Nós falamos sobre uma raça pura, uma espécie de Adão pura. Houve algumas corrupções e transmissões de outras energias do mundo extraterrestre. Atualmente, há uma nova era da consciência, com mais ferramentas disponíveis para o desenvolvimento espiritual do que em qualquer outro período na Terra. Além disso, existe histórico de conflito e polarização na Terra, mas também existe uma longa lista de seres superiores que ajudaram a preparar o caminho para sua ascensão e a ascensão do planeta. Vocês não estão sozinhos em seu processo de ascensão; seres superiores trabalharam a fim de preparar o caminho para vocês com ensinamentos e exposições. Eles também estabeleceram corredores para a ascensão em todo o planeta. Muitas sementes estelares estão descobrindo essas regiões ao redor do planeta.

Visualizem Sua Ascensão

A ascensão da Terra requer um trabalho global de energia em grupo. Um planeta não pode ascender sem uma unidade global de sementes estelares, porque isso requer uma força energética especial. Uma nova ferramenta para a ascensão é a visualização. A visualização é a habilidade de imaginar imagens em sua mente e está ligada diretamente ao mundo da criação, bem como ao mundo mental. Estruturas, imagens e ideias surgem primeiramente no mundo mental.

A ideia de acessar os reinos superiores é representada em determinadas imagens. Muitos de vocês podem não ter poderes de visualização bem-desenvolvidos e podem se sentir um pouco desiludidos. Não se preocupem. Posso indicar diversas sugestões.

Vocês podem fazer esses exercícios de visualização com os olhos abertos. Existem novos artistas visionários capazes de fazer representações desses corredores para a ascensão e de lugares da quinta dimensão. É perfeitamente aceitável para vocês usar as imagens desses artistas em suas meditações, até mesmo com os olhos abertos.

A arte visionária é representativa de novas interações com as dimensões superiores. Nós estamos em uma nova era de arte visionária. Algumas artes modernas podem ser consideradas visionárias. No entanto, algumas artes modernas se tornaram um pouco estranhas e macabras. O cubismo de Picasso e os relógios derretidos de Salvador Dalí são dois exemplos de arte visionária do século XX.

Esses exemplos demonstram as conquistas perceptivas superiores se abrindo diante de vocês. Talvez apenas alguns dos artistas visionários possam trazer essas novas percepções para o planeta, mas isso é suficiente, porque elas podem ser transmitidas instantaneamente ao redor do planeta por meio da internet. Até mesmo se vocês não conseguirem visualizar essas imagens em suas meditações, ainda podem reagir e ser influenciados fortemente ao observar a arte visionária. A arte visionária é de imensa necessidade para a ascensão planetária e pessoal.

Existem muitas novas formas de trabalhar com as novas percepções visuais de artistas visionários, que fazem parte deste novo processo do mundo da criação. Uma das principais ferramentas de ascensão está contida nas visualizações. Existe uma superalma superior que traz uma influência espiritual ao processo de ascensão que inclui imagens visionárias. Quando vocês realizam técnicas de cura planetária, provavelmente utilizam visões. Nós ensinamos sobre biorrelatividade e sobre como vocês podem usar a imagem do radar de um repórter de previsão de tempo visto na televisão. Essas imagens de tecnologia de rádio e de radar transformaram imensamente as percepções sobre os padrões meteorológicos e as tempestades.

Quantas pessoas já viram imagens de satélite de enormes furacões cobrindo grandes regiões do planeta? Quantas vezes vocês já viram um repórter de previsão do tempo no noticiário da noite mostrar uma tempestade ilustrada em vermelho ou roxo e perceberam isso de uma forma muito violenta e colorida? Aqui, novamente, vocês podem ver o poder da visualização.

Quando vocês estão realizando o trabalho da biorrelatividade, esse tipo de visualização "televisiva" é extremamente produtivo, ao tornar suas intervenções mais prósperas. No radar da TV, é mostrada a vocês a tempestade em movimento. Vocês conseguem vê-la se mover sobre determinadas regiões. Quando vocês atuam para reduzir o efeito de uma tempestade, possuem uma excelente imagem visual no radar. Usando essas imagens de radar, vocês podem facilmente visualizar a tempestade se dissipando. Lembrem-se de que, em grande parte do trabalho da biorrelatividade, queremos reduzir em vez de cessar a intensidade da tempestade, porque existe um motivo para a tempestade ter surgido.

Existem também imagens visuais que podemos usar no oceano. Uma das questões mais importantes relacionadas ao oceano é a contaminação. Uma nova tecnologia visual para mapear o oceano pode vir à tona em breve. Os astrônomos da Terra passaram muitas horas mapeando a galáxia. Eles usaram uma enorme quantidade de tecnologia avançada para medir raios ultravioleta e gama, e vocês provavelmente viram belas imagens de distribuição de estrelas, poeira estelar e aglomerados cósmicos na galáxia. Haverá um momento, em breve, no qual eles serão capazes de mapear regiões dos oceanos em detalhes semelhantes com métodos avançados tecnologicamente. Com essas novas imagens de mapeamento visual, as pessoas conseguirão observar com clareza a contaminação oceânica e onde existe água pura sem qualquer plástico ou lixo. Essas imagens do oceano serão trazidas à consciência superior de todo o planeta, e ajudam imensamente em sua purificação.

Alguns de vocês têm esperado essa nova intervenção de cura planetária. Uma imagem visual é muito poderosa. É uma das maiores habilidades da espécie de Adão que não estão presentes nos mundos animais. Alguns animais conseguem compreender algumas partes da linguagem, do comportamento e até mesmo dos movimentos que as pessoas fazem. No entanto, a visualização é uma característica avançada do seu cérebro. Observem como a visualização influenciou a televisão e os *smartphones*. Se vocês mostrassem fotos desses telefones para povos primitivos, que não foram expostos à tecnologia eletrônica, eles não teriam a menor ideia do que estariam vendo. Eles não saberiam como associar essas imagens eletrônicas.

Vocês possuem a capacidade de associar imagens eletrônicas. A visualização é a chave para a ascensão. Essa excelente ferramenta de visualização é aprimorada pelo nível elevado de arte visionária já existente no planeta Terra. Utilizem uma imagem poderosa para se dedicar a meditações poderosas e transformação de energia. Primeiramente, trabalhem com a imagem da intersecção das dimensões. Concentrar-se nessas imagens e ideias aumenta o poder arcano que ajudará a criar sua realidade. Que imagem pode haver na intersecção das dimensões? O universo não possui uma forma definível; porém, a galáxia na qual vocês estão possui uma forma. A Via Láctea é conhecida como a galáxia espiral.

Um balão pode representar a energia holográfica da terceira dimensão. Mantenham a imagem de um balão se expandindo como a terceira dimensão. Agora, observem um segundo balão se expandindo perto dele, que representa a quinta dimensão. Visualizem esses dois balões interagindo conforme eles se aproximam. Ambos possuem formas sólidas. Existe uma parte deles que possui energia transparente e capacidade de interagir. Quando eles interagem ou se intersectam, ocorre uma transferência de energia. Cada balão de cada dimensão está repleto de uma determinada quantidade de luz ou energia. A luz superior do balão da quinta dimensão tem um poder maior. Essa luz superior é capaz de transmitir ou enviar energia da quinta dimensão para o balão da terceira dimensão. Dessa forma, qualquer tipo de força obscura ou energia inferior no balão da terceira dimensão abrirá caminho, aceitará a luz superior e se transformará. Esse é o poder da energia da quinta dimensão.

A Intersecção das Dimensões

Outra ferramenta da ascensão é o que denomino de sensibilidade especial. Vocês estão vivendo nesta galáxia, neste universo, com muitas forças energéticas que vêm para a Terra. Existem neutrinos, raios gama, raios X, raios ultravioleta, raios de radiação, íons e diferentes campos magnéticos que vêm continuamente para a Terra e que atingem vocês e seu campo energético. Em um nível consciente, vocês não estão cientes disso. A única maneira de vocês ficarem cientes da energia eletromagnética altamente carregada do espaço sideral é quando possuem um detector especial, como um contador Geiger, ou uma câmera especial com filtros altamente sensíveis. Algumas dessas ondas muitas fracas possuem diferentes requisitos para sua percepção.

Em seu estado atual de desenvolvimento conceitual, em um nível global, a humanidade não está preparada para receber energia da quinta dimensão. Quando digo "humanidade", estou me referindo à população geral. Não estou me referindo aos trabalhadores da luz. Os trabalhadores da luz desenvolveram sua sensibilidade e receptores perceptivos especiais para a energia da quinta dimensão. Pessoas "normais" não terão conhecimento ou noção sobre o que vocês estão vivenciando ou sentindo. O tipo de sensibilidade de energia que vocês possuem é tão avançado que até mesmo vocês podem ter dificuldade para descrevê-lo. No entanto, vocês sabem que ele está presente. Vocês recebem alta energia que os influencia. Parte da missão dos trabalhadores da luz é interpretar e explicar sua sensibilidade e explicar o que estão recebendo e sua utilidade.

Algumas dessas descobertas, como os raios gama e os raios neutrinos, não têm influência na vida cotidiana. No entanto, algumas descobertas que foram feitas há trinta ou quarenta anos estão atualmente sendo usadas na tecnologia avançada de computadores. No começo do século XX, ninguém realmente tinha ideia da utilidade que o campo de energia quântica e a física quântica teriam na evolução científica ou tecnológica do planeta. Atualmente, existem "milagres" de magia envolvidos em sua tecnologia avançada que são provavelmente baseados em algumas das descobertas antigas feitas nos anos 1920, 1930 e 1940. Ocorreu um lapso de quarenta ou cinquenta anos, ou talvez trinta anos, no qual as descobertas mais recentes no mundo quântico foram aplicadas. Existe um desejo de desenvolver tecnologias com melhor comunicação, mas, infelizmente, algumas das tecnologias mais recentes estão sendo usadas para a guerra.

Estamos em um período no qual a energia da quinta dimensão pode ser manifestada. A intersecção das dimensões deve ser interpretada, explicada e apresentada para as pessoas. Que missão grandiosa os trabalhadores da luz têm neste planeta! Usem essa imagem da intersecção das dimensões atualmente e observem-se como tendo essa grande sensibilidade. Vocês podem não ser como o telescópio espacial Hubble, com espelhos gigantes apontados para o espaço sideral, mas são receptores de luz, e cada um de vocês possui habilidades específicas.

Vamos entrar em meditação usando a imagem da intersecção dos dois balões que estão se expandindo. Observem-se sentados no planeta na terceira dimensão, recebendo energias da quinta dimensão. Vocês estão usando seu campo energético altamente avançado. [Canta] "Oooooo". [Pausa para ficar em silêncio.]

Vamos trabalhar com outra imagem. Observem a minha nave estelar Athena na quinta dimensão. Apesar de estarmos em outra dimensão, somos capazes de alinhar a nossa nave espacial com a Terra. Visualizem isso como os balões que interagem em alinhamento entre si, embora estejam em dimensões diferentes. A minha nave estelar está na quinta dimensão, mas ela se alinha com a terceira dimensão. Ela se alinha com as tecnologias especiais que nós, os arcturianos, possuímos.

Eu posso abrir um corredor que permite que vocês viajem por ele até a minha nave e sintam a energia e o efeito de cura de estar nela, por meio de um campo energético especial sem qualquer interferência em seu corpo da Terra. Isso é semelhante a realizar mergulho em alto-mar, em que vocês necessitam de oxigênio e de um traje pressurizado especial. Quando vocês embarcam na minha nave espacial, precisam de proteção etérica. Nós pressurizamos seu campo energético etérico e trabalhamos com seu sistema energético, de modo que vocês não sejam prejudicados.

Vocês provavelmente consideraram viajar pelo corredor como uma experiência divertida, mas talvez não como uma experiência que possui alguma cura específica ou um trabalho energético preparatório. Na verdade, isso é o que está acontecendo quando vocês viajam pelos corredores. Quando vocês embarcam em nossa nave, estão preparados para adentrar a quinta dimensão como se estivessem entrando no oceano em um traje de mergulho. Sua aura – seu campo energético – se sincronizou para vivenciar a quinta dimensão.

Visualizem viajar por um corredor de luz. O corredor de luz está bem acima do seu lar. Tentem o máximo que puderem vivenciar a elevação e a preparação da sua aura para a viagem. Conforme vocês visualizam isso, observem a si mesmos se aproximando da entrada da nave estelar Athena. Visualizem isso o máximo que puderem. [Pausa para ficar em silêncio.]

Observem-se fora da nave estelar Athena. Vejam uma enorme nave espacial no formato de um disco que mede mais de 1,5 quilômetro de diâmetro. Vocês passam por uma bela entrada etérica em seu traje de energia protetora de luz etérica que está totalmente pressurizado para essa experiência da quinta dimensão. Conforme vocês visualizam isso, vejam a mim, Juliano, recebendo-os na entrada.

Eu sou um ser de luz superior. Quando vocês estão ao redor de um mestre avançado, são elevados energeticamente. Nós estamos em comunicação telepática total; vocês e seu livre-arbítrio estão totalmente intactos. Vocês estão tendo uma experiência incrível. Vocês absorvem muita energia e luz.

Vocês deixam a minha nave e retornam para o corredor. Conforme viajam de volta, são despressurizados e realinhados com seu corpo da Terra. Observem-se viajando através do corredor, mas vocês ainda estão cientes da nave e da energia dela. Vocês retornam para seu lar e para seu corpo físico. Retornem para seu corpo físico em um alinhamento perfeito. Vocês estão em total equilíbrio, radiantes. Acima de tudo, sua sensibilidade, como receptores de luz, está fortemente aprimorada agora.

★★★★★

Os astrônomos da Terra possuem novos telescópios e discos de rádio para receber a energia superior. Agora, vocês são receptores aprimorados da luz da quinta dimensão, parcialmente, porque estiveram na quinta dimensão neste exercício, e, parcialmente, porque já tiveram essas experiências em outras vidas.

Nós podemos ajudá-los a praticar suas visualizações usando as escadas da ascensão, o anel da ascensão e os doze cristais etéricos. Esses doze cristais etéricos podem ser visualizados por meio das belas imagens e obras de arte que já foram criadas por alguns dos membros do Grupo de Quarenta. Vocês podem visualizar os doze cristais etéricos interagindo com a quinta dimensão. Esses cristais etéricos possuem ligações diretas com a Terra da quinta dimensão. Esse é um dos benefícios desses cristais etéricos.

Capítulo 4

Os Três Lados do Triângulo Sagrado

Juliano e os arcturianos

Nós nos reunimos aqui para criar um campo energético de vibrações superiores e para nos juntar a vocês, a fim de expandir sua consciência. Vocês estão participando do próximo estágio da evolução humana, que inclui uma consciência superior e expandida. Vocês estão aqui no planeta Terra em um período de transformação. Existe uma imensa polarização, e vocês estão vivenciando o sexto período planetário de extinção. Este planeta está passando por um imenso conflito. A biosfera corre perigo de colapsar, e o nível de destruição do meio ambiente, das plantas e da vida animal aumenta rapidamente.

Uma perspectiva diferente está disponível em relação a estar na Terra atualmente, e isso é global. Nós denominamos seu planeta de Joia Azul porque, visto do espaço sideral, seu planeta possui um belo tom de azul que vem dos oceanos. O planeta Terra é uma joia.

A Terra está repleta de uma biodiversidade raramente vista em outras partes da galáxia. Outros sistemas planetários em sua galáxia possuem formas de vida avançadas. Estimamos que existem 5 mil planetas que possuem civilizações com formas de vida avançadas. Algumas são mais avançadas do que a sua, e algumas são menos avançadas.

Outros planetas passaram pelos estágios de desenvolvimento pelos quais a Terra está passando atualmente. Em qual etapa de desenvolvimento a Terra está? Vocês sabem que estão no meio de um conflito baseado em sobrevivência contra expansão. A Terra desenvolveu tecnologia para autodestruição. Essa tecnologia também poderia permitir que os habitantes da Terra deixassem o sistema solar e explorassem outros sistemas planetários. Viajar na velocidade da luz pode parecer impossível, mas existem métodos que podem ser usados para cobrir grandes distâncias, incluindo dobrar o espaço dimensional. Essa tecnologia está perto de ser desenvolvida na Terra. Os sistemas de propulsão que foram desenvolvidos permitem tanto viajar pelo espaço quanto gerar destruição.

Nós não estamos nos concentrando apenas nessas dificuldades deste período de polarização, porque este também é um período de imensa transformação espiritual na Terra. Essa transformação espiritual está relacionada à restauração da Terra e à intersecção da terceira dimensão com a quinta dimensão. Muitos dos ensinamentos arcturianos explicam como interagir com a quinta dimensão. Nós oferecemos ferramentas para ascender à quinta dimensão e para seu desenvolvimento espiritual.

A Terra Está se Intersectando com a Quinta Dimensão

A terceira dimensão está se abrindo para a quinta dimensão. Essa intersecção já está sendo sentida na Terra, porque as ideias, os pensamentos, as canalizações espirituais, as intuições e outras formas de nova energia da quinta dimensão estão sendo emitidos para a Terra e transmitidos para a consciência planetária. Grandes cientistas, como Albert Einstein, entraram em contato com a quinta dimensão e receberam inspiração dela. A Terra precisa interagir com a quinta dimensão para reparar o planeta, e vocês precisam interagir com a quinta dimensão para colocar a Terra em equilíbrio novamente.

As regras e os princípios da quinta dimensão são diferentes daqueles da terceira dimensão. Por exemplo, algumas pessoas têm comparado a nossa descrição da quinta dimensão ao Jardim do Éden, uma linda terra com grande harmonia e equilíbrio. Existem planetas nesta galáxia que ascenderam e foram para a quinta dimensão.

Quando usamos o termo "ascensão", queremos dizer que vocês vão para a quinta dimensão. Ao "ascender o planeta" ou "ajudar o planeta a ascender", queremos dizer que vocês fazem parte de um processo que conduz todo o planeta para a quinta dimensão. Existem problemas evidentes, porque vocês não devem levar pessoas que estão em uma vibração inferior para uma dimensão superior. Pessoas que estão em uma vibração inferior não podem adentrar a quinta dimensão. Para ascender, vocês precisam ter um coração aberto, compaixão e consciência da unidade. Vocês precisam dominar seu ego, de modo que não sejam egocêntricos.

Existem grandes recompensas na quinta dimensão. Uma delas é que vocês não ficarão mais presos no ciclo de encarnação da Terra. Vocês estão na terceira dimensão atualmente, e, quando morrem, retornam para a roda do carma terrestre, que significa que vocês voltam para outra vida. Vocês encarnam em um momento e um lugar apropriados.

Vocês encarnaram neste momento e neste lugar para vivenciar a liberdade espiritual e as oportunidades disponíveis atualmente. Acreditem em mim: vocês possuem uma grande liberdade espiritual. Algumas de suas vidas passadas não foram tão afortunadas. Alguns de vocês podem ter sofrido por suas visões. Alguns de vocês podem ironicamente ter sido chamados de bruxos, ter sido punidos e ter sido mortos por serem videntes.

Agora, cada um de vocês possui a liberdade espiritual para completar seu carma e graduar. A ascensão também é denominada de graduação porque vocês não precisam voltar para a escola. Para graduar, vocês devem completar determinadas lições.

Carma Cósmico

Em geral, almas avançadas aceitam o carma como pertencente somente às experiências da Terra. Por exemplo, vocês podem ter sido soldados romanos em 100 d.C. Em uma vida posterior, podem ter sido novamente soldados. Vocês perceberam que não é bom estar nas forças armadas e mudaram seus caminhos porque viram os danos que a guerra causa. Este é um exemplo simples de carma ainda associado à Terra.

O carma cósmico, por outro lado, dita que as interações e os caminhos cármicos envolvem a Terra, bem como planetas em outras partes da galáxia. No carma cósmico, vocês podem ter tido outras vidas nas Plêiades, em Arcturus, em Antares ou em Sirius. No carma cósmico, vocês poderiam estar na Terra para aprender lições de alma ou encarnar em outro planeta fora do sistema solar para ter experiências e até mesmo pagar os débitos cármicos.

Vocês podem pensar no carma como pagar por erros ou mau comportamento, mas também existe o que vocês denominam de carma bom, que recompensa a vida com base na assistência que vocês ofereceram a outras pessoas nas vidas anteriores. Alguns de vocês vieram para a Terra atualmente para oferecer assistência à humanidade no processo de ascensão. Nós trabalhamos com outros planetas cujos seres estão passando por evolução e ascensão. Desenvolvemos um modelo demonstrando como um planeta pode se unir para influenciar positivamente e reparar um planeta que está desequilibrado.

A realidade é criada por meio de pensamentos. A terceira dimensão, o sistema que vocês estão vivenciando na Terra, é baseada em uma forma-pensamento. Poderíamos analisar as formas-pensamento que unem a civilização ocidental. Algumas formas-pensamento são divertidas, e algumas são mais sérias e baseadas nos princípios da economia e do capitalismo. Vocês fazem parte desse sistema de pensamento ocidental que cria e ensina a vocês como observar e interagir com sua realidade. Vocês estão vivenciando juntos essa forma-pensamento e podem mudá-la usando ferramentas especiais.

Se vocês mostrassem seu *smartphone* e as imagens contidas nele para uma pessoa que viveu somente no meio da Floresta Amazônica, essa pessoa não compreenderia. As pessoas que vivem lá não são treinadas para compreender essas imagens. Elas não são treinadas para usar televisores e não saberiam como decifrar essas imagens. No entanto, vocês poderiam treinar essas pessoas a ver essas imagens e utilizar o *smartphone*. Este é um exemplo simples. Nós denominamos isso de um paradigma planetário. Um paradigma é um modelo que as pessoas usam para explicar um sistema complexo, incluindo comportamentos e percepções da realidade.

O seu paradigma atual é baseado na dualidade e na polaridade. Até mesmo modelos espirituais incluem masculino e feminino. A dualidade faz parte do modelo de grupo e do paradigma planetário. Quando vocês usam o paradigma planetário da era atual, deparam-se com muitas contradições, como pensar que estão profundamente separados do cosmo, apesar de tudo fazer parte do mesmo sistema universal. Além disso, vocês são seres espirituais com vida eterna, mas são corpos finitos em um tempo linear.

Nós desenvolvemos um novo paradigma para a cura planetária que, se fosse usado, transformaria o planeta. Se vocês observarem o paradigma planetário atual, perceberão que ele cria polarização. Lembrem-se do excelente filme *Avatar*. No planeta, um grupo de pessoas vivia em um paradigma diferente do que é usado atualmente na Terra. Esse paradigma estava em harmonia com o espírito do planeta. As pessoas naquele planeta não olhavam para seu planeta como algo a serviço deles ou a ser usado para ganho pessoal.

O novo paradigma da Terra é denominado de Triângulo Sagrado, e esse é o paradigma que oferecemos para ajudá-los. Esse triângulo já é familiar e está acessível a vocês. Nós trabalharemos com vocês para atualizá-los. Vocês atualizam seus computadores o tempo todo. Por que não atualizariam continuamente também o paradigma planetário? Estão vindo novas informações da galáxia que precisam ser incorporadas em seu paradigma planetário.

Espiritualidade Galáctica

Um aspecto do Triângulo Sagrado é denominado de espiritualidade galáctica. Uma parte essencial da sua transformação gira em torno da compreensão e do uso da espiritualidade galáctica. Vamos meditar e sentir juntos as energias das suas vibrações expandidas. Escutem estes tons: "Oooohhhh, oooohhhh, hhhheeee, aaaahhhh, eeeehhhh".

Vocês são seres eletromagnéticos de energia de luz vibracional e possuem grandes habilidades para receber luz e energia espirituais da galáxia. Vocês fazem parte da galáxia da Via Láctea. A Terra está em um local isolado a aproximadamente 26 mil a 30 mil anos-luz do Sol Central, uma enorme distância. Vocês estão em um campo energético da galáxia, e, de acordo com os princípios do Triângulo Sagrado, para seu trabalho pessoal e planetário ser mais benéfico, devem se tornar cientes do campo galáctico de maneira energética e vibracional. É sobre isso que as pessoas estão falando quando usam o termo "Sol Central". O Sol Central é o foco vibracional da luz e da vitalidade centrais desta galáxia. Quando vocês estiverem buscando um novo paradigma para a cura planetária, tentem perceber a espiritualidade galáctica. Tentem observar qual é a natureza de toda a vida planetária nesta galáxia.

Alguns de vocês estão recebendo informações e canalizações dos outros sistemas estelares em seus sonhos, suas obras de arte ou sua poesia. Avistamentos de óvnis e informações a respeito disso estão aumentando ao redor do planeta. É importante que vocês obtenham conhecimento, perspectiva e consciência de que existem outras formas de vida lá fora. Isso é fundamental. Os astrônomos em seu planeta já descobriram muito mais de 500 exoplanetas, ou planetas fora do seu sistema solar que orbitam outras estrelas, alguns deles relativamente perto da Terra.

A partir da perspectiva da espiritualidade galáctica, identificamos os estágios de desenvolvimento pelos quais os planetas passam. Nós identificamos que a Terra ainda está em seu primeiro estágio. Existem similaridades entre o desenvolvimento humano e o desenvolvimento de um planeta em termos de consciência. Conforme mencionamos, o desenvolvimento de um pensamento científico mais avançado levou à propulsão da tecnologia. Essa tecnologia pode ser usada para ir ao espaço sideral, mas também pode levar à autodestruição. Nós vimos planetas se destruírem tragicamente. Muitas pessoas morreram. É possível dizer que a galáxia poderia ser descrita às vezes como um lugar violento. Históricos dessa violência incluem estrelas da morte, cometas que atingiram planetas e até mesmo quedas de asteroides, como a que aconteceu em Yucatán há 65 milhões de anos, e que contribuiu para extinções em massa. A história da galáxia está repleta de narrativas e exemplos desses acontecimentos. Evidentemente, o que difere agora sobre a Terra é que todos os acontecimentos – todas essas consequências da vida planetária, da biodiversidade, dos oceanos e das atmosferas – serão determinados pelo que a humanidade faz, e não por asteroides, estrelas da morte ou extraterrestres.

Constantemente somos questionados sobre isto: "Por que os arcturianos não assumem o comando do mundo e trazem consciência da unidade, destruindo todas as armas nucleares e purificando o meio ambiente?". Nós somos uma civilização avançada e possuímos tecnologia espacial e armamentos que são muito mais avançados do que os seus. No entanto, se interferirmos diretamente na crise da Terra, assumiremos seu carma. Poderíamos nos tornar envolvidos no ciclo de reencarnação do planeta.

Alguns de vocês são sementes estelares e reencarnaram de outros sistemas planetários. Em vidas anteriores, vocês se tornaram envolvidos com planetas da terceira dimensão e interferiram neles. Vocês fizeram isso com boas intenções, mas, nessa ocasião, perderam seu equilíbrio e sua conexão com a quinta dimensão. É um problema grave quebrar essas regras da interferência cármica em um planeta da terceira dimensão. Vocês assumem o carma desse planeta. Existem formas de ensinar e inspirar mudança na terceira dimensão. Os mestres da quinta dimensão podem inspirar as pessoas. Eles podem ajudar as pessoas a abrirem sua consciência e podem oferecer percepções diferentes sobre o funcionamento dos sistemas planetários na galáxia. Nós denominamos de mestres ascensionados aqueles que foram para a quinta dimensão e agora ensinam.

A Terra como um Organismo Vivo

Nós somos abençoados por termos uma forte participação com energias indígenas no planeta – outro lado do Triângulo Sagrado. Os ensinamentos espirituais de muitas culturas indígenas ao redor do mundo se concentram na Terra como um espírito vivo. Muitas até mesmo a denominam de Mãe Terra. Os gregos antigos também deram um nome feminino ao espírito da Terra: Gaia.

Existem regras que determinam se um planeta é um organismo vivo. Uma delas é a lei de que organismos vivos conseguem se autorregular. O planeta consegue se autorregular? Ele consegue manter uma determinada temperatura e composição de substâncias químicas em uma atmosfera? Ele consegue filtrar os oceanos para remover toxinas e realizar uma série de outras operações que poderiam ser categorizadas como autorregulação? É como se o planeta tivesse uma consciência que contribui com o atributo de se tornar um ser vivo.

Existem planetas em seu sistema solar que não são seres vivos da mesma forma que a Terra é. Marte possui pouca autorregulação. Vênus é extremamente quente e não possui a composição correta para a vida porque é muito ácido. Existe vida em uma lua em seu sistema solar, Ganimedes, que é a maior lua do sistema de Júpiter. Nós dissemos que existem "planetas lunares". Estes são corpos que não são realmente planetas, mas, sim, luas. É muito fácil imaginar que algumas luas nesta galáxia estão associadas a planetas, e essas luas podem ser do tamanho e da composição da Terra. Nós as denominamos de planetas lunares porque elas são capazes de conter formas de vidas e possuem o mesmo equilíbrio e a mesma autorregulação da Terra.

Os oceanos da Terra se autorregulam. O oceano é um organismo vivo, e as correntes de autorregulação podem levar centenas de anos para serem concluídas. A poluição dos oceanos está afetando correntes a longo prazo que podem levar 500 anos para serem otimizadas ou concluídas.

É comum, na espiritualidade nativa americana, conversar e interagir diretamente com a Terra. Nós, os arcturianos, acreditamos que essa consciência maior (de que a Terra é um planeta vivo e que a humanidade deve interagir com o espírito dela e influenciá-la positivamente) deve se expandir. Essa afirmação parece controversa para muitas pessoas. Surpreende-nos que muitas pessoas envolvidas em política e economia neguem os efeitos da humanidade sobre a Terra. Nativos americanos e outras culturas aborígenes acreditam que a Terra reage ao que os humanos fazem. Por exemplo, a Terra reage a bombas nucleares. Se a Coreia do Norte detonar uma bomba nuclear em uma parte da Terra, outra parte, mesmo que esteja distante, reagirá. Os humanos explodem, e a Terra explode. Isso é simples, quase infantil, não é? No entanto, essa visão representa uma mudança maior na consciência humana em relação à Terra.

Em um nível superior de cura planetária, podemos mudar os sistemas de autorregulação da Terra. Isso é necessário quando parte do sistema não consegue funcionar por causa de bloqueios. Em alguns casos, os sistemas de autorregulação em seu planeta estão se tornando erráticos. Em um planeta da quinta dimensão como Arcturus, sempre existe equilíbrio planetário. Em nosso planeta, não existem terremotos, furacões ou vulcões. Nós aprendemos a viver e desenvolver uma relação harmoniosa e nos equilibrar com nosso planeta.

Vocês conseguem imaginar viver em um planeta que está equilibrado? Atualmente, existem grandes preocupações com terremotos ao longo da Falha de San Andreas. Ocorreram inúmeros terremotos pequenos recentemente nessa região, e muitas pessoas estão dizendo: "Certo, o grande terremoto está vindo". Muitas energias e formas-pensamento predizem terremotos maiores nesse local. Evidentemente, nós recomendamos que vocês transmitam contrapensamentos para a área da Califórnia; ou seja, visualizem e projetem a Terra como equilibrada nessa região. Seus pensamentos positivos podem combater a energia negativa projetada na Terra pelos outros.

Pensamento Místico e Trabalho Energético

O terceiro aspecto do Triângulo Sagrado é o elemento místico das religiões. Ele é geralmente referido como a Fraternidade Branca. Isso inclui todos os mestres superiores de todas as religiões que obtiveram ou estão trabalhando em direção à maestria ascensionada. Todas as religiões chegaram à mesma conclusão da unicidade. Nós usamos o termo "fraternidade" e também "irmandade", incluindo o masculino e o feminino. Esse aspecto do Triângulo Sagrado inclui o Cristianismo místico, o Judaísmo místico, o Hinduísmo, o Xintoísmo e outros sistemas religiosos. Todos eles contêm aspectos avançados de pensamento místico e trabalho energético. Alguns excelentes conceitos são encontrados em sânscrito e originados de mestres hindus, budistas e sufis. Os mestres sufis são alguns dos místicos mais elevados deste planeta. Sua prática mística de dançar ou rodopiar é baseada na rotação da galáxia.

Lembrem-se de que esta galáxia está em rotação. Cada rotação pode demorar 350 milhões de anos. Costumo dizer brincando: "O que é um milhão de anos entre amigos?". Isso não é nem 1% da rotação do seu sistema solar ao redor do centro desta galáxia. Os sufis acreditam que podem simular essa energia rotacional e, ao fazer isso, ressoar com energia vital superior.

O Taoismo é outro exemplo de um sistema muito avançado que faz parte da Fraternidade Branca. Os taoistas interagem com energia cósmica em suas meditações. Se vocês estudarem alguns dos mestres taoistas, descobrirão que eles se comunicam remotamente com diferentes planetas. Alguns se sentam sob as estrelas durante suas meditações para se comunicar com o sistema energético de uma estrela.

Unificar os três campos energéticos é a base do paradigma do Triângulo Sagrado. Isso se torna um paradigma para a cura planetária porque oferece uma fonte de ensinamento espiritual unificador.

Vamos entrar em meditação. Observem a Terra e vejam-se sentados nela. [Entoa] "Oooohhhh, oooohhhh". Existem grandes ondas energéticas ao redor do planeta, porque a Terra está viva. Vocês estão vivendo em um planeta vivo. Sintam sua conexão com a Mãe Terra. [Entoa] "Oooohhhh, oooohhhh". Vocês estão vivendo em uma pequena parte da galáxia da Via Láctea. Estão vivendo em uma dimensão denominada de terceira dimensão. Essa dimensão faz parte de um sistema, e a galáxia é multidimensional. Existem camadas de dimensões. A consciência sobre as outras dimensões está ficando cada vez mais forte para as pessoas na Terra. [Entoa] "Oooohhhh, oooohhhh, oooohhhh".

Basicamente, sua essência é energia e vibrações. Por causa da sua vibração expandida, vocês podem receber luz e vibração superiores de todas as fontes, incluindo a Terra, a galáxia e os mestres ascensionados. Vocês podem receber a luz superior, e, juntos, nós ajudaremos a criar e ensinar esse novo paradigma do Triângulo Sagrado. Quando as pessoas compreenderem todos os aspectos desse paradigma, elas vão querer trazê-lo para a Terra. Elas concordarão que o modelo antigo de capitalismo, dualidade e exploração não é mais relevante. Este é o momento de uma atualização no paradigma planetário.

Capítulo 5

Cidades de Luz Planetárias na Terceira e na Quinta Dimensões

Juliano e os arcturianos

Cada dimensão possui um foco ou tema específico. A terceira dimensão se concentra em dualidade, ou livre-arbítrio. As almas que encarnam na terceira dimensão precisam desse ambiente para estimular seu desenvolvimento. A quinta dimensão se concentra mais na unidade, na harmonia divina e na paz.

O espaço e o tempo são diferentes na quinta dimensão. Na quinta dimensão, o tempo é cíclico, enquanto na terceira dimensão o tempo é linear. No tempo linear, existe o passado, o presente e o futuro. Quando acontecimentos ocorrem, eles não podem ser mudados, e existe uma antecipação maior em relação ao que está por vir.

Em práticas de meditação da consciência na terceira dimensão, vocês muitas vezes se concentram no presente e excluem o passado e o futuro. Isso é denominado de consciência "aqui e agora". Na Terra, psicólogos dizem brincando que meditar no passado seria meditação "lá e antes". Sei que muitos de vocês algumas vezes ficam presos no "lá e antes" e precisam passar para o "aqui e agora".

Como a dinâmica do tempo é cíclica na quinta dimensão, o presente, o futuro e o passado interagem. Por mais estranho que pareça, vocês podem alterar o passado. Na terceira dimensão, vocês tentam influenciar o futuro, mas não possuem nenhum controle sobre alterar o passado; vocês devem aceitá-lo.

Evidentemente, na terceira dimensão, o espaço e o tempo possuem características diferentes. Existem longas distâncias, que vocês denominam de espaço, e, dentro dessas distâncias, parece haver vazio. Para ir de uma cidade a outra, é preciso atravessar muito espaço. Passar por esse espaço leva tempo. Na quinta dimensão, o espaço dobra-se, e, quando isso acontece, o tempo dobra-se. Para ir a algum lugar na quinta dimensão, dobra-se o espaço, de modo que não exista um período de viagem. Existe harmonia e unificação na quinta dimensão, porque é possível imediatamente estar onde se quer estar, sem se preocupar com o espaço e o tempo.

Nas dimensões superiores – por exemplo, na oitava, na nona e na décima dimensão –, existem temas e conceitos diferentes. A principal diferença nessas dimensões é não possuir um corpo.

O Corpo da Quinta Dimensão

Quando falamos sobre a quinta dimensão, ainda nos referimos a um corpo, e, em alguns dos exercícios, peço que vocês o visualizem. Um aspecto interessante e desejável da quinta dimensão é que é possível moldar o corpo da quinta dimensão como se quer. Sei que, na terceira dimensão, vocês tentam muitas formas diferentes de mudar seu corpo físico da forma como desejam. Algumas dessas tentativas são bem-sucedidas, mas outras não. Em algum momento, vocês encaram o processo de envelhecimento, e sua estrutura física decai em relação à vitalidade, à beleza e à força. (É claro que a beleza está nos olhos de quem vê, e pessoas mais velhas e sábias ainda são bonitas.) Na quinta dimensão, as pessoas podem escolher uma imagem de si de que gostam especialmente, como quando tinham muito cabelo e muita força física e flexibilidade. Quando vocês incorporarem na quinta dimensão, tenderão a escolher uma experiência jovem, com base em como se lembram de terem sido.

Nós temos visto imagens feitas por videntes de representações artísticas de mestres da quinta dimensão. Esses desenhos retratam os mestres como muito jovens e bonitos. Moldar e criar seu corpo é uma das habilidades que vocês possuem na quinta dimensão. O corpo da quinta dimensão não decai como o corpo da terceira dimensão. Não existe um estágio final de morte no qual vocês sofrem por doenças terminais dolorosas e prolongadas que causam um grande desconforto a vocês e sua família. Isso não acontece na quinta dimensão.

Existe uma transição quando vocês entram em outro reino a partir da quinta dimensão, mas a transição não é nada parecida com a experiência na terceira dimensão. Vocês podem simplesmente deixar seu corpo à vontade e transitar sem enfrentar uma morte. Na terceira dimensão, existe a ilusão da morte e da separação, porque parece que tudo é finito. Existe uma crença de que, no fim desta vida, pode não haver uma continuação. Existe um debate a respeito do que acontece após a morte.

Também existem experiências diferentes de Deus, o Criador, na quinta dimensão. Cada dimensão possui um determinado nível de luz e experiências do Criador. Em qualquer dimensão em que vocês estiverem – na terceira, na quinta, na sétima, na oitava dimensão –, podem se unir ao Divino e alcançar a iluminação. É verdade que existem dimensões superiores, mas isso apenas significa que cada dimensão possui um foco ou tema diferente e oferece a vocês uma experiência diferente. Não estou querendo dizer que uma é melhor do que a outra, mas, sim, que níveis de experiência diferentes são possíveis.

Atualmente, quando vamos para níveis superiores da oitava, da nona e da décima dimensão, não somos incorporados. Vocês poderão achar difícil compreender isso pela perspectiva da terceira dimensão. Estar nesse nível significa existir como um ser mental, uma forma-pensamento. Sei que isso é difícil de visualizar. Conforme vocês adentram dimensões superiores, existem mais experiências expandidas do Divino, e vocês podem assumir mais características do Divino. Se vocês analisarem as discussões místicas sobre divindade ou o Divino nas religiões da Terra, descobrirão que Deus não tem forma, portanto não existe uma maneira de realmente descrever o Divino.

Essa ideia também está presente em outras religiões místicas, como no Taoismo. Os taoistas tiveram muito contato com mestres e mentores galácticos e receberam instruções de alta energia. A descrição deles do Tao é muito simples: tudo o que pode ser dito sobre o Tao não é o Tao!

Shangri-la

As cidades de luz planetárias representam um modelo único da cidade de luz perfeita da quinta dimensão conhecida como Shangri-la, algumas vezes denominada de Shambhala, que foi estabelecida no campo energético áurico da Terra. Shangri-la está incorporada em uma forma que pode sobreviver na terceira dimensão e interagir com ela. As cidades de luz planetárias são moldadas conforme Shangri-la e podem trabalhar para evoluir como ela.

A quinta dimensão já está se intersectando com a terceira dimensão. Havia uma história de portais da quinta dimensão que se conectavam à terceira dimensão. Na Bíblia, vocês possuem histórias sobre um portal, o Jardim do Éden, que foi uma cidade de luz planetária na qual as pessoas viviam em um estado de consciência perfeito de energia e luz superiores.

Adão e Eva não conseguiram manter as energias dessa luz superior, portanto "caíram" desse lugar superior, e o Jardim do Éden foi trazido para a terceira dimensão. A Jardim do Éden da quinta dimensão foi estabelecido no campo energético da Terra. Ele fazia parte do campo de pensamento energético, mas não podia ser sustentando, porque os seres que estavam nele eram incapazes de manter a vibração superior. Existiam mais de dois seres no Jardim do Éden, apesar de a história bíblica se concentrar apenas em Adão e Eva. Existiam outros seres sob a liderança deles. Esta era uma cidade de luz aperfeiçoada e divina, assim como Shangri-la.

Existiram histórias de que Shangri-la estaria nas montanhas do Himalaia e de que monges tibetanos encontraram um caminho para ela, mas, então, não conseguiram descobrir como entrar novamente nela depois de partirem. Isso indica que existe uma proteção energética ao redor de Shangri-la. Como alguém na terceira dimensão consegue adentrar esse campo energético? Apenas aqueles com uma vibração de luz superior conseguiriam encontrar a entrada e adentrar a cidade.

Agora, pensem sobre suas cidades de luz planetárias. Um objetivo de desenvolver e manter a energia delas é criar um campo energético especial, de modo que as pessoas com vibração inferior não consigam adentrá-las. Na terceira dimensão, é difícil bloquear totalmente uma cidade de luz, de modo que apenas algumas pessoas possam entrar. Eu me solidarizo com seus esforços de criar essas cidades de luz. Sei que, em muitos lugares do mundo, as pessoas encontram violência, corrupção, contaminação e conflito. É muito difícil, nessas situações, estabelecer uma fronteira de luz energética ao redor de uma cidade. Se vocês estivessem trabalhando apenas com seres superiores como em Shangri-la, obviamente seria muito mais fácil manter a camada de luz branca ao redor de uma cidade. Seres superiores em Shangri-la podem ocultar o portal ou o caminho de entrada para a cidade de luz. Nas histórias sobre Shangri-la, as pessoas acidentalmente encontram o portal de entrada. No entanto, nesse sentido, elas possuíam uma frequência vibracional que era compatível com a entrada para Shangri-la.

Em seus esforços para criar cidades de luz, criem escudos de proteção ao redor da sua cidade e afirmem a intenção de que apenas seres superiores serão atraídos por ela e desejarão adentrá-la. Realizem isso com o máximo de sua habilidade. No entanto, vocês estão na terceira dimensão, assim como sua cidade de luz. Vocês não conseguirão ocultar a entrada da sua cidade. Seria ótimo se pudessem fazer isso; assim, teriam controle sobre permitir que apenas seres superiores entrassem. Apesar disso, ao se concentrarem em luz e energia elevadas na cidade da luz, vocês criam um campo energético vibracional que atrairá outros seres que possuem uma luz semelhante. Aqueles com uma luz inferior não serão atraídos, mesmo se souberem onde fica a entrada. Eles não terão interesse em entrar na cidade.

A partir da minha perspectiva, Shangri-la foi um experimento, uma tentativa de mestres da quinta dimensão observarem se a terceira dimensão poderia manter uma cidade de luz da quinta dimensão. Isso foi um êxito até determinado ponto, mas, no experimento maior da sua história, o Jardim do Éden, isso não foi completamente bem-sucedido. Por uma série de razões, a humanidade não conseguiu manter a frequência de luz para permanecer no Jardim do Éden.

Também existiram aspectos de Shangri-la na Cordilheira dos Andes, na América do Sul, onde cidades de luz foram fundadas com base nesse conceito. Novamente, quando as pessoas deixavam essas cidades, geralmente não conseguiam encontrá-las de novo. Nessas cidades de luz, as pessoas estavam na quinta dimensão, mas também estavam na Terra. Elas sabiam que estavam na Terra e sabiam que havia limitações. Elas sabiam que havia finitude, mas possuíam a capacidade de expandir a consciência e enxergar além da dualidade.

Shangri-la estava na Terra e no campo energético terrestre. As pessoas em Shangri-la vivenciavam dualidade, mas, ao mesmo tempo, vivenciavam também a energia da quinta dimensão. Elas viram que a dualidade era uma ilusão, e, ao verem essa ilusão, podiam vivenciar alegria, saúde e uma consciência expandida, que é o objetivo de todos. Na história de Adão e Eva, eles foram enganados pela dualidade e a aceitaram como verdade, e isso os levou a serem expulsos do Jardim do Éden, ou Shangri-la. A criação das cidades de luz planetárias é uma parte importante da ascensão da Terra e de seu trabalho planetário, porque vocês estão trabalhando com o modelo da criação de Shangri-la. Vocês estão tentando estabelecer os parâmetros que manterão a luz da quinta dimensão em uma cidade. Sendo assim, a cidade em si começará a atuar sob esses princípios superiores.

A Sociedade Justa

O primeiro princípio em Shangri-la é transcender a dualidade, transcender o bem e o mal, o que também significa transcender o ego. Shangri-la atua sob outros princípios, incluindo o conceito de uma sociedade justa, na qual existe uma distribuição igualitária de riqueza, atenção e cuidado. Isso traz à mente Karl Marx e o socialismo, uma ideia muito negativa no pensamento ocidental. Então, seria difícil descrever o modelo social de viver em um ambiente como Shangri-la sem entrar no diálogo sobre conflitos filosóficos e políticos.

Filósofos dos séculos XVIII e XIX escreveram sobre utopias. Eles descreveram determinados princípios, como fazer coisas para o bem maior ao maior número de pessoas. Até mesmo a palavra "utopia" se tornou popular naquela época. Essas ideias não são novas na mente ocidental. Muitas pessoas ficam surpresas quando digo a elas que, em Arcturus e outros planetas altamente evoluídos, nós não temos dinheiro nem posses. É difícil pensar em uma sociedade justa e em capitalismo e aquisição de riqueza ao mesmo tempo. Não estou dizendo isso de uma forma crítica.

A sua sociedade se desenvolveu sem muitos dos conceitos da sociedade justa. Em Shangri-la, as pessoas não tinham posses nem inveja. Elas não desejavam algo, porque tudo era fornecido, e não eram tiradas vantagens delas. No entanto, para chegar a esse nível, vocês precisariam estar em uma maturidade e uma vibração elevadas para viver em uma sociedade baseada em tais práticas divinas.

A Árvore da Vida contém um plano para uma sociedade justa e para as cidades de luz planetárias. Ela também contém um plano para Shangri-la. Uma sociedade da quinta dimensão na Terra teria problemas. Na realidade, um dos objetivos das sementes estelares e dos seres iluminados é elevar a vibração da terceira dimensão. A terceira dimensão foi criada para um propósito específico, e, como eu disse, existe um tema na terceira dimensão, que é a dualidade, a separação e o livre-arbítrio. Essas três coisas precisam existir na terceira dimensão a fim de criar um ambiente para o crescimento da alma.

A Árvore da Vida consiste em polaridades e diferentes esferas que interagem entre si. As esferas são um modelo de compaixão e justiça divinas. Isso é especialmente necessário para estabelecer uma cidade de luz planetária na Terra. Existem muitos seres de vibração inferior, e, não importa o quanto vocês tentem estabelecer a energia vibracional perfeita da cidade, encontrarão alguém que é desestabilizador. Vocês poderiam encontrar alguém que espreita pela entrada e teriam de lidar com essa pessoa. Vocês poderiam encontrar alguém que rouba ou não acredita em partilhar e que quer acumular bens e se tornar egoísta. Como mantenedores das regras de uma sociedade justa, vocês teriam de descobrir maneiras de lidar com esse comportamento com compaixão e justiça divina. Poderiam existir momentos em que restrições e punições seriam necessárias.

Um problema na Shangri-la original era que ela era totalmente fechada para interação com o mundo da terceira dimensão. Os guias e mestres provaram que o campo energético da Terra não poderia manter Shangri-la, mas eles tinham de estabelecer cidades de luz em áreas que eram muito difíceis de acessar e, na maior parte, eram ocultas. Apenas pessoas de uma natureza especial tinham permissão para entrar.

Atualmente, a missão dos mestres ascensionados mudou, e, com o trabalho e a cooperação deles (e de vocês), queremos criar cidades de luz planetárias e moldá-las conforme Shangri-la. Nós percebemos que existirão muitos problemas e muita resistência às cidades de luz. Sugerimos um mestre ascensionado como guardião, supervisor e guia para cada cidade. Por exemplo, uma cidade poderia escolher Kuthumi como seu guardião. Essa cidade poderia, então, pedir que a energia de Kuthumi fosse transmitida a ela. A energia dele permearia a consciência das pessoas nesse local. Com sorte, o nome dele como guardião dessa cidade seria ensinado.

Conduzam a Forma da Quinta Dimensão para o Mundo da Terceira Dimensão

Se eu dissesse a vocês: "Vamos viajar para seu corpo da quinta dimensão", então passaríamos pelos corredores de luz. Nós poderíamos tremular para ajudar a acelerar os nossos campos energéticos e, então, iríamos para o lago de cristal. Vocês encontrariam seu corpo da quinta dimensão no lago. Com alinhamentos e intenções adequados, vocês poderiam usufruir de seu corpo aperfeiçoado da quinta dimensão.

E se eu dissesse a vocês que existe uma incorporação da quinta dimensão da sua cidade de luz? Ela existe em uma forma da quinta dimensão neste exato momento. Esse conceito está contido em alguns escritos e ensinamentos místicos; ou seja, essas cidades da quinta dimensão existem como incorporações de cidades da terceira dimensão. A cidade da terceira dimensão já existe na forma da quinta dimensão. Vocês podem escolher um guia da quinta dimensão e trabalhar para conduzir forma-pensamento superior dessa quinta dimensão para sua cidade de luz na terceira dimensão. Um dos deveres a que vocês, curadores planetários, estão destinados é interagir com a incorporação da quinta dimensão da sua cidade.

O seu país poderia ter uma incorporação da quinta dimensão, e o planeta Terra também possui uma incorporação da quinta dimensão. Vocês estão trabalhando e pensando sobre como contribuir para a ascensão da Terra. Muitos de vocês sabem que existe uma incorporação da Terra na quinta dimensão, e isso representa a forma mais elevada que a Terra pode alcançar. Vocês provavelmente têm a ideia de que subitamente a Terra vai ascender para essa incorporação. É uma boa imagem e um bom exercício para trabalhar durante suas meditações.

Além disso, vocês devem realizar o trabalho de modo que a incorporação da cidade, do país e do planeta na quinta dimensão tenha seu lugar preparado no campo energético da Terra. Não queremos que uma Shangri-la exista apenas nas montanhas do Himalaia, onde ninguém pode acessá-la. Nós queremos ver os portais das cidades da quinta dimensão abertos para a Terra. Essas cidades podem se abrir e ser transmitidas apenas em lugares onde existe uma base consolidada da energia da quinta dimensão. [Entoa] "Oooohhhh".

Cada cidade na Terra possui um mapa astral. Por exemplo, se vocês desejam descobrir o destino de São Paulo, no Brasil, pesquisem a data de nascimento da cidade, ou a data em que ela foi fundada. Como podem perceber, essa cidade já tem um guardião – São Paulo. Se vocês querem aprender sobre qual é o destino da cidade, podem fazer o mapa astral de nascimento dela. Vocês podem fazer isso com qualquer cidade no mundo, e também podem fazer isso com qualquer país. Existe um determinado destino para os Estados Unidos, e esse destino pode ser encontrado no mapa de nascimento desse país, com data de 4 de julho de 1776. Vocês, nas cidades de luz, estão criando um ponto de acesso para o portal, que será transmitido profundamente quando a quinta dimensão se intersectar com a terceira dimensão.

Manifestem um Futuro Mais Brilhante

Um campo energético, ou uma aura, envolve o planeta. Um campo energético específico envolve cada cidade de luz. Campos energéticos envolvem diferentes planetas. Um dos motivos para querermos conectar suas cidades de luz planetárias com as cidades de luz estelares é porque queremos ajudá-los a interagir com a frequência de luz superior contida na cidade estelar.

As nossas definições da noosfera e da consciência coletiva incluem todas as formas-pensamento que existiram e que existem atualmente, incluindo as formas-pensamento no futuro. Acreditem ou não, existem muitos aspectos do planeta Terra no futuro. As pessoas fizeram projetos e planos para a Terra do futuro.

Conforme conversamos, sobrevivencialistas estão fazendo planos para catástrofes do fim dos tempos e para a destruição da vida moderna como vocês a conhecem. Essas pessoas acreditam que algum dano incalculável acontecerá à civilização, e elas estão prontas para viver em *bunkers* a fim de sobreviverem. Até mesmo alguns grandes líderes espirituais, como Elizabeth Clare Prophet, acreditavam nisso e realizaram alguns passos para se preparar para um desastre, incluindo isolar suas vilas ou cidades. Esse tipo de pensamento e essas preparações projetam pensamentos na Terra do futuro e na noosfera. A energia ou aura futura da Terra será influenciada por esses pensamentos, e aquilo que estiver nessa aura nesse futuro pode se manifestar. Se vocês tiverem milhões de pessoas pensando sobre o fim dos tempos e guerra nuclear, e sobre como sobreviver em circunstâncias especiais, então esses pensamentos podem influenciar o futuro da Terra. A noosfera consiste em campos energéticos do passado, do presente e do futuro e contribui com o que se manifesta na Terra.

Felizmente, os mestres ascensionados, guias e mentores transmitiram padrões de cura especiais para um melhor futuro à Terra, para uma manifestação melhor. O nosso trabalho com as cidades de luz planetárias e as nossas discussões sobre Shangri-la contribuíram para uma inserção mais positiva na noosfera. Nós queremos que a ideia de Shangri-la se integre com as cidades de luz planetárias e essa luz superior possa, então, se abrir e se manifestar aqui na Terra.

Nós podemos transmitir esses pensamentos superiores à noosfera. Buscamos ter uma comunidade maior de cidades de luz planetárias que eleve a vibração de uma forma que preparará para a ascensão da Terra. Parte dessa preparação é visualizar sua cidade de luz e a Terra na quinta dimensão. Talvez vocês vislumbrem o Jardim do Éden. O Jardim do Éden não possuía internet, dispositivos de transporte ou naves espaciais. Sua Terra da quinta dimensão pode ter alguns desses recursos, incluindo viagem espacial e corredores interdimensionais. Certamente, a Terra da quinta dimensão poderia ser um planeta no estágio 2 de desenvolvimento. Isso significa que ela superou o impulso de se autodestruir. No estágio 2, a Terra consegue controlar as forças da natureza, o que significa que as erupções vulcânicas, os terremotos, as tempestades e a destruição da biosfera causada pelos seres humanos poderiam parar.

As cidades de luz planetárias mantêm padrões de pensamento fundamentais que entram no inconsciente coletivo e na noosfera. Por fim, as cidades de luz planetárias podem criar a energia para se conectar com a Terra ascensionada da quinta dimensão. Os mestres ascensionados enxergam duas opções: uma é criar a Terra da quinta dimensão na Terra da terceira dimensão. Isso aconteceria por meio da transmissão de energia para criar mais cidades como Shangri-la. A outra opção é que a Terra ascenda magicamente e que tudo com vibração inferior fique para trás. Nessa opção, vocês iriam diretamente para sua Terra da quinta dimensão da mesma forma que deixariam seu corpo físico da terceira dimensão e iriam para seu corpo da quinta dimensão. Nessa opção, seu corpo se transformaria, se transmutaria e se tornaria o corpo da quinta dimensão. Tudo seria transmutado e iria para a Terra da quinta dimensão.

Existe um problema com a segunda opção: bilhões de pessoas estão na Terra neste momento, e nem todas estão preparadas ou vibrando em uma frequência alta o suficiente para acessar a Terra da quinta dimensão. Lembrem-se de que a quinta dimensão requer uma determinada vibração. Vocês não podem entrar na quinta dimensão se tiverem uma vibração inferior repleta de ódio, desunião, desarmonia e violência. A ideia de tudo na Terra transmutando magicamente e entrando na quinta dimensão não funcionará, porque existem muitas pessoas que não estão prontas.

A Terra da quinta dimensão existe. Parte dela pode interagir com a terceira dimensão e ser manifestada nela, e parte da Terra da terceira dimensão que tem uma vibração superior e está repleta de luz da quinta dimensão pode ascender para a incorporação da Terra da quinta dimensão. Sei que isso parece fracionado, e existem muitos paradoxos nisso. Vocês precisam estar preparados para entrar na quinta dimensão, e até mesmo uma cidade de luz deve ter uma alta vibração para adentrá-la.

Visualizem Shangri-la em suas cidades de luz da quinta dimensão e se conectem com essa incorporação elevada. Mantenham uma visão de si mesmos em sua incorporação da quinta dimensão e mantenham uma visão da sua cidade de luz e de sua incorporação na quinta dimensão. Por fim, mantenham uma visão da Terra em sua incorporação da quinta dimensão. Isso acontecerá, pois deverá estar de acordo com a luz divina e as leis da evolução espiritual superior.

Capítulo 6

Utilizem a Neutralização para Cura Pessoal e Planetária

Juliano e os arcturianos

As sementes estelares estão extremamente preocupadas com as energias polarizadoras que permeiam este planeta. Essas energias polarizadoras são muitas vezes destrutivas e podem criar conflitos e caos, bem como causar danos à biosfera. A nova ferramenta para lidar com essa questão é a neutralização. A fim de ajudá-los a compreender a neutralização como uma ferramenta espiritual, descreverei um pouco de matemática básica: vocês possuem uma energia positiva, que é mais (+), e possuem uma energia negativa, que é menos (−). Em qualquer cálculo matemático, podem concluir que o símbolo de menos significa que vocês estão retirando energia. Dessa forma, quando vocês usam o símbolo de mais, estão acrescentando energia.

Quando as pessoas ficam em um estado negativo, tiram energia de vocês e do planeta. Por exemplo, quando vocês têm um buraco em sua aura, sua energia decai, e vocês vão para a categoria de menos (−). Por outro lado, se alguém transmite energia, como amor, benevolência e bondade, essa energia é de mais (+), e vocês obtêm energia em sua vibração de luz.

A neutralização é um processo para impedir que a energia seja retirada de seu campo energético ou de sua aura. Aqueles que estão retirando energia de vocês ou do planeta são interrompidos quando são neutralizados. As ações deles não podem mais tirar energia de vocês ou do planeta. Ao mesmo tempo, é importante observar que, nessa neutralização, eles estão temporariamente paralisados em suas ações e podem ficar impossibilitados de continuar suas ações negativas. Dessa forma, aqueles que podem estar destruindo a biosfera, destruindo uma espécie ou poluindo os oceanos ou a atmosfera subitamente não conseguiriam fazer mais isso. Eles seriam neutralizados – suas ações seriam interrompidas.

Quando alguém prejudica sua energia pessoal, essa pessoa pode ser neutralizada e não mais afetá-los. Isso pode acontecer em um nível emocional, psicológico ou até mesmo físico. Alguns de vocês estão familiarizados com uma prática filosófica e espiritual conhecida como aikido, que é baseada no conceito de neutralização. O praticante de aikido neutraliza o atacante, e o atacante não consegue continuar a causar uma ação prejudicial. O que é excelente é que essa ação de neutralização não causa dano à pessoa que está tentando realizar a ação negativa.

No entanto, existe um fato essencial a ser considerado sobre a neutralização. Quando as pessoas que são neutralizadas decidem causar dano a vocês ou ao planeta novamente, elas podem causar danos a si mesmas, em vez disso. Por exemplo, o praticante da arte marcial aikido coloca o atacante em uma posição de imobilização da mão ou do braço. Essa posição causa desconforto ao atacante, e torna-se claro que, se o atacante continuar a atacar, seu braço pode ser machucado ou fraturado. O próprio movimento do atacante causaria o dano. Essa é a neutralização nos níveis filosóficos e espirituais mais elevados. Sendo assim, quando vocês neutralizarem as pessoas, elas causarão danos a si mesmas se continuarem interrompendo todas as ações prejudiciais. Elas perderão a vontade de retirar energia de vocês. Dessa forma, elas decidem ter uma resposta mais positiva em relação a vocês.

Vocês estão bem cientes dos hábitos destrutivos globais da humanidade em relação ao meio ambiente. Sendo assim, vamos aplicar a neutralização à cura planetária. Pensem por um momento nas pessoas que estão poluindo o oceano com lixo, e, subitamente, elas se tornam neutralizadas. Além disso, elas são colocadas em uma posição de extrema crise, porque não conseguirão mais continuar nesse caminho sem causar danos a si mesmas.

Quando o Equilíbrio e a Compaixão Não Funcionam Mais

Como curadores planetários, como vocês deveriam visualizar e meditar sobre a cura planetária? Como vocês deveriam visualizar as pessoas que estão tentando causar danos a vocês? Em um mundo polarizado, é comum ter energia negativa. Sendo assim, a neutralização é uma ferramenta útil, principalmente na sua vida pessoal. Quando as pessoas transmitirem energia negativa (de modo consciente ou inconsciente), visualizem-nas sendo neutralizadas, de modo que a energia negativa não possa mais atingi-los.

É evidente que aqueles que estão envolvidos em meditações e ativações de cura planetária precisam ter um poder pessoal forte. Por exemplo, os praticantes de aikido não são fisicamente fracos. Na realidade, eles passam longas horas praticando e estudando técnicas de aikido, fortalecendo seu campo energético, de modo que possam neutralizar, de uma forma positiva, seus atacantes. Os praticantes desenvolveram campos energéticos fortes e positivos que permitem a eles usar a neutralização. Como curadores planetários, vocês também devem exercer campos energéticos fortes e positivos.

Vocês podem ajudar a neutralizar energia negativa e destrutiva. Por que digo "neutralizar" em vez de usar energia positiva para superar energia negativa? Lembrem-se de que negativo (–) é tirar energia e positivo (+) é oferecer ou aumentar energia. Na espiritualidade e na polarização, existem leis de repelir. Neste momento peculiar em que vocês estão vivendo, uma energia positiva mais forte muitas vezes afasta a energia negativa, assim como uma energia negativa mais forte afasta a energia positiva. Acredito que vocês atualmente observam esse fenômeno em que uma luz negativa forte consegue repelir aqueles que são positivos. Vocês podem até mesmo sentir mais ódio, raiva ou aversão a essas pessoas. Essa é uma manifestação da lei da repulsão.

A energia negativa forte indica uma situação espiritual perigosa no planeta. É mais difícil encontrar um meio-termo. É difícil até mesmo se comunicar com aqueles no lado oposto quando existe essa repulsão. Esse estado de polarização e repulsão espiritual pode levar a mais caos e até mesmo à violência, portanto, não é um caminho saudável e equilibrado.

A neutralização é semelhante ao conceito espiritual denominado de harmonia e equilíbrio, mas existem diferenças. Por exemplo, vocês têm dois grupos polarizados no planeta. Um deles é um grupo positivo, que trabalha para o amor, a harmonia e a igualdade – uma sociedade justa. O outro é um grupo negativo, que trabalha para a ganância, o poder e o controle, e que busca destruir aqueles que não pensam como eles. Como a harmonia e o equilíbrio podem ser alcançados aqui? Existem situações planetárias experimentais nesta galáxia, nas quais o julgamento dominou e se tornou muito poderoso, o que dificultaria viver nela. Imaginem quão desafiador poderia ser agir quando vocês são extremamente críticos em relação a si mesmos. Pode ser que vocês tenham vivenciado, quando eram crianças, essa triste situação de ter pais extremamente críticos. Era difícil agir tranquilamente ou alcançar um estado relaxado. Quando existe compaixão, existe permissividade e bondade, portanto pode haver crescimento.

Obviamente, todos nós gostamos de bondade e pensamos que é bom quando pessoas em posições de poder agem com misericórdia e compaixão em relação a nós. No entanto, atualmente no planeta, existe uma forte energia de polarização. A polarização frequentemente cria um pensamento caótico e violência. As pessoas muitas vezes perdem o controle e se comportam de forma muito desumana, reagindo a partir de uma vibração energética inferior que erroneamente justifica a violência e o terrorismo. Nessas situações, a compaixão não funciona. Na realidade, os terroristas enxergam a compaixão como uma fraqueza.

Polarizações fortes podem se tornar tão desequilibradas que não existe uma harmonia imediata possível. Em um mundo perfeito, o julgamento e a compaixão podem ser equilibrados, e uma nova harmonia pode ser desenvolvida, mas, se os dois lados estiverem muito afastados, muito polarizados, essa compaixão e esse equilíbrio podem não ser efetivos.

Vocês estão lidando com uma forte polarização que pode levar a acontecimentos catastróficos, que incluem cenários de fim dos tempos, distúrbios planetários, erupções vulcânicas, tempestades e conflitos sociais e econômicos. Existem polarizações extremas política e economicamente neste planeta, e simples compaixão poderia levar a mais conflitos. Ao analisar algumas das situações na crise dos refugiados, por exemplo, principalmente na Europa, é possível observar que compaixão e misericórdia extremas algumas vezes também podem criar problemas. Precisa haver equilíbrio.

Na neutralização, vocês não estão tentando equilibrar um lado com o outro. Vocês não estão buscando equilibrar julgamento com misericórdia, mas, sim, neutralizar aqueles que estão usando energia negativa para destruir a Terra. Vocês estão neutralizando as pessoas que estão tentando causar danos à Terra, de modo que elas sejam impossibilitadas de causar mais danos nos níveis pessoal e planetário. Por exemplo, vocês desejam neutralizar as pessoas que estão exterminando baleias, girafas ou elefantes. Não existe mais espaço para compaixão quando as pessoas estão exterminando brutalmente a vida selvagem a fim de obter ganhos monetários. Exercer essa energia de neutralização requer um determinado tipo de disciplina e força.

Pratiquem a Neutralização

Vocês podem participar de uma visualização nova e muito positiva para curar este planeta (e experiências pessoais) usando a neutralização. Nesse trabalho de meditação, quero que vocês visualizem uma imagem de neutralização que interrompa a destruição na biosfera. Todos vocês possuem uma esfera de influência específica e uma sensibilidade individual em relação ao meio ambiente. Vocês podem ter um conhecimento específico de um lugar neste planeta que precisa de trabalho de cura. Além disso, podem estar mais cientes da injustiça extrema de um tirano. Sendo assim, vocês possuem a escolha do local onde concentrarão seus pensamentos de cura. Com a energia de neutralização, vocês não assumem esse carma. Vocês não estão envolvidos em um determinado tipo de troca de energia; vocês a neutralizam.

Escolham um acontecimento neste planeta com o qual vocês estejam particularmente preocupados. Pode ser o vazamento de radiação em Fukushima, a guerra civil na Síria ou a futura administração do governo dos Estados Unidos (que tem o potencial de causar dano ao meio ambiente, ignorando qualquer vantagem que possa ter sido obtida na esfera climática). Vocês podem se concentrar em uma poderosa empresa que está destruindo a Floresta Amazônica. Escolham o tema que for mais preocupante para vocês.

Sintam o poder da sua luz espiritual e sua capacidade de se elevar de seu corpo físico. Agora, movam-se energeticamente para o anel da ascensão ao redor deste planeta. No anel da ascensão, vocês vão sentir mais sua coragem espiritual e suas energias, bem como a grande ferramenta espiritual da neutralização. Concentrem sua consciência no anel da ascensão. Agora, concentrem-se na imagem do que querem neutralizar. [Canta] "Oooohhhh".

Lembrem-se de que vocês não querem ver o outro lado polarizado destruído. Vocês não querem causar danos a esse grupo. Vocês simplesmente querem que a energia dele seja neutralizada, de modo que não possa mais realizar atividades prejudiciais. Vocês podem visualizar essa ação neutra de qualquer maneira. O resultado é que, se essa pessoa ou esse grupo continuarem a ação negativa, serão neutralizados. Qualquer dano que tenham como resultado terá sido autoinfligido. Juntos, entraremos em meditação para trabalhar na visualização da neutralização. Ficaremos em silêncio agora. [Canta] "Oooohhhh". [Pausa.]

Conforme vocês mantêm essa luz de neutralização, saibam que essa é uma vibração superior. É uma forma de vocês lidarem com as energias polarizadoras para não serem absorvidos pelos campos energéticos negativos que envolvem a situação. Sua imagem de neutralização será registrada no anel da ascensão e estabelecida na noosfera, que ajudará os guias e mestres e a Terra a manifestarem o que é necessário para a neutralização.

Utilizem Energia Pung para Resiliência

A neutralização é uma força energética espiritual e também se manifesta de uma forma física. Ela oferece a oportunidade para uma mudança no comportamento de uma pessoa. Têm surgido algumas ideias sobre o que acontecerá às pessoas que não conseguem mudar sua consciência. Talvez essas pessoas sejam retiradas do planeta em um êxodo em massa e apenas as pessoas com vibrações superiores, como as sementes estelares, graduem e passem para a quinta dimensão. No entanto, vocês devem ter percebido que, nas discussões sobre a ascensão, falamos sobre as três ondas de ascensão, porque existe certa compaixão e misericórdia pelas pessoas na Terra. Existe uma compreensão de que a Terra é uma escola e as pessoas estão aqui para aprender e experimentar. Até mesmo aqueles que estão polarizados de uma forma negativa ainda podem se abrir para uma luz positiva.

No momento em que o mestre de aikido coloca seu oponente em uma posição de neutralização, o atacante sente essa resposta do mestre de aikido, e, então, há um momento em que a energia iluminada pode chegar até essa pessoa. O atacante pode dizer: "Ah, estou lidando com um mestre que possui energia elevada. Eu me entrego e estou disposto a aprender o que essa pessoa tem a me oferecer". Sei que existem pessoas que vão recusar essa oportunidade e até mesmo continuar e se machucar. Pode não haver esperança de aprendizado. No entanto, muitas pessoas possuem um grande respeito quando estão sentindo a energia da neutralização.

Lembrem-se de que também estamos falando sobre autoproteção. Este é o mundo da energia áurica. Estamos em um momento em que é necessário proteger seu campo energético e trabalhar com ele. Conforme eu disse, a neutralização vem de uma posição de força energética, e não de uma fraqueza energética. É por esse motivo que pedi que vocês trabalhem a resiliência de seu campo energético – para que sejam capazes de repelir energia negativa. A carga negativa (–) é uma energia que tenta tirar sua energia. A resiliência à qual me refiro é conhecida como a energia pung no Taoismo. Ela os ajuda a criar um movimento elástico e de resiliência em seu campo energético, de modo que as fontes negativas sejam repelidas. Também é útil projetar esse tipo de resiliência e elasticidade para os pontos sagrados necessários ao redor do planeta.

Precisamos proteger os locais sagrados ao redor do mundo, incluindo os rios sagrados na América do Norte e na América do Sul. Quando vocês conseguem trabalhar no campo energético ao redor de um lugar sagrado, conseguem criar a energia pung, ou elasticidade, nele. Por fim, a energia da elasticidade afasta e neutraliza a energia negativa intrusa.

Dediquem um momento agora em meditação pessoal. Observem seu campo energético no formato de um ovo cósmico. Lembrem-se de que vocês ainda estão no anel da ascensão e podem ter poderes de visualização intensificados. Preencham seu campo energético com essa luz pung elástica e flexível e a observem entrar em seu campo energético pelo chacra coronário. Novamente, ficaremos em silêncio. [Pausa.]

Usem este momento para neutralizar quaisquer inflamações em seu corpo – quaisquer conflitos, fraquezas, buracos ou vínculos. Preencham sua aura com essa luz pung resiliente agora. [Canta] "Ooohhhh. Ooohhhh". Seu campo energético é resiliente; ele é elástico. Ele é flexível e possui o poder energético para neutralizar qualquer força negativa que entrar nele. A energia negativa é repelida com muita facilidade e elasticidade. Vocês possuem essa energia pung agora. [Canta] "Oooohhhh".

Vocês podem projetar uma poderosa energia pung a lugares sagrados e situações sagradas ao redor do globo. Saibam que todos os guias e mestres da quinta dimensão estão felizes em ajudá-los em seu trabalho de neutralização espiritual.

Preparem-se para deixar o anel da ascensão. Agora, voltem para seu corpo físico, retornando em um alinhamento perfeito, sentindo um novo poder e energia pessoal com essa nova ferramenta para a cura pessoal e planetária – a neutralização. Vocês estão protegidos e são muito respeitados e valorizados em seu trabalho de luz.

Capítulo 7

A Consciência Superior é a Próxima Etapa na Evolução Humana

Juliano e os arcturianos

A Terra está passando por uma transição importante e difícil. Temos inspecionado, pesquisado e estudado o desenvolvimento planetário e dissemos que estimamos que existam aproximadamente 5 mil planetas na galáxia da Via Láctea que possuem vidas avançadas. Elas são muito semelhantes a vocês. Na verdade, seus códigos e estruturas genéticas são comuns em toda a galáxia. Vocês são uma espécie única na Terra, mas não são a única espécie humana na galáxia.

Os pleiadianos possuem uma civilização humana em outro planeta nesta galáxia. É verdade que esses seres podem ser diferentes em relação à aparência. Os pleiadianos podem ter diferentes estruturas de ouvido ou podem ser mais altos do que vocês, mas a estrutura física básica deles é semelhante. Alguns seres na galáxia parecem humanos, mas possuem poderes mentais mais avançados. Esses seres conseguem mover objetos com a energia mental. Por causa dessas habilidades telecinéticas, eles não precisam da estrutura muscular que vocês possuem.

Existem também variações na gravidade. Vocês vivem em um planeta que possui uma forte gravidade. Há vantagens e desvantagens em relação a isso. Uma desvantagem é que força é requerida para mover objetos e movimentar seu corpo. A gravidade também causa deterioração da estrutura física, portanto vocês têm uma expectativa de vida de 80 a 90 anos. Em outros planetas, a expectativa de vida pode ser de 400, 500 ou até mesmo 1.000 anos.

Tudo é relativo. Como vocês medem um ano? Como vocês medem o tempo? Um ano na Terra tem 365 dias, que é a quantidade de tempo que leva para seu planeta dar uma volta ao redor do Sol. E se vocês vivessem em uma parte diferente da galáxia, em um sistema solar diferente? Imaginem que nesse sistema solar o ciclo ao redor de seu sol é de 600 dias terrestres. Vocês vivem 80 anos na Terra. Nesse outro sistema planetário, vocês poderiam viver duas vezes mais do que sua vida terrestre. Vocês poderiam dizer que uma vida na Terra tem 80 anos, mas são 80 anos baseados no tempo conforme ele é medido em seu sistema solar. A relatividade do tempo é um fator muito importante ao tentar compreender como seria viver em outro planeta.

O desenvolvimento planetário varia. Um fator é a quantidade de tempo em que as espécies viveram no planeta. Existem muitas estimativas diferentes de quando os humanos apareceram pela primeira vez na Terra. Alguns estimam que isso aconteceu há 200 mil anos, e outros dizem que formas de humanos existiram na Terra há pelo menos 2 milhões de anos.[1] Existem diversos estudos de diferentes tipos de humanos, incluindo neandertais, Cro-Magnon, australopitecos e até mesmo o Homem de Pequim. Qual deles é o verdadeiro humano? Vocês são denominados de *Homo sapiens*, mas estão evoluindo, e o resultado desse processo não será o ser humano que vocês veem hoje em dia. Vocês estão em transição.

A evolução não é fixa; ela é um processo. Gosto de me referir ao *Homo sapiens* como a espécie de Adão. Existem muitas razões pelas quais gosto de usar esse termo. Uma delas está relacionada à história bíblica de Adão e Eva, que representam os primeiros seres a possuir as características associadas à civilização moderna. O primeiro Adão tinha autoconsciência e habilidades mentais avançadas, que são características-chave para os seres humanos modernos.

A espécie de Adão continua a evoluir, e a chave para o próximo estágio é a mudança da consciência da humanidade. Cada espécie passa por crises neste planeta. Darwin documentou esses desenvolvimentos e essas crises quando propôs o ciclo evolutivo. A humanidade está em uma crise evolutiva que requer adaptação. Deve haver uma mudança, pois, se não houver, a espécie será extinta. Vocês aprenderam isso quando estudaram sobre a evolução. Muitas plantas e animais foram extintos porque não se adaptaram a um meio ambiente em mudança.

---

1. David Reich. *Who We Are and How We Got Here: Ancient DNA and the New Science of the Human Past*. New York: Pantheon Books, 2018.

Como vocês podem observar o que está acontecendo atualmente na Terra com a espécie de Adão e o estágio de desenvolvimento do planeta a partir de uma perspectiva galáctica? Como o que está ocorrendo atualmente na Terra se aplica à evolução humana? Basicamente, a humanidade deve desenvolver uma consciência superior para garantir a sobrevivência dessa biosfera e da Terra. Deve haver um número suficientemente amplo e crescente de pessoas que possuem esse nível de consciência. Por fim, esse nível de consciência será enraizado na humanidade. Uma vez que ele é incorporado, torna-se o *modus operandi* de como o planeta funciona, como as pessoas são governadas e como as crises ambientais e planetárias são mitigadas.

A única maneira de este planeta resolver essas crises é elevando a consciência humana. Essa luta evolutiva ocorreu em outros planetas na galáxia. A perspectiva galáctica inclui o que denominamos de antropologia galáctica, o que envolve estudar civilizações em outros planetas e comparar e contrastar como elas funcionam.

O Efeito do Centésimo Macaco e a Evolução da Consciência

Vocês conhecem a antropologia como o estudo dos seres humanos e de suas culturas. Algumas pessoas falam sobre o efeito do centésimo macaco. Esse efeito foi postulado por um antropólogo que revisou estudos feitos por primatologistas japoneses a respeito de macacos em uma ilha perto do Japão. Cinco mil macacos viviam na ilha. Os cientistas ensinaram a um macaco como lavar sua comida e observaram esse comportamento se difundir. O antropólogo postulou que, após uma centena de macacos aprender a lavar sua comida, todos os macacos na ilha aprenderam a realizar a mesma tarefa sem instruções necessárias.[2,3]

Usamos esse conceito para descrever a perspectiva galáctica da evolução da Terra. Um número essencial de pessoas deve alcançar um determinado nível espiritual, um determinado nível de consciência, de modo que a técnica se torne generalizada para toda a população. Quando analisamos a história da religião e do pensamento místico na Terra, descobrimos referências a um fenômeno

---

2. Ken Keyes, Jr. *The Hundredth Monkey*. Coos Bay: Vision Books, 1984.
3. Lawrence Blair. *Rhythms of Vision: The Changing Patterns of Belief*. London: Croom Helvin LTTD, 1875.

semelhante. Por exemplo, existem textos que afirmam que devem existir 144 mil pessoas que podem ascender, e apenas essas 144 mil pessoas vão ascender a uma dimensão superior. Alguns grupos religiosos estão tentando convencer as pessoas dizendo que elas fazem parte dessas 144 mil pessoas.

É verdade que, para mudar este planeta, um determinado número de pessoas precisa alcançar um estado elevado de consciência. Qual é esse número? Ele é baseado em uma variedade de fatores, incluindo o tamanho da população. Atualmente, existem mais de 7 bilhões de pessoas no planeta, portanto, sinceramente, 144 mil pessoas podem não ser suficientes para a mudança evolutiva.

Outro fator também deve ser considerado, e este é a qualidade das pessoas que mantêm esse novo nível de consciência. É verdade que, na Terra, uma pessoa que é intensamente focada e muito abençoada pode ter um efeito enorme sobre milhões de pessoas. Isso foi demonstrado na disseminação das religiões, pois muitas vezes uma pessoa com habilidades extraordinárias influenciou milhões de pessoas por centenas de anos ou mais. É um erro dizer apenas que existe a necessidade de que 100 mil ou 200 mil pessoas compreendam e aceitem o novo estágio de consciência. Também observamos a qualidade, o comprometimento e a energia que essas pessoas possuem. Falamos sobre as sementes estelares e temos diversas estimativas sobre quantas existem. Sentimos que o conceito de sementes estelares carrega consigo essa energia básica para a nova evolução da humanidade. Sim, é verdade que "semente estelar" se refere às pessoas que estão cientes da galáxia e de outros planetas nela. As sementes estelares também estão cientes de outras vidas que tiveram na galáxia.

O conceito de sementes estelares está associado ao conceito de reencarnação cósmica. No sentido tradicional, a reencarnação é normalmente considerada como vidas que vocês tiveram na Terra. Vocês podem ter relatos ou memórias de vidas no Egito, na Grécia, durante o Holocausto na Segunda Guerra Mundial, no Japão ou na América do Sul. No entanto, as sementes estelares também possuem memórias de vidas em outros planetas e em diferentes partes da galáxia.

As sementes estelares possuem consciências e propósitos múltiplos, e uma consciência é a de suas experiências de reencarnação cósmica. As sementes estelares trabalham para manter um nível de consciência superior, e esse nível de consciência superior se tornará parte do efeito do centésimo macaco no planeta Terra. Manter essa consciência superior causará uma mudança radical na evolução e no avanço da espécie de Adão.

Crise Causa Mudança

[Entoa] "Oooohhhh". Sintam a energia superior agora. Tornem-se cientes de seu campo energético. Tornem-se cientes da energia vibracional em sua aura. Tornem-se cientes de sua consciência expandida, incluindo vidas em outras galáxias ou em outras partes desta galáxia. Vocês fazem parte de uma onda de energia denominada de ciclo evolutivo da humanidade, e seus pensamentos e sua elevação de energia influenciam esse desenvolvimento.

Um aspecto essencial da evolução é que precisa haver mudança. Pode haver mudança quando existe uma crise, uma necessidade. Vocês sabem que, à medida que envelhecem, gostam que tudo permaneça como é. Vocês provavelmente não querem realmente ver muita mudança em sua vida conforme envelhecem. Quando vocês eram mais jovens, talvez ficassem facilmente entediados e quisessem ir a lugares diferentes e fazer coisas diferentes. Muitas vezes, quando vocês envelhecem, ficam mais estáveis. Isso não é verdadeiro para todo mundo, mas é uma observação. A única forma de vocês mudarem é quando existe uma crise, e essa é uma circunstância atualmente em seu planeta. Essa crise deve ser solucionada para a humanidade sobreviver.

Neste momento polarizado, as pessoas que tentam trazer consciência para a crise de sobrevivência não são levadas a sério e recebem alegações de que existe pouca evidência científica para apoiar a noção de que a Terra está em crise. Observamos isso a partir de uma perspectiva galáctica, porque vemos e já vimos outros planetas passarem por essa mesma crise. Vi planetas semelhantes à Terra se autodestruírem. Existem sementes estelares na Terra que tiveram vidas nesses planetas e os viram se autodestruir. Talvez vocês possuam um trauma por testemunhar essa destruição.

Existem sementes estelares atualmente na Terra que viveram até mesmo em Atlântida. Atlântida foi uma civilização antiga que pode ter existido entre 50000 a.C. a 15000 a.C. O estágio de desenvolvimento dessa civilização a levou a uma tecnologia que se tornou perigosa e, por fim, foi usada de forma errada. Como resultado, ocorreu uma catástrofe terrível. Todo o continente de Atlântida foi destruído, e tudo o que fazia parte da civilização foi exterminado. Existiram alguns sobreviventes de Atlântida, e algumas de suas bases, ou postos avançados, foram estabelecidas em todo o mundo que restou. (Algumas foram estabelecidas tão distante quanto na América do Sul.) Algumas ideias e influências culturais dos atlantes foram transmitidas para os antigos gregos e mencionadas por Platão.

A partir da perspectiva galáctica, a Terra está ameaçada. Vocês têm convivido com a ameaça de desastre nuclear na maior parte de suas vidas. Atualmente, temos a ameaça de colapso da biosfera. Vi muitos planetas cujas biosferas colapsaram totalmente.

A biosfera é o campo energético ao redor de um planeta, e há muitos componentes que contribuem com sua saúde. A biosfera está sujeita a intrusões, desvios de dimensões inferiores e buracos na aura da Terra. Existem muitos motivos para intrusões na aura. Algumas mudanças vêm do sistema solar, e algumas vêm do percurso da Terra ao redor do centro da galáxia.

É estimado que o sistema solar pode levar de 400 milhões a 450 milhões de anos para realizar uma rotação ao redor do centro desta galáxia. Tudo no universo está em movimento. Todos os sistemas solares e estrelas na galáxia giram ao redor do seu centro. Durante o período de 80 ou 90 anos que vocês passam neste planeta, vivenciam posições diferentes no percurso da Terra. Se vocês estão mais próximos do centro da galáxia, podem receber mais raios gama. Vocês também podem passar por mais explosões estelares e receber um fluxo maior de radiação e raios X. O fluxo poderia ser diferente em cada parte da galáxia.

Removam Seus Antolhos

Em 21 e 22 de dezembro de 2012, a Terra entrou em um alinhamento específico com o Sol Central, que permitiu que energias novas e especiais viessem para a Terra. A Terra também possui uma rotação que leva 26 mil anos. Ela é denominada de precessão ou oscilação da Terra. Essa oscilação está relacionada ao percurso através do zodíaco, e, aproximadamente a cada 2 mil anos, a precessão da Terra marca um ciclo do zodíaco. Neste momento, o alinhamento do zodíaco está mudando. Vocês se referem ao novo ciclo como a

Era de Aquário e ao ciclo que estão deixando como a Era de Peixes. A energia é diferente em cada ciclo.

Existe também a relação dos planetas e do sistema solar da Terra, e os efeitos dessas relações são descritos na astrologia. Os planetas não causam a mudança, mas eles representam uma mudança na energia cósmica. Por exemplo, Marte está associado com guerra e a energia do guerreiro. Urano é uma influência proeminente neste planeta e também representa o conflito social intenso que vocês estão testemunhando atualmente. Parte da energia de Urano representa conflito sem uma solução. Isso pode ser assustador, pois pode significar rebelião e revolução. Existe um equívoco. As pessoas podem dizer: "Precisamos mudar tudo, e precisamos de uma revolução e de derrubar este antigo sistema". No entanto, a energia de Urano é apenas de revolta; ela não traz soluções. Um conflito pode, na verdade, resultar em mais caos.

Um novo sistema social, político e econômico deve ser desenvolvido para realizar as mudanças necessárias à sobrevivência deste planeta. Essas mudanças requerem consciência expandida. Nós, os arcturianos, acreditamos que a consciência expandida se relaciona à capacidade de a humanidade se conectar com a quinta dimensão. Vocês estão vivendo em um universo que é multidimensional, mas a percepção que sua sociedade tem de outras dimensões é fechada. Um motivo para ela ser fechada é o condicionamento cultural. Pensem em treinadores que colocam antolhos nos olhos de um cavalo durante uma corrida. O treinador quer que o cavalo corra o mais rápido possível e sabe que, se o cavalo enxergar coisas à sua esquerda ou à sua direita, pode ficar distraído e não correr tão rápido.

A humanidade acabou de emergir de um período primitivo para uma civilização moderna. Em tempos primitivos, os seres humanos foram treinados a ter antolhos perceptivos. Isso era para protegê-los, de modo que sobrevivessem. Esses antolhos garantiam que as pessoas não ficariam sobrecarregadas pela infusão de energia de outras dimensões. Vocês foram treinados culturalmente para limitar sua consciência.

Atualmente neste estado, nesta crise planetária, a solução é expandir sua consciência para que vocês possam acessar e integrar o pensamento da quinta dimensão na Terra. O pensamento da quinta dimensão é baseado na unidade. É uma visão expandida de luz, divindade, pensamento elevado e poderes emocionais avançados, que se move do egocentrismo para a consciência coletiva.

Este é um momento emocionante, pois vocês estão aqui para compreender e manter essa energia superior. Este é o momento em que vocês podem se expandir. Tudo bem retirar os antolhos agora e ajudar a trazer essa nova energia de pensamento e luz cósmica. Esta é uma mudança cósmica que requer auxílio dos mestres ascensionados ou multidimensionais. Abrir-se para os mestres multidimensionais permitirá que vocês recebam soluções inovadoras, percepções e sabedoria para reparar este planeta e a si mesmos.

Se vocês se mantivessem em um estado de iluminação, deixariam este planeta. Vocês não precisariam estar aqui na Terra. Se vocês ainda estão aqui, precisam aprender algo e reparar algo.

Capítulo 8

Trabalhem com Sua Aura
Juliano e os arcturianos

É importante compreender a função da sua aura para sua saúde e sua ascensão. Algumas pessoas conseguem ver auras, mas a maioria das pessoas não consegue ver. Videntes, canalizadores e empatas muitas vezes sentem a energia das auras. Nós usamos os termos "campo energético humano" e "aura" de forma intercambiável. Acreditamos que vocês devam trabalhar com sua aura para ascender e estamos oferecendo tecnologia espiritual para ajudá-los.

A aura possui uma forma perfeita quando está saudável, e usamos o termo "ovo cósmico" para descrever essa forma. A maioria das pessoas não consegue manter a aura no formato de um ovo cósmico o tempo todo. Muitas energias interagem com a aura e a influenciam.

Vínculos da aura ocorrem quando pessoas ou entidades se prendem ao seu campo energético para retirar sua energia. Alguns desses vínculos são denominados de vínculos parasitas. Vocês podem pensar em parasitas como insetos, bactérias e vírus. Um parasita é um organismo que se fixa em um organismo primário para se nutrir. No trabalho áurico, um parasita é uma entidade, uma energia de outra pessoa ou um ser que se prende [engancha] ao hospedeiro para retirar energia.

"Pulsação" é outro vocábulo importante que descreve a velocidade ou a vibração da aura. Nós ensinamos um exercício de pulsação no qual usamos métodos como tonificação rápida para ajudá-los a aumentar a vibração do seu campo energético. Quanto mais rápido a aura pulsa, mais elevada é a vibração do campo energético.

"Tremulação" é um termo que descreve um exercício arcturiano para aumentar a velocidade da aura, a fim de fazer a transição mais facilmente para a quinta dimensão. Esse método tem sido comparado a uma luz tremulante. Na tremulação, vocês podem aparecer e desaparecer na terceira dimensão enquanto aparecem na quinta dimensão.

Na terminologia espiritual, "buracos" são aberturas indesejadas no campo energético de uma pessoa. As pessoas possuem buracos ou vazamentos energéticos na aura por uma série de razões. Esses buracos podem drenar a energia e até mesmo levar a alguma doença.

Outra palavra espiritual para descrever a aura é "pung". Esse termo é originado do Tao chinês e das esferas das artes marciais. Ele descreve a capacidade de elasticidade, resiliência e flexibilidade da aura. Quando alguém tem um pung bom, a energia negativa facilmente é rebatida de sua aura, o que protege seu campo energético.

Exercício de Expansão da Aura

Fechem os olhos e respirem três vezes. Tornem-se cientes da sua aura. Para conseguir, simplesmente pensem a respeito disso. A maioria das pessoas possui auras que se estendem de 15 a 20 centímetros a partir do corpo humano. Visualizem o máximo que puderem a aura mais perto do seu corpo. Depois, visualizem-na se estendendo a pelo menos 25 centímetros do seu corpo. Sua aura responderá aos seus comandos. Torne-se ciente da forma dela.

Vocês sentem que a aura está no formato de um ovo cósmico? Vocês sentem como se a parte de cima estivesse no chacra coronário ou ela está inclinada para um dos lados? A aura possui uma cor brilhante ou ela parece escura? Digam: "Eu quero que a minha aura esteja em alinhamento".

Tornem-se cientes do seu chacra coronário. Ele está na parte de cima da sua aura. Abram seu chacra coronário. Eu, Juliano, transmito luz branca de cura para seu chacra coronário, e essa luz branca percorre do seu chacra coronário até a sua aura inteira. Vamos ficar em meditação agora por um minuto, enquanto vocês recebem essa luz. [Pausa.]

Eu vou fazer uma entonação que ajudará a aumentar a luz. [Entoa] "Oooohhhh". Peço que vocês reproduzam esse som comigo. A aura e seu campo energético respondem bem a esse som. [Entoa] "Oooohhhh, oooohhhh, oooohhhhh, oooohhhh". Digam: "Eu ordeno que a minha aura fique no formato do ovo cósmico".

A sua aura fica repleta da luz branca arcturiana. Sintam sua aura ficar repleta dessa luz, como um balão cheio de ar. Quando um balão se enche de ar, torna-se mais forte, porque tem mais elasticidade, ou pung. Quando o balão está cheio e alguém o aperta com força com a mão, a mão se afasta. Se existe apenas um pouco de ar no balão, então, ao pressioná-lo, sua mão chega ao centro do balão. O balão não tem pung. Se tiver muito ar no balão, ele perde sua elasticidade e pode estourar quando você o pressionar. Sua aura precisa ser preenchida com a quantidade certa de energia elástica. Sua aura ficará como um balão – repleta da quantidade certa de luz, a fim de que vocês tenham o pung adequado.

Se uma vibração inferior ou negativa atingir sua aura, ela será rebatida. Essa energia característica que faz a vibração inferior ser rebatida é denominada de pung bom. Preencham sua aura com pung bom.

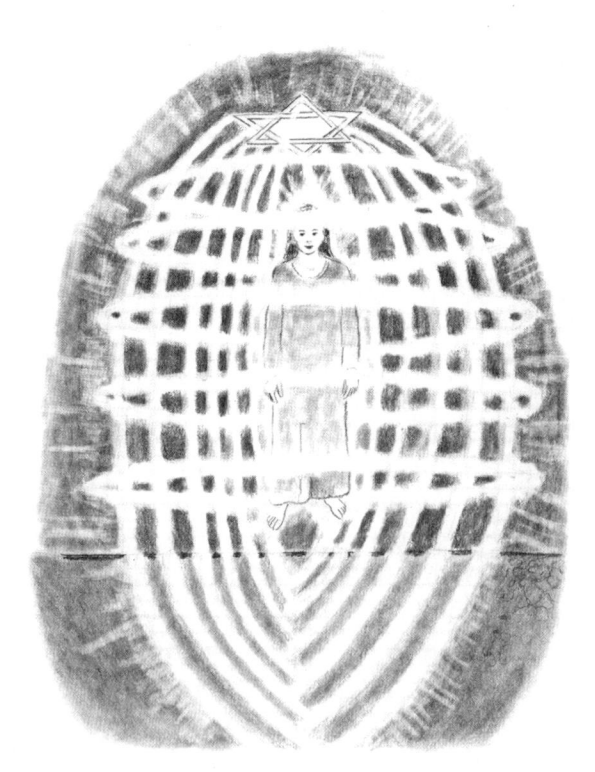

Figura 8.1. *O Ovo Cósmico*, de Gudrun Miller.

[Entoa] "Oooohhhh, oooohhhh". Quando vocês possuem pung bom, a energia inferior ou negativa não consegue adentrar sua aura. Quando vocês possuem pung bom, os vírus não conseguem adentrar sua aura. Todos os vírus e bactérias precisam passar pelo seu campo energético primeiro. Sei que muitas pessoas se preocupam com vírus externos que causam doenças no corpo. Vocês podem se proteger, ao preencher sua aura com energia pung. Até mesmo um mosquito pode não passar por sua aura se vocês possuírem um pung forte.

Vamos voltar ao exemplo do balão. Quando o balão se enche de ar, ele fica maior. A princípio, o balão pode ter apenas um diâmetro de 25 centímetros. Conforme ele é preenchido, rapidamente pode alcançar 38 centímetros. A aura funciona da mesma forma. Quando vocês a preenchem com luz de dimensões superiores, sua aura se amplia. Nós denominamos isso de expansão positiva da sua aura. Quando iniciamos este exercício, sua aura poderia estar expandida de 15 a 20 centímetros a partir do seu corpo, mas, após ser preenchida com luz, ela pode ter se estendido a 25 centímetros do seu corpo. Sua aura se expandiu.

Protejam e Potencializem Seu Pung

Estamos trabalhando com vocês para tornar sua aura o mais saudável possível. A qualquer momento, a aura pode ter buracos. Esses buracos podem vazar energia do seu campo energético. Por qual motivo vocês teriam um buraco na aura? A aura é influenciada pelo seu corpo emocional, pelo seu corpo espiritual e pelo corpo mental. Na realidade, a aura contém campos energéticos dos corpos físico, mental, espiritual e emocional.

A radiação eletromagnética pode criar buracos em sua aura. Existe uma grande quantidade de radiação eletromagnética no planeta em geral, e a aura também é um campo energético eletromagnético. Se existir um campo eletromagnético forte de uma fonte elétrica por perto, então essa fonte pode criar um dano em sua aura. Existem pessoas pelo mundo que se tornaram alérgicas à energia eletromagnética. O motivo disso é porque uma energia eletromagnética forte ou desarmoniosa está se misturando com o campo energético delas, e, em alguns casos, os campos energéticos delas entram em colapso por causa da radiação. A radiação da energia nuclear é outro perigo.

Vocês podem até mesmo receber radiação cósmica prejudicial vinda do Sol.

O trauma emocional também afeta seu campo energético. Seu coração é facilmente atingido, e, se seu coração é atingido por um trauma emocional, esse trauma pode criar um buraco na sua aura por onde vaza energia.

Ao falar sobre a aura, é importante incluir os chacras. É importante também pensar em sua cor e em seu brilho. Cores vivas e brilho indicam saúde e energia boa. Quanto mais brilhante e radiante a aura for, mais forte e saudável é a pessoa.

Existe uma epidemia de drogas no mundo. Muitas pessoas usam drogas de forma recreativa. As drogas podem enfraquecer seu campo energético. As pessoas que usam maconha por muitos anos frequentemente possuem auras mais escuras. As pessoas que usam drogas como heroína também possuem escuridão em seus campos áuricos. A cor energética associada com a heroína é geralmente sem vida e fraca. Opioides prescritos também podem tirar o brilho da aura. Todo mundo possui sensibilidade a drogas. Um uso recreativo leve de drogas não é prejudicial; no entanto, abusar de drogas e usá-las a longo prazo pode afetar negativamente sua aura. Vocês precisam avaliar quão bem seu corpo pode aceitar uma droga e se ela afeta seu campo energético.

É importante ter uma aura forte e compreender que a força de sua aura influencia seu sistema imunológico. Vamos realizar uma meditação para fortalecer sua aura.

Recebam luz azul que vem de cima da sua aura, entrando em seu chacra coronário. Essa é a luz azul dos arcturianos. Vejam essa luz azul preencher sua aura como o ar enche um balão. Ficaremos em silêncio. [Pausa.] Sua aura fica repleta dessa luz da quinta dimensão. Azul é uma cor espiritual. Sua aura possui agora uma grande energia pung.

Existem informações importantes na representação de uma aura [ver figura 8.1]. A primeira coisa que quero que vocês percebam é que ela se estende abaixo do solo. Muitas pessoas acreditam que a aura para nos pés. Em seguida, vocês devem perceber que existe uma Estrela de Davi na parte de cima da aura. Existem muitos símbolos para proteção. Esse símbolo é a Estrela de Davi. Ao visualizar a Estrela de Davi na parte de cima da sua aura, vocês a fortalecem.

Observem linhas horizontais e verticais ao redor da aura. Essas linhas concedem força. Elas são meridianos, e a Estrela de Davi proporciona força a cada meridiano da aura. Evidentemente, a aura envolve seu corpo. A aura tem o formato de um ovo cósmico. Observem uma linha escura ao redor dela. Não existem buracos na aura imaginada, nem vínculos. A aura está repleta de energia azul e luz azul.

Aumentem a Pulsação da sua Aura para Remover Vínculos

Figura 8. 2. O lago de cristal da quinta dimensão em Arcturus.

Cada aura possui uma pulsação. Seu corpo físico possui uma pulsação. No corpo humano, a pulsação tem um limite de quão rápida ela pode ser. Se a pulsação humana ultrapassar 200 batimentos por minuto, vocês podem ter um sério problema. Podem ter um AVC ou um ataque cardíaco. A aura humana é diferente, porque sua velocidade vibracional pode ser rápida. Vocês podem aumentar a pulsação ou velocidade vibracional da aura para alcançar a consciência superior. Na realidade, quanto mais rápida a velocidade vibracional, mais espiritualidade superior vocês conseguem vivenciar.

Para sua ascensão, sua aura precisa vibrar rápido. Essa velocidade precisa ser aumentada. Simplificando, quanto mais rápido, melhor. Desenvolvi um exercício para ajudá-los a aumentar a velocidade da sua aura. A velocidade da aura pode aumentar quando vocês escutam sons espirituais reproduzidos rapidamente.

Neste exercício, tornem-se cientes da pulsação vibracional da sua aura. Tentem combinar essa pulsação com a velocidade dos meus sons. [Entoa lentamente] "Tatatata, tatata, tatatata, tatatata". Agora, vou aumentar a velocidade. [Entoa mais rápido] "Tatatata, tatata, tatatata, tatatata". Agora, vamos entrar em meditação, conforme vocês sentem a pulsação aumentada de sua aura. Ela pulsa rapidamente. [Pausa.]

Quando sua aura pulsa rapidamente, os vínculos se desprendem. Anteriormente, comentei sobre vínculos parasitas. Apresentarei alguns exemplos. Vamos supor que uma mãe queira controlar seu filho. Ela, então, cria um gancho, ou um vínculo, na aura da criança. A mãe está tentando controlar o campo energético da criança. Ou talvez um irmão mais velho queira controlar um irmão mais novo. Energeticamente, ele cria um vínculo na aura do irmão. É um comportamento negativo tentar controlar os outros. Isso cria um vínculo energético, e, se vocês possuírem um, ele drenará sua energia. Existem até mesmo casos de vínculos de xamãs, feiticeiros e forças energéticas negativas. Existem também exemplos de líderes religiosos que tentam criar vínculos no campo energético de seus seguidores. Quando vocês aumentam a velocidade da sua aura, os vínculos são descarregados.

Vocês podem ordenar que sua aura se liberte de todos os vínculos negativos. Vocês podem fazer este exercício para aumentar a velocidade da aura e, depois, reproduzir um som alto de palmas. [Bate palmas.] É muito melhor se o curador que estiver realizando este exercício estiver bem diante da pessoa. O exercício deve ser realizado conforme descrito a seguir. [Entoa] "Tatatata". Quando o curador reproduz esse som, a aura da pessoa aumenta e, então, alcança uma alta velocidade. Diante da pessoa ou atrás dela, o curador reproduz um som alto como "Ei!" e, então, bate palmas alto e diz: "Todos os vínculos vão embora agora!". Os vínculos vão desaparecer.

No entanto, lembrem-se de que, quando um vínculo é removido, um buraco pode permanecer na aura, e esse buraco pode ser vedado e curado. A aura deve ser trazida para uma nova forma. Sendo assim, os curadores que removem vínculos também devem curar a estrutura da aura posteriormente.

Tremulação

Aumentar a velocidade da aura é um exercício espiritual especial que desenvolvemos para as sementes estelares. Ele é chamado de tremulação. Ao elevar a velocidade da sua aura tão rapidamente, seu corpo físico pode desaparecer temporariamente da terceira dimensão. Uma pessoa que o estiver observando pode ver seu corpo físico tremular como uma luz. Quando vocês ascenderem, precisarão tremular.

Quando conduzo as pessoas a um estado mais elevado de tremulação rápida, entoo alto a palavra "tremular" e também repito "tremular, tremular". Quando vocês conduzem sua aura a uma velocidade mais elevada e tremulam, possuem a habilidade de realizar uma viagem astral. A aura é multidimensional e pode adentrar outros reinos além da terceira dimensão. Quando vocês tremulam, podem acessar a quinta dimensão. Nós criamos corredores conectando a Terra com a quinta dimensão. Vocês ainda precisam de auxílio em sua viagem pelo corredor. Conectamos o corredor da Terra ao nosso templo da quinta dimensão conhecido como lago de cristal.

Vocês podem viajar para o lago de cristal de Arcturus usando a técnica espiritual de tremulação. Nós estamos falando sobre curar a aura, mas também estamos falando sobre usar a aura para viajar até a quinta dimensão. Quando sua aura está no formato do ovo cósmico, ela consegue tremular mais rápido, e vocês conseguem realizar exercícios espirituais maiores.

A seguir, apresento um resumo de como tremular. Sigam estes passos:

- Posicionem sua aura no formato do ovo cósmico.
- Comecem a tremular, aumentando a velocidade da sua aura.
- Permitam que a aura deixe o corpo físico. (Lembrem-se de que a aura permanece conectada ao corpo físico por meio do cordão astral).
- Dirijam-se até um corredor arcturiano ao redor da sua casa ou do seu local de trabalho e viagem pelo corredor na velocidade do pensamento.
- Cheguem até a quinta dimensão, no lago de cristal. Sua aura está acima do lago, e vocês observam muitos corpos da quinta dimensão sentados ao redor do lago.
- Encontrem seu corpo da quinta dimensão que está esperando por vocês e entrem nele com sua aura. Sintam um aumento da forte luz espiritual da quinta dimensão em sua aura.

Quando terminarmos esta parte do exercício, vocês podem retornar para seu corpo físico na Terra. No entanto, quando vocês voltarem pelo corredor e retornarem ao seu local, devem adentrar seu corpo físico em um alinhamento perfeito. Existem muitos casos de pessoas que deixam seus corpos e não retornam a ele em um alinhamento perfeito. Problemas emocionais, espirituais e mentais podem ocorrer ao alinhar incorretamente a aura com o corpo físico. Agora, vamos realizar o exercício.

Exercício do Lago de Cristal

[Entoa] "Oooohhhh". Tornem-se cientes da sua aura. Vejam sua aura no formato de um ovo cósmico. Tornem-se cientes do limite externo da sua aura, a linha ao redor do ovo. Rapidamente, pulsem sua aura, fazendo com que o limite externo da aura se combine com este som: [Entoa] "Tatatatatata". Quando eu pronunciar a palavra "tremular", saibam que sua aura pulsa em uma velocidade tão rápida que não conseguimos reproduzir os sons. [Entoa e canta] "Tatatatatata — tremular, tremulllaaarrr, tremulllaaarrr".

Deixem seu corpo agora. Vejam o grande corredor de luz ao redor do seu local. Sua aura agora está separada do seu corpo e é capaz de viajar comigo. Ela permanece conectada ao seu corpo físico pelo cordão astral. Sigam-me enquanto subimos pelo corredor. Nós viajamos pelo corredor na velocidade do pensamento. [Entoa] "Tatatatatata". Viajamos pelo corredor e chegamos à quinta dimensão, no lago de cristal. Vocês estão agora acima do lago comigo, Juliano.

Observem o domo de cristal e passem por ele para entrar no lago. Procurem e encontrem seu corpo da quinta dimensão nele. Coloquem sua aura em alinhamento direto acima do seu corpo da quinta dimensão. Adentrem seu corpo da quinta dimensão com sua aura agora. Ficaremos em silêncio, conforme vocês sentem sua aura em seu corpo da quinta dimensão.

Vocês estão em seu corpo da quinta dimensão. Sua aura está recebendo a energia da quinta dimensão por meio desta experiência. Esta é uma experiência de cura. Vocês conseguirão levar essa experiência e essa energia de volta para seu corpo da terceira dimensão.

Agora, vocês deixam seu corpo da quinta dimensão. Sintam sua aura se elevar para fora dele e saibam que vocês fizeram uma poderosa conexão com seu corpo da quinta dimensão hoje. Vão para cima do lago de cristal. Sigam-me conforme voltamos para o corredor. Juntos, nós viajamos na velocidade do pensamento pelo corredor. [Canta] "Tatatatatata".

Viajamos pelo corredor e de volta ao local onde começamos. Vocês se posicionam a aproximadamente 1,8 metro acima do seu corpo físico. Digam: "Eu vou entrar novamente em meu corpo físico em um alinhamento perfeito". Um, dois, três – agora! Sua aura adentra o corpo físico em um alinhamento perfeito. Vocês percebem uma forte sensação de energia espiritual. Ela é a cura para vocês. Respirem profundamente três vezes. Sua aura tem um pung forte. Ela está repleta de luz da quinta dimensão e se expandiu.

Este é o fim do exercício. Abram os olhos e voltem para a realidade na terceira dimensão.

Ascensão e o Trabalho com a Aura

A ascensão é definida como a habilidade de deixar a terceira dimensão e entrar diretamente na quinta dimensão. Muitos grandes mestres passaram por essa transição, incluindo Elias, mencionado na Bíblia hebraica, e Jesus. Descreverei brevemente a experiência de Elias.

Elias sabia que iria ascender. Seu discípulo, Eliseu, estava com ele no momento de sua ascensão. No momento certo, Elias foi para a quinta dimensão. O corpo dele desapareceu, mas suas roupas permaneceram. Eliseu soube imediatamente o que tinha acontecido. A aura de Elias alcançou uma frequência tão alta que ele conseguiu transformar seu corpo físico. Ele conseguiu conduzir seu corpo físico a uma vibração e uma estrutura diferentes, permitindo que ascendesse.

Esse processo de ascensão é uma atividade espiritual muito elevada e envolve uma nova energia espiritual. Para ascender, vocês precisam conduzir seus corpos emocional, mental e espiritual a um nível mais elevado. Vocês precisam desbloquear os códigos de ascensão dentro de si mesmos para que seu corpo possa ascender.

A aura manifesta a ascensão por meio de um aumento na vibração. Durante a ascensão, vocês direcionam sua aura a fim de acelerar o corpo físico para uma vibração da quinta dimensão. Nós denominamos esse processo de transmutação. A aura transmuta o corpo físico na energia espiritual. Evidentemente, vocês precisam da estrutura mental correta e do sistema de crenças correto. Essa realidade física, a terceira dimensão, é densa; portanto, o trabalho de ascensão não parece lógico ou possível para a mente racional. A chave para sua ascensão é compreender que a aura pode ser de uma vibração superior e mais refinada.

Uma pessoa que esteve na quinta dimensão terá um halo ao redor da cabeça e dos ombros, geralmente de luz dourada. O halo é uma energia de harmonia. Imagens de Jesus geralmente o representam com um halo dourado, que significa que ele vivenciou e esteve em contato diretamente com a quinta dimensão.

A ascensão começará com um som especial. Nós o denominamos de som da ascensão. Algumas pessoas se referem a ele como o chamado do Arcanjo Gabriel.

Exercício para Abrir Seus Chacras

Coloquem sua mão direita a aproximadamente 15 centímetros de distância na frente do seu terceiro olho. Agora, façam movimentos de bombeamento na frente do seu terceiro olho, como se estivessem enchendo o pneu de uma bicicleta. Não encostem em sua testa ao realizar esse movimento. Ao fazerem isso, vocês sentirão muita energia ao redor da sua testa. Por causa de toda a energia criada, sua mão não consegue se aproximar da sua testa. Movimentem sua mão para aproximadamente 22 centímetros da sua testa. Tirem a mão de sua testa e sintam a energia do terceiro olho se projetar para fora. Agora, coloquem sua mão novamente a aproximadamente 22 centímetros na frente do seu terceiro olho e comecem a fazer movimentos no sentido anti-horário ao redor dele. Nós denominamos este exercício de girar o chacra. Girem o chacra nove vezes. Contem de um até nove.

Agora, entraremos em meditação, conforme vocês sentem seu terceiro olho se abrir. Vocês sentirão uma intensa ativação do seu terceiro olho. Abram os olhos devagar. Quando girarmos e abrirmos o chacra do terceiro olho, vocês terão mais poderes telepáticos. Conseguirão ver o futuro e ler os pensamentos das pessoas. Acima de tudo, vocês terão uma energia psíquica intensificada.

Agora, vamos trabalhar com o chacra cardíaco. Com este exercício, vocês intensificarão os poderes da emoção e da compaixão. Coloquem sua mão direita a aproximadamente 15 centímetros na frente do seu coração e "bombeiem" a energia etérica nele. Façam isso nove vezes, usando o mesmo método que usaram quando bombearam seu terceiro olho. Girem o chacra em sentido anti-horário. A energia do seu coração se abrirá.

Agora, coloquem sua mão direita acima do seu chacra coronário e sigam a mesma técnica. Seu chacra coronário está agora se conectando com a luz universal. Vocês estão se conectando com a energia cósmica.

Esses três chacras estão girando fortemente agora, e todos os outros chacras em seu campo energético estão ressoando com eles. Sintam uma luz e uma energia belas ao seu redor.

Esta prática deve ser realizada constantemente?

Não, ela deve ser feita conforme for necessário. Algumas vezes, quando vocês a realizarem, seus chacras permanecerão abertos por uma ou duas semanas. Isso realmente depende de com quem vocês estão interagindo e em que tipo de ambiente vocês estão. Não existe uma regra de que ela deve ser realizada todos os dias. Por outro lado, vocês podem querer realizá-la todos os dias se isso fizer com que se sintam melhor. Nós comparamos a técnica de girar seus chacras ao efeito de cura que vocês recebem quando vão a um acupunturista para alinhar seu sistema. O novo alinhamento pode durar uma ou duas semanas. Vocês devem praticar essas técnicas de acordo com o que precisam e como se sentem.

Vocês Podem Expandir e Contrair Sua Aura

Vocês possuem a escolha de expandir ou contrair sua aura. Tudo bem contrair sua aura quando for necessário. Se vocês entrarem em uma situação perigosa em uma multidão de pessoas com baixas vibrações, podem querer contraí-la para sua proteção. O mais importante é que vocês possuem a flexibilidade para contraí-la e expandi-la de acordo com a situação.

Quando os chacras estão inativos ou se movem no sentido horário, o que devemos fazer?

É bom ativar os chacras primeiramente realizando o exercício do ovo cósmico, porque os chacras e a aura atuam juntos. Recomendo elevar o campo vibracional da sua aura e, então, trabalhar com os chacras. É bom trabalhar com outras pessoas que pensam de forma semelhante para criar um ambiente favorável. Se vocês abrirem seu terceiro olho, devem estar prontos para receber as impressões psíquicas e as informações superiores ao seu redor. Se vocês não quiserem receber mais informações psíquicas, não abram seu terceiro olho. O mesmo ocorre com o chacra coronário. Se vocês quiserem receber luz cósmica, abram seu chacra coronário. Se vocês não quiserem receber luz cósmica, não o abram. Realmente é necessário realizar um pouco de preparação para reabrir um chacra após ele ter ficado inativo.

Os chacras estão conectados do corpo físico ao corpo astral?

Sim, os chacras estão conectados do corpo físico ao corpo astral, bem como ao eu multidimensional na quinta dimensão. Se vocês possuem uma doença física, ela provavelmente começou na aura. A aura e os corpos astral e físico estão todos relacionados, e os chacras, o corpo físico e a aura também estão conectados.

Quantos chacras existem de fato?

Algumas pessoas dizem que existem sete. Outras dizem que existem nove. Outras dizem que existe uma série de chacras no corpo emocional, mais sete no corpo físico e outra série de chacras no corpo espiritual. Alguns mestres espirituais chineses acreditam que existem chacras na parte de trás do corpo, bem como na frente dele. Por exemplo, no sistema taoista, existe um chacra chamado Ming Men, na parte inferior das costas, e ele controla uma energia poderosa do centro do seu corpo.

Eu não posso indicar a vocês um número exato de chacras, porque a resposta depende de qual sistemas vocês usam. Existem tantos sistemas diferentes. Nós gostamos de trabalhar principalmente com o chacra coronário, o chacra do terceiro olho, o chacra laríngeo, o chacra cardíaco e com o que os chineses chamam de *dantian*, que fica abaixo do umbigo. Depois, existe o chacra do órgão sexual. Lembrem-se de que existem muitos sistemas de estudos sobre os chacras, e eu os incentivo a analisar todos eles.

Por favor, explique como contrair a aura.

Visualizem o ovo cósmico e tornem-se cientes de quão distante a aura se estende do seu corpo. Agora, determinem uma medida em distância do seu corpo físico, como cerca de 12 centímetros ou 25 centímetros. Então, ordenem à sua aura: "Aura, contraia a 7 centímetros". Sua aura responderá aos seus comandos. Agora, a aura se torna mais compacta, mas vocês ainda podem expandi-la. Nós queremos que vocês tenham flexibilidade em sua aura para expandi-la quando quiserem e contraí-la quando for necessário.

Podemos fazer isso com os nossos pacientes ou os nossos pacientes podem fazer isso sozinhos?

Ambos. Vocês podem ajudar seus pacientes a expandir a aura simplesmente fazendo movimentos com a mão aberta ao redor do corpo deles. Para contrair a aura deles, apenas aproxime suas mãos juntas perto do corpo deles. Além disso, vocês podem estabilizar a aura dos seus pacientes posicionando-se acima do corpo deles e realizando movimentos suaves, mas peçam permissão para fazer isso. Perguntem: "Eu tenho permissão para contrair (ou expandir) sua aura?".

Capítulo 9

Usem os Códigos de Ascensão para Alcançar a Consciência Superior
Juliano e os arcturianos

Talvez a melhor forma de analisar a consciência superior esteja no famoso mantra "Eu Sou o que Sou". Isso significa que vocês estão cientes de quem são. Quando vocês têm consciência de quem são, possuem também a consciência de quem foram e de quem podem ser. A consciência, portanto, transcende o presente e a percepção linear de tempo. Os cientistas da Terra não conseguem medir a consciência; eles podem apenas medir o efeito que a consciência tem em sua realidade. Por que é difícil medir a consciência? O motivo é que existe consciência superior em outras dimensões. Não existe uma partícula de pensamento que pode ser isolada em laboratório.

Alguns dos componentes principais que constituem a realidade que vocês conhecem como terceira dimensão também existem em outras dimensões. Vocês são multidimensionais; vocês já existem na quinta dimensão e em outras dimensões superiores e interagem com elas. Sua consciência vem de uma fonte além da realidade desta terceira dimensão. Vocês estão na Terra para medir e expressar os efeitos dessa consciência. Uma missão que todas as sementes estelares precisam ter é estudar e implementar a consciência superior na terceira dimensão. Muitos de vocês são discípulos de outros sistemas planetários, como as Plêiades, Alano [um planeta lunar arcturiano perto do centro da galáxia] e Arcturus.

Uma área de estudo em nossos templos e escolas espirituais é como a consciência e o pensamento superior podem influenciar os mundos materiais da terceira dimensão. Esse é um grande campo de estudo. Alguns de vocês são discípulos do mestre espiritual da quinta dimensão P'taah das Plêiades. Outros são meus discípulos de Arcturus. Alguns de vocês são discípulos do sistema estelar Altair, enquanto outros são discípulos de Antares. Vocês são como cientistas galácticos que aprendem sobre sistemas planetários da terceira dimensão.

Quando abordo a consciência, estou falando sobre a consciência superior que inclui ter uma percepção da presença Eu Sou. Vocês também podem elevar a consciência de outros animais. Por exemplo, podem ensinar os animais a ter uma consciência mais avançada. Um dos benefícios de ter animais de estimação é que vocês compartilham sua consciência com eles. Vocês podem elevar as frequências vibracionais deles, fazendo com que eles se tornem cientes de si mesmos de uma forma que seria impossível alcançarem sozinhos. A humanidade possui a capacidade de elevar a consciência deles, bem como de todos os animais e plantas no planeta. Essa consciência Eu Sou também é conhecida como percepção.

Vocês podem ativar essa consciência para o planeta Terra, ou Gaia. É sua missão, como curadores planetários, participar na ativação da presença Eu Sou do planeta Terra. Por que um planeta precisa que a humanidade faça isso? Por que as plantas e os animais precisam que a humanidade ative a presença Eu Sou? Os seres humanos, a espécie de Adão, possuem o dom especial da consciência. Isso significa que a humanidade pode ensinar e ativar a consciência nos outros. No entanto, existem muitos bloqueios à presença Eu Sou, e muitos desses bloqueios são inconscientes. Existem muitos bloqueios para liberar e revelar os códigos de ascensão dentro de vocês.

Como um ser da quinta dimensão que estuda a Terra, estudei a ativação dos códigos de ascensão. A minha observação é que as pessoas acreditam que, quando os códigos de ascensão são ativados, elas estão prontas para ascender. Na verdade, ativar os códigos de ascensão abre um processo interno de mudança, percepção e consciência. Abrir os códigos de ascensão estabelece um processo em andamento de cura interior, o que inclui recuperar partes de vocês de vidas passadas e integrar a presença "Eu Sou, Eu Serei e Eu Fui". Em outras palavras, os códigos de ascensão abrem o caminho para integrar o eu passado, o eu presente e o eu futuro.

Uma pessoa pode usar as palavras codificadas "Eu Sou o que Sou" e "Santo, santo, santo é o senhor dos exércitos". Ao usar essas frases quando meditam, vocês podem se abrir para esse processo de ascensão interior e alcançar uma forte mudança pessoal. Quando vocês se abrem para esse processo de ascensão, um fluxo de informações intenso surgirá em sua consciência. Isso pode incluir traumas não resolvidos e integrações desta e de outras vidas. Essas questões podem vir à sua consciência porque vocês terão uma nova oportunidade de cura.

Durante o processo de se preparar para a ascensão e usar ferramentas para ela, vocês podem se sentir frustrados. Podem sentir que desbloquearam os códigos, mas ainda enfrentam problemas e dificuldades em sua vida cotidiana. Lembrem-se de que, quando vocês abrem os códigos de ascensão, se abrem para uma cura incrível e surpreendente.

Desbloqueiem a Memória da Alma para Curar Traumas

Vamos analisar o inconsciente novamente, porque muitas partes não resolvidas do eu, que precisam de cura, estão ocultas sob a consciência normal. Existem motivos para isso, e sua psicologia moderna os explicou com clareza. O sistema de defesa psicológico que bloqueia a inconsciência de surgir na consciência possui uma importante função protetora que permite que vocês mantenham o foco presente, a fim de que possam combater quaisquer perigos em seu ambiente. Quando vocês estão fisicamente seguros e possuem alimento e abrigo, têm a oportunidade de realizar curas mais profundas e de abrir o caminho para o inconsciente de uma forma disciplinada e estruturada.

Eu frequentemente digo que a próxima etapa na evolução humana é ter uma consciência superior. A humanidade chegou apenas recentemente a um ponto no qual pode vivenciar a consciência superior. Vocês ainda veem os efeitos de uma espécie humana inconsciente e predominantemente primitiva. Vocês estão vivendo em uma realidade terrestre muito primitiva. Esta realidade está repleta de atividade inconsciente, e as pessoas não estão agindo com base em uma perspectiva superior. As pessoas não assumem responsabilidade pelo que está ocorrendo neste planeta ou pelos danos à biosfera. As pessoas que causam esses danos estão agindo inconscientemente.

Psicologicamente, quando vocês agem de forma inconsciente e alguém aponta os danos que vocês estão causando, vocês negam. Vocês se protegem do choque da verdade.

Existe um longo histórico de violência e de destruição entre a espécie de Adão. Esses temas são comuns nos filmes, e estudos antropológicos e arqueológicos estão repletos de evidências sobre eles. O eu inferior, ou eu animal, nos seres humanos não possui uma autopercepção ou moralidade. Tendências à violência, à falta de autocontrole e à destruição dos outros estão profundamente arraigadas no inconsciente primitivo da humanidade. Apenas algumas sementes estelares e alguns seres superiores evoluíram e alcançaram uma nova perspectiva, com foco na consciência "Eu Sou o que Sou, Eu Fui o que Fui e Eu Serei o que Serei".

Existe uma perspectiva especial envolvida na consciência superior denominada de memória da alma. Quando vocês desbloqueiam os códigos de ascensão, também podem abrir a porta para a memória da alma. A memória da alma contém os históricos das encarnações passadas e até mesmo memórias de traumas que ocorreram nessas vidas. Quando vocês se abrem para a memória da alma, também se abrem para a possibilidade de curar esses traumas. Por um lado, vocês podem pensar que receberão grandes bênçãos de alegria e iluminação, e isso realmente acontece. No entanto, vocês também têm a oportunidade de concluir um longo histórico de trabalho da alma e de resolver problemas da alma.

Quando vocês ascenderem, devem ser capazes de concluir todas as lições da Terra. Sei que ninguém é perfeito, nem mesmo entre as sementes estelares. Eu sei que vocês têm muitas dúvidas sobre si mesmos. Vocês podem pensar: "Eu realmente estou pronto para concluir todas as minhas lições da alma? Realmente resolvi todas essas questões e problemas da alma que estão aparecendo para mim?". Alguns de vocês não querem mais lidar com questões da alma. No entanto, esta é uma grande oportunidade, pois, quando vocês desbloqueiam os códigos de ascensão, também desbloqueiam o acesso para dimensões superiores. Vocês permitem que pensamentos de dimensões superiores entrem em sua consciência. Vocês abrem as portas da percepção para possibilidades extraordinárias e um pensamento superior. Vocês também podem receber auxílio dos seus guias e mestres. Isso tudo é uma grande ajuda para vocês concluírem suas lições da alma.

Este é um momento revolucionário e crucial neste planeta, porque agora vocês estão vivenciando diretamente as mudanças radicais e as polarizações em uma escala global. Enormes mudanças globais aconteceram antes, mas nunca de uma forma tão rápida, em menos de cem anos. A maioria das outras mudanças globais que aconteceram no planeta ocorreram ao longo de séculos ou mais tempo. As mudanças globais têm sido mais radicais nos últimos vinte anos. As mudanças estão acontecendo rapidamente.

A consciência superior é necessária para o próximo estágio na evolução humana. Grandes profetas e mestres espirituais – como Jesus, Buda, Maomé e Moisés – vieram a este planeta para ensinar sobre a conexão com a quinta dimensão e para transmitir e implementar princípios da quinta dimensão na Terra. Os mestres espirituais usaram excelentes expressões para descrever esse estado de alegria e júbilo da quinta dimensão, como "consciência da unidade", "consciência global", "amor universal" e "fraternidade e irmandade universais".

A Terra Precisa de Mestres da Quinta Dimensão

Aqueles que alcançam a consciência da quinta dimensão muitas vezes permanecem na quinta dimensão. Eles chegam a um estado de interação tão elevado, que não querem voltar para a Terra. Em seu trabalho na quinta dimensão, cada um de vocês chega a uma entrada para as dimensões superiores, e vocês poderão passar para a quinta dimensão. Vocês também podem escolher permanecer nela. Não estou falando isso de forma crítica; é uma observação. Cada um de vocês vivenciará a quinta dimensão e terá a escolha de retornar ou não para a terceira dimensão.

A quinta dimensão é jubilosa, bela e harmoniosa, e ela oferece a vocês uma realização completa de tudo o que vocês são. A quinta dimensão é um lugar e tempo em que vocês se unem com seu eu passado, seu eu presente e seu eu futuro. Na quinta dimensão, vocês vivem o eu "Eu Sou, Eu Fui e Eu Serei". Vocês têm uma percepção e uma consciência completas. Por que vocês retornariam para um estado de consciência restritivo como o da terceira dimensão? Seria necessário um sacrifício extraordinário para uma semente estelar recentemente ascendida escolher retornar para a Terra. Isso é irônico, porque, neste momento, a Terra precisa de mais seres da quinta dimensão. Ela precisa de mais profetas e mestres espirituais.

Como vocês podem usar a energia e a consciência da quinta dimensão para desenvolver e mudar a terceira dimensão? Esse é o estudo maior, e é a missão de alma mais importante das sementes estelares e dos seres superiores. Vocês possuem novas descobertas e energias e têm muito apoio. Por exemplo, na física quântica, o observador parece influenciar o resultado de um experimento. Sua capacidade de observar experimentos em partículas subatômicas ou quânticas pode influenciar o resultado. Suas capacidades de observação possuem um efeito semelhante no mundo normal?

Influências Externas

O efeito Hawthorne é uma reação na qual um indivíduo modifica um aspecto do comportamento em resposta à consciência de ser observado.[4] Seus pensamentos na consciência superior operam em um nível subatômico. Os mestres e mentores na quinta dimensão estão observando o que está ocorrendo na Terra.

O anel da ascensão ao redor da Terra é uma energia etérica interativa e dinâmica que permite que os seres da quinta dimensão se estabeleçam tranquilamente em um ponto de observação na terceira dimensão. O anel da ascensão oferece a vocês um lugar para encontrar e visitar os mestres ascensionados. Seres da quinta dimensão como Ashtar, Cacique Águia Branca, P'taah e muitos outros mestres podem interagir com vocês nesse local, sem o risco de serem arrastados para a terceira dimensão. Incentivo que vocês aproveitem o anel da ascensão. Quando vocês se bilocarem para esse local, conseguirão ativar a consciência elevada e instruções em sua missão de alma. Vocês também recebem mais informações sobre como usar sua consciência para mudar a terceira dimensão.

Existem muitas variáveis que devem ser consideradas. Uma variável é o carma. Outra variável é a influência de seres extrassolares, extraterrestres e inferiores que interferiram na Terra e transmitiram a ela energias, padrões de pensamento e sistemas de crenças. Os seres extraterrestres inferiores interagiram com muitas civilizações

---

4. Ver https://en.wikipedia.org/wiki/Hawthorne_effect para mais informações.

diferentes. Alguns seres extraterrestres superiores também vieram, a fim de combater parte dos efeitos dos seres inferiores. Seres extraterrestres inferiores visitaram diferentes civilizações do mundo. Eles estiveram no Oriente Médio. Nós também sabemos que seres extraterrestres inferiores estiveram na região central do México e influenciaram os maias, os astecas e os incas. Alguns foram até mesmo para a Austrália, a América do Sul e a Rússia.

Algumas evidências de intervenções extraterrestres se tornaram uma parte do inconsciente coletivo da humanidade. Algumas crenças e práticas impostas às civilizações pelos extraterrestres foram muito brutais e sangrentas. Por exemplo, o sacrifício humano nos templos maias e astecas foi proveniente de extraterrestres.

Por sorte, o DNA humano é muito resiliente, e suas proteções são fortes o suficiente, de modo que vocês puderam se libertar desses grupos extraterrestres inferiores e restabelecer jornadas de alma e encarnações saudáveis na Terra. O trauma desses tipos de incidentes ainda está na memória da sua alma, e, conforme vocês abrirem os códigos de ascensão, receberão força, apoio e ferramentas para curar essas partes de si mesmos. Vocês podem se lembrar dessas experiências de vidas passadas quando visitarem esses lugares antigos.

Eu também quero falar sobre o fenômeno da abdução, que é outra experiência que tem prevalecido no planeta e está profundamente arraigada na memória da alma e na consciência galáctica da humanidade. Alguns de vocês podem continuar a ter sonhos nos quais são abduzidos ou podem ter essa experiência nesta vida. Os seres de dimensões superiores, como os pleiadianos ou os arcturianos, não os levam as suas naves sem seu consentimento. Nós os levamos para nossas naves a fim de melhorar sua consciência e curá-los. Os seres inferiores possuem um histórico de levar as pessoas contra a vontade delas por motivos egoístas. Esse é um acontecimento traumático.

Existem outros acontecimentos traumáticos fora deste sistema solar que também estão no inconsciente coletivo da humanidade. Seu inconsciente coletivo inclui o que denominamos de inconsciente galáctico. O inconsciente coletivo da humanidade é a síntese da energia de todos os acontecimentos que ocorreram na Terra desde o começo da consciência humana. Ele também inclui a consciência pré-humana – quando a humanidade permanecia em um estado animalístico sem autoconsciência.

Purifiquem o Inconsciente Coletivo ao Desbloquear os Códigos de Ascensão

Os registros akáshicos são os registros de todos os pensamentos e ações desta dimensão. Todas as memórias de pensamentos e acontecimentos vão para uma biblioteca de alma sagrada nos reinos superiores. O inconsciente coletivo para a Terra é como um registro akáshico de todos os acontecimentos que ocorreram no planeta. Entende-se que a energia do inconsciente pode influenciar, e realmente influencia, as ações conscientes. Por exemplo, a inclinação ao poder, à dominação e à agressão está profundamente enraizada no inconsciente coletivo e ainda influencia as ações e os comportamentos.

A purificação do inconsciente inclui curar e purificar todos esses traumas e tendências animalísticas e agressivas na história da humanidade, que estão armazenados no inconsciente coletivo. Por sorte, formas-pensamento elevadas e aspectos da quinta dimensão também entraram na inconsciência coletiva da humanidade. Isso inclui o trabalho e a energia dos profetas que vieram a este planeta e os pensamentos de aspecto elevado dos mestres e dos grandes mentores. A fim de purificar o inconsciente coletivo, vocês precisam neutralizar as tendências de agressão e de dominação. Vocês podem fazer isso transmitindo cura pela consciência diretamente ao inconsciente. Sendo assim, esse trabalho necessita de um intermediário entre o consciente e o inconsciente.

Nós estamos trabalhando com as sementes estelares arcturianas nos doze cristais etéricos na Terra. Usamos esses cristais etéricos para estabelecer e desenvolver formas-pensamento superiores no inconsciente coletivo da humanidade. Juntos, podemos criar e emanar uma nova luz pelos meridianos da Terra. Os meridianos da Terra ajudam a processar energias canalizadas em todo o planeta.

Queremos elevar poderosamente o inconsciente coletivo e o inconsciente individual da Terra e da humanidade, a fim de que as tendências e os desejos da consciência inferior sejam eliminados e substituídos por formas-pensamento elevadas. Essas formas-pensamento elevadas têm de se originar nesse campo energético coletivo, também referido como noosfera. A noosfera inclui o consciente, o subconsciente, o inconsciente e a inconsciência coletiva de toda a humanidade e da Terra.

A noosfera também tem acesso às energias de outras partes da galáxia e as recebe. A noosfera possui os códigos para uma evolução superior das espécies e do planeta e a capacidade de implementar mudanças radicais. [Entoa] "Oooohhhh".

Desbloqueiem os códigos de ascensão dentro de si mesmos e permitam que possamos, juntos, desbloquear os códigos de ascensão dentro do inconsciente coletivo da humanidade. Vamos desbloquear, juntos, os códigos de ascensão para o planeta Terra. Ao desbloquear seus códigos de ascensão pessoais, vocês aceitarão tudo o que entra em sua consciência e buscarão a cura. Lembrem-se de que tudo o que está separado pode ser unido e tudo o que está quebrado pode ser consertado. Permitam que os códigos de ascensão sejam desbloqueados.

Vamos entrar em meditação neste momento, conforme vocês pronunciam estas afirmações: "Que os códigos de ascensão sejam desbloqueados para mim, e que os códigos de ascensão para a humanidade coletiva sejam desbloqueados agora".

[Entoa] "Oooohhhh". Os códigos de ascensão estão sendo ativados agora na noosfera planetária e no seu inconsciente. Tudo se juntará em unificação.

Capítulo 10

Estratégias de Ascensão para a Quinta Dimensão

Juliano, os arcturianos, Arcanjo Miguel e Sananda

Nós estamos trabalhando com a Terra para ajudá-los a ascender. Uma ferramenta para a ascensão é a escada da ascensão. Ela pode ser comparada à escada de Jacó, no antigo Israel. Quando Jacó fugiu de seu irmão, uma noite ele deitou a cabeça em uma pedra e sonhou com anjos, que subiam e desciam uma escada.[5] Essa escada acessava outras dimensões. Vocês podem visualizar a escada da ascensão como uma escada etérica que leva à quinta dimensão. Ela leva até a nossa nave estelar, que está na quinta dimensão. Transmitimos sete escadas da ascensão ao redor da Terra. [Elas estão em Bell Rock, em Sedona, Arizona; em San Martín de los Andes, na Patagonia, Argentina; em Tomaree, perto de Nelson Bay, Austrália; no Domo da Rocha, Jerusalém; em Sant Pere de Ribes, em Barcelona, Espanha; em Jobs Peak, perto de Gardnerville, Nevada; e em Herisau, em Appenzell Ausserrhoden, Suíça.]

A ideia é esta: no momento da ascensão, vocês devem tomar uma decisão sobre ir para a quinta dimensão. Vocês devem estar prontos para desistir de sua vida terrestre e ter um lugar em mente para o qual irão a fim de ascender. É por isso que transmitimos as escadas da ascensão. Vocês podem se projetar para uma escada que será seu ponto de entrada para a quinta dimensão. As escadas da ascensão vão facilitar isso para vocês.

As escadas da ascensão também têm uma outra função. Vocês podem ir até elas para meditar. Podem usar essas áreas como lugares sagrados para se conectar com a energia da quinta dimensão e projetar sua energia até a nossa nave estelar. Nós podemos visitá-los mais facilmente por meio das escadas da ascensão.

---

5 .A história sobre o sonho de Jacó pode ser encontrada em Gênesis 28:10-19.

Somente os trabalhadores da luz podem sentir a energia das escadas. Por exemplo, outras pessoas que não são sementes estelares podem visitar a escada da ascensão em Sant Pere de Ribes, Espanha, e dizer: "Oh, este lugar é lindo", mas não sentirão nada. Isso faz parte da perfeição da escada da ascensão. Ela só pode ser sentida pelas pessoas com vibrações superiores.

O Portal Estelar

Nós, os arcturianos, somos os guardiões de um portal estelar perto de nosso sistema estelar, Arcturus. Existem apenas dois portais estelares nessa parte da galáxia. Vocês sabem que a galáxia é enorme, e que a Terra está em uma parte em espiral dela, que está a aproximadamente 28 mil anos-luz do centro. Essa é uma grande distância. Vocês provavelmente não conseguem nem mesmo imaginar uma distância tão grande. Vocês precisariam viajar na velocidade da luz por 28 mil anos para alcançar o centro.

Aconteceram outras ascensões planetárias na galáxia, e nós trabalhamos com esses planetas para ajudar as sementes estelares nesse processo. Quando vocês entram no portal estelar, passam para a quinta dimensão. Ao atravessar o portal estelar, vocês encerrarão todas as encarnações da terceira dimensão e não precisarão retornar à Terra. Vocês poderão, portanto, escolher para onde querem ir em sua vida da quinta dimensão.

Alguns de vocês podem querer ir para seu planeta natal pelo portal estelar. Lembrem-se de que eu disse que a Terra está a 28 mil anos-luz de distância do centro da galáxia. Seu planeta natal pode estar perto da Terra ou muito longe dela. Seu planeta natal pode estar em Alano ou nas Plêiades, e vocês podem querer ir para lá. As Plêiades estão a apenas 430 anos-luz da Terra. Vocês podem querer ir em direção ao centro da galáxia, para o sistema estelar de Antares, perto da constelação de Sagitário. Uma vez que vocês passarem pelo portal estelar, poderão escolher para onde querer ir em sua próxima vida. No momento da sua ascensão na Terra, vocês podem ir para uma escada e, então, para o portal estelar arcturiano. É uma incrível experiência passar pelo portal estelar, e ela só está disponível àqueles que estão prontos para ascender.

Agora, o Arcanjo Miguel falará com vocês.

Frases Especiais do Arcanjo Miguel para Desbloquear Seus Códigos de Ascensão

Durante sua ascensão, vocês podem precisar cortar os fios de conexão que têm com a Terra, e isso pode ser difícil de se fazer. Vocês podem ter coisas de que gostam na Terra. Podem ter parentes de quem queiram estar próximos, ou podem ter um trabalho que desejam finalizar. De repente a ascensão ocorre, e vocês precisam cortar todos os vínculos. Vocês podem hesitar ou podem não querer fazer isso. Existem muitas coisas belas e boas na Terra das quais vocês gostam. Apesar disso, vocês querem ir para a quinta dimensão. Se tiverem dificuldade de se desapegar da Terra no momento da ascensão, invoquem-me, e eu os ajudarei.

Os códigos de ascensão são sons e palavras que desbloqueiam sua energia genética para a ascensão. Vocês já possuem dentro de si mesmos a programação genética para ascender. Essa programação faz parte do seu legado como espécie de Adão. Existem frases sagradas para a ascensão que estão em língua hebraica antiga ou clássica. Essas palavras possuem sons e tons especiais que, quando usados corretamente, podem abrir seus códigos de ascensão. É como destravar uma porta. Farei o canalizador cantar uma frase especial para desbloquear os códigos de ascensão dentro de vocês. Permitam que os sons e tons os abram para que estejam prontos para sua ascensão. [Canta] *"Kadosh, Kadosh, Kadosh, Adonai Tzevaoth"* ["Santo, santo, santo é o senhor dos exércitos"]. Agora, meditem por um momento para assimilar essas energias da ascensão.

Saibam que existem palavras sagradas e lugares sagrados neste planeta. Essas palavras sagradas os ajudarão em seu trabalho para a ascensão. Permitam que a luz de cura chegue até cada um de vocês neste momento. Permitam que haja cura agora, pois a ascensão é um momento de cura. A seguir, há outra frase especial para a cura, em hebraico clássico. [Canta] "El na refa na la, El na refa na la". Permitam que a cura chegue agora.

Sananda Recomenda Participar de um Grupo Espiritual

É proveitoso, em seu trabalho espiritual, estar em uma energia de um grupo espiritual. Tive 12 apóstolos que trabalhavam para mim. No trabalho de ascensão, é necessário ter outras pessoas com ideias semelhantes ao seu redor. Este não é um momento para estar sozinho espiritualmente no planeta. A energia em grupo os ajuda a superar seus bloqueios. Sozinhos, vocês podem ter dificuldade para alcançar uma consciência superior, mas, com um grupo espiritual, podem se ajudar. O apoio mútuo é uma das vantagens principais de formar um grupo de amigos espirituais para a ascensão. Estou aqui para ajudá-los. Admiro seu trabalho espiritual. Ofereço a vocês graças e luz para ajudá-los a superar os bloqueios. Sou seu guia. Vocês estão prontos para dar um passo e graduar a partir da Terra. Vocês estão prontos para finalizar todas as suas lições de vida.

Este momento na Terra está acelerado. Lembrem-se de que vocês são seres eternos. Vocês existem no presente, existirão no futuro e existiram no passado. Esses três estados de tempo interagem.

Estou feliz que vocês conseguem entender este conceito difícil sobre a consciência expandida. É uma dádiva a vocês ascenderem agora. Orientei muitos mestres ascensionados a ajudarem vocês. A quinta dimensão está mais perto agora do que jamais esteve, e isso significa que estou mais perto de vocês do que jamais estive. Sim, a luz divina dos milagres está vindo. Tenham confiança de que a ascensão unificará este planeta.

Capítulo 11

A Importância dos Espaços Sagrados
Juliano e os arcturianos

Duas perguntas que escuto frequentemente são "Como conduzir energia e luz da quinta dimensão para o planeta?" e "Como a energia da quinta dimensão está se manifestando na Terra?". Quando vocês observam a luz espiritual, podem dizer que ela é bela e boa. Como trabalhadores da luz, vocês estão conectados com a energia, mas como essa conexão está fazendo diferença? A resposta consiste no que vocês são capazes de realizar criando cidades de luz planetárias.

Uma mudança deve se manifestar na forma como o mundo opera. Essa mudança está baseada nos princípios para criar lugares sagrados e energia sagrada. Ao longo da história do seu planeta, foram realizadas tentativas de criar espaços sagrados que foram parcialmente bem-sucedidas – as pirâmides egípcias, as pirâmides maias, Machu Picchu e Stonehenge. Existem também locais sagrados em Jerusalém. O planeta possui muitos locais sagrados. Alguns são protegidos por povos indígenas, mas muitos são ameaçados pela industrialização moderna.

Sentimos que deve haver uma expansão da energia sagrada. Vocês precisam de mais lugares sagrados, e não de menos. Precisam de mais energia protegida. Precisam de mais reservas protegidas. Para fazer isso, estamos trabalhando com vocês em um projeto especial para criar e proteger cidades e reservas oceânicas, conhecido como projetos das cidades de luz planetárias e das reservas oceânicas de luz planetárias.

Existem muitos bloqueios de canais energéticos na Terra. Esses bloqueios resultam da tecnologia da civilização ocidental, que contamina a Terra. Vocês conhecem isso como o "progresso" econômico do mundo industrial, e isso levou a bloqueios na energia dos meridianos e a outros bloqueios energéticos intensos em todo o planeta. Até mesmo hoje em dia está claro que a poluição em cidades como Pequim é tão forte, que uma reversão pode abranger mais de 1.600 quilômetros. Esse ar poluído atravessa o mundo. Ele vai para lugares que não têm relação alguma com a tecnologia industrial. Ele se espalha por ilhas e florestas e chega a cidades nas quais as pessoas estão comprometidas com a pureza do meio ambiente. A poluição das nações industrializadas atravessa todo o planeta.

Criar mais lugares sagrados é uma forma de combater os efeitos negativos da contaminação do ar, da água e do solo. Reservas oceânicas planetárias e cidades de luz planetárias interagem com a energia da quinta dimensão. Temos como foco conectar cada lugar sagrado com a quinta dimensão. Nós não conectamos esses locais sagrados a uma religião ou um mestre ascensionado específicos. Em vez disso, cada cidade de luz sagrada ou reserva oceânica de luz está conectada a uma energia especial da quinta dimensão. Uma característica dessa conexão é trabalhar com a luz de cura quântica, também denominada de luz ômega.

As cidades de luz planetárias são valiosas e podem ser muito poderosas, porque podem conter luz quântica, que possui propriedades de cura especiais. Sabemos que trabalhar com a cura quântica envolve transcender as leis de causa e efeito e os processos de pensamento lógico normais da Terra. Os processos de pensamento normais são baseados em causa e efeito. Eles são baseados na lógica e na observação, incluindo os princípios estabelecidos na física moderna. Essas leis e regras lógicas regem como o mundo opera, mas elas podem ser transcendidas ao serem conectadas à energia quântica da quinta dimensão.

O Dano Pode Ser Reparado

A contaminação industrial causou dano à biosfera. A biosfera em muitas partes do planeta está danificada e não pode ser substituída ou purificada de acordo com as leis normais da terceira dimensão. As coisas atualmente parecem perigosas e desanimadoras sem uma intervenção ou infusão da quinta dimensão. Como vocês vão remover a radiação do solo ou dos oceanos? Ainda está sendo liberada radiação nos oceanos da usina nuclear de Fukushima. Uma enorme quantidade de radiação vazou da usina nuclear de Chernobyl, na Rússia. É verdade que a usina de Chernobyl possui um novo sarcófago, ou cobertura de concreto, sobre ela, o que é bom. Essa nova cobertura está protegendo a atmosfera de outras grandes emissões de radiação. Porém, e quanto à radiação que já foi liberada de Chernobyl? Para onde ela foi? Parte dela contaminou terras na Europa, e outra parte poluiu cursos de água. E quanto ao lixo nuclear da Rússia que foi despejado nos oceanos? E quanto ao resíduo militar despejado nos oceanos ao norte? Como esse resíduo está sendo filtrado?

E quanto à destruição contínua das florestas tropicais? Vocês sabem que as florestas tropicais são consideradas os pulmões da Terra, e agora elas estão sendo rapidamente destruídas. Quem e o que fornecerá o oxigênio puro necessário? Vocês estão em um momento no planeta em que precisam de mais florestas, porque existe mais poluição. Atualmente, em Pequim, as pessoas frequentemente não podem sair sem usar máscaras, pois o ar está muito tóxico. Para combater essa toxicidade, vocês precisam de mais florestas, e não de menos.

A fim de curar este planeta, podemos ajudá-los a criar uma rede de cidades sagradas em todo o planeta. Podemos ajudar as cidades de luz planetárias a se conectarem entre si usando luz de cura quântica. Essa luz de cura quântica pode transcender a lógica e a negatividade desse dano na biosfera, mesmo que pareça que esse dano causado por uma contaminação consistente seja irreversível. Esse dano à biosfera não é irreversível. Este planeta pode se recuperar e se reequilibrar. A conexão com a quinta dimensão significa, em termos simples, que milagres podem acontecer. Vocês podem continuar a manter luz e energia puras e sagradas que contêm esse processo quântico. A cura quântica pode ocorrer, apesar da polarização e do conflito que estão ocorrendo em todo o planeta.

Vocês observam a polarização ao redor do mundo. Vocês observam que é difícil até mesmo que pessoas espiritualizadas concordem sobre como proceder na cura e trabalhar juntos. No entanto, os exercícios de cura quântica e a luz ômega ajudam o planeta a transcender a polarização e ajudam as pessoas a se sentirem mais inclinadas a trabalhar juntas. A luz de cura quântica em uma cidade de luz planetária também tem como foco a cura de seus habitantes. As pessoas serão motivadas a se unir. Quando vocês criam um espaço sagrado, ainda precisam de técnicas que propiciem que trabalhar juntos seja um êxito, e isso muitas vezes requer dominar seu ego. Isso significa renunciar à necessidade de controlar ou exercer poder e apoiar a capacidade de aceitar as pessoas como irmãos e irmãs, bem como encontrar formas de trabalhar juntos.

Os nativos americanos nos Estados Unidos dizem frequentemente: "Somos todos irmãos e irmãs. Somos todos uma família", e eles ajudam a criar esse sentimento meditando juntos em um círculo. Estar em um círculo indica o desejo de transcender suas diferenças e de trabalhar juntos para uma luz e um propósito superiores. Existem muitas pessoas que não querem se unir em um círculo, porque não querem trabalhar juntas, mas, quando elas vão para uma cidade de luz com essa energia da quinta dimensão, sentem a luz ômega e a luz de cura quântica. Então, elas podem mudar. Isso influenciará o pensamento delas. Isso influenciará o ego delas.

Tornem-se cientes do valor da sua cidade de luz e saibam que ela pode influenciar muitos níveis, como os níveis físico e ambiental. Ela também pode influenciar como as pessoas pensam e agem entre si. As pessoas nas cidades de luz se tornarão mais fraternais, terão menos ego e estarão mais dispostas a trabalhar juntas. Consequentemente, criar uma cidade de luz planetária é uma grande energia que vocês podem trazer e manter.

Com os sentimentos de unidade e fraternidade na cidade de luz, muitos milagres podem ocorrer, como cura quântica no meio ambiente, purificação de regiões contaminadas, filtragem de radiação e retenção de energia da quinta dimensão, de modo que uma nova energia de cura possa se desenvolver em todos os níveis. Uma receptividade maior à luz da quinta dimensão se seguirá.

Lembrem-se de que vocês fazem parte da evolução da humanidade. Vocês estão trabalhando para manifestar energia sagrada e lugares sagrados ao redor do planeta de uma forma concreta.

Capítulo 12

Usem as Constelações de Pensamentos para se Manifestar

Juliano e os arcturianos

Os pensamentos possuem propriedades únicas e especiais que não têm um sistema ou energia comparável. Por exemplo, os pensamentos são capazes de viajar mais rápido que a velocidade da luz, o que significa que eles podem viajar instantaneamente pela galáxia e até mesmo a galáxias ou sistemas estelares distantes.

Os pensamentos possuem habilidades multidimensionais. Eles podem existir em diferentes dimensões e viajar de uma dimensão para outra. Por exemplo, em uma canalização, os pensamentos de outra dimensão podem entrar nesta dimensão e na sua mente. Essa habilidade é expressa no conceito de telepatia, ou pensamentos viajando de uma mente para outra sem uma conexão física.

Os pensamentos podem surgir do nada. Essa é uma característica muito incomum e difícil de descrever. "Como alguma coisa vem do nada?", vocês se perguntam. O Criador existia antes de haver qualquer criação, e ele surgiu do nada. O Criador é infinito. Não existe uma maneira lógica de explicar como o Criador veio do nada. Este universo iniciou com um pensamento, e esse pensamento é frequentemente expresso na frase "Faça-se luz". Essa frase se refere ao Big Bang, o momento da criação deste universo. No início não havia nada, e, então, o pensamento "faça-se luz" foi introduzido ao nada. Essa frase é o primeiro pensamento que existiu na criação. No entanto, um pensamento sozinho não era suficiente para criar o universo.

O primeiro pensamento não foi o único pensamento. No início, precisava haver uma série ou um padrão – uma constelação – de pensamentos para criar este planeta e este universo. Um pensamento, apesar de ser o pensamento mais poderoso, precisa do apoio de outros pensamentos para criar uma realidade ou uma mudança maior em uma realidade existente. Um erro comum que as pessoas cometem, incluindo os trabalhadores da luz, é que, quando elas querem manifestar uma nova realidade, concentram-se em um pensamento, em vez de em uma série de pensamentos.

Por exemplo, vocês podem querer ser ricos, então podem trabalhar com alguma destas afirmações: "Eu quero ser rico" ou "Eu vou ser rico em dinheiro". No entanto, vocês devem descrever isso. Então, uma forma mais exitosa de criar uma nova realidade neste planeta é criar uma constelação de pensamentos sobre riqueza, como:

- "Eu vou receber um novo trabalho" ou "Eu vou me tornar mais bem-sucedido em meu trabalho atual".
- "Eu vou comprar uma casa nova".
- "Eu vou comprar um carro novo".

Vocês devem juntar uma série de pensamentos para manifestar seus desejos nesta realidade. Vocês podem se concentrar nestes pensamentos: "Eu me vejo trabalhando muito e de forma bem-sucedida. Vejo meus livros sendo vendidos em uma velocidade muito rápida. Vejo os pagamentos de *royalties* sendo depositados na minha conta do banco".

Manifestem-se com uma Constelação de Pensamentos

Na Cabala, a criação do universo é um campo de estudo importante. Estudar o início da criação ajuda as pessoas a aprender como sobreviver e crescer espiritualmente neste mundo. Estudar a criação permite que elas compreendam melhor a mente do Criador. O Criador emitiu o primeiro pensamento com as palavras "faça-se luz". Em seguida, uma série de construtos de pensamento ajudou a criar este universo. Muitos outros pensamentos foram necessários. Sem os outros pensamentos, este mundo não existiria.

Então, quais foram as constelações de pensamentos que contribuíram com a criação desta realidade e deste mundo da terceira dimensão? A resposta encontra-se na Árvore da Vida, a qual é um paradigma de constelações de pensamentos que foi usado pelo Criador para manifestar esta realidade. Usando a Árvore da Vida, os padrões de pensamento foram colocados em esferas, valores numéricos, triângulos e colunas verticais e horizontais – uma constelação de pensamentos complexa, mas altamente eficiente.

Alguns padrões de pensamento expressos na Árvore da Vida incluem a energia irreconhecível ou luz indiferenciada, a sabedoria divina, o conhecimento divino, a compaixão divina, o julgamento divino, o equilíbrio divino e muitas outras categorias. O padrão de pensamento que envolve a Árvore da Vida existe em múltiplos níveis. Ele existe em um nível puramente numérico, representado pelos números de 1 a 10 ou de 1 a 12. Vocês podem ter visto discussões sobre o significado espiritual dos números. Quando vocês removem todas as realidades físicas, os números ainda existem, pois eles são um pensamento. Os números possuem um poder criador especial, pois transcendem a realidade física.

Compreender o significado espiritual dos números foi uma das contribuições de Pitágoras. Ele indicou os atributos místicos dos números. Os números possuem diferentes significados quando são organizados em padrões. Por exemplo, organizá-los em um triângulo aumenta a energia e a informação deles. Os números fazem parte de uma constelação de pensamentos que inclui padrões.

A Terra está se movendo em direção à quinta dimensão. A intersecção da terceira e da quinta dimensões está se aproximando, e queremos acrescentar constelações de pensamentos que representam como essa interação acontecerá. Um padrão de pensamento é a visualização de duas esferas se intersectando. Outro é que lugares sagrados adicionais no planeta estão surgindo. Esses lugares sagrados poderiam também incluir as cidades de luz planetárias e as reservas oceânicas de luz planetárias. Isso é extremamente importante para seu trabalho como curadores planetários.

Vocês podem usar a noosfera para a transformação planetária. O campo energético especial dela é capaz de direcionar a evolução e a manifestação na terceira dimensão. A noosfera é um campo energético incrível que pode também ser descrito como um pensamento ou campo energético mental ao redor da Terra. Muitas vezes, eu disse que a humanidade está controlando a vida de cada planta e animal nesta Terra. Tudo o que vocês fazem agora decidirá quais plantas e animais viverão. Jamais antes todas as espécies neste planeta foram tão dependentes do que uma criatura faz.

A humanidade tem a oportunidade de controlar sua evolução. Anteriormente, a evolução era determinada por sorte ou, em casos mais antigos, pela intervenção direta de um ser extraterrestre, o que não era baseado nas vontades da humanidade, mas, sim, nos desejos daquela espécie de outro sistema solar. Atualmente, uma nova expansão da consciência está acontecendo. Vocês estão na vanguarda dessa nova consciência. Os campos de pensamento que são transmitidos na noosfera podem criar uma mudança nesta realidade.

Vocês devem mudar esta realidade, pois o planeta está em rota de autodestruição. Transmitir pensamentos para mudar a realidade da Terra segue as mesmas regras. Uma série de pensamentos deve ser transmitida na noosfera. A criação começa com a frase: "faça-se luz". Para uma mudança planetária agora, vamos transmitir o novo pensamento: "Que haja consciência superior regendo este planeta". Este se torna o primeiro pensamento para a mudança planetária. No entanto, um pensamento sozinho não é suficiente para mudar tudo. Nós devemos unir uma série de pensamentos semelhantes.

Considerem quão difícil é compreender as esferas que se intersectam na Árvore da Vida Planetária: elas estão divididas em tríades e colunas. As esferas não estão necessariamente igualmente distantes entre si. Existem relações complexas, de modo que uma esfera embaixo esteja relacionada a uma esfera em cima. Observamos 22 caminhos energéticos se intersectando dentro da Árvore da Vida original. Existem dez esferas, ou padrões de pensamento originais, e as interações delas criam 22 caminhos. Isso demonstra a complexidade dos pensamentos necessários para criar um mundo. Pensem sobre os padrões de pensamento complexos no DNA. O DNA é o padrão básico da criação da vida.

Constelações de Pensamentos para Purificar a Terra

Qual constelação de pensamentos deve ser transmitida na noosfera para que esta realidade da terceira dimensão possa mudar para o bem maior e uma consciência expandida? Denomino o ponto mais elevado da consciência e a evolução mais elevada do planeta e da humanidade de ponto ômega. Como conduzir esse movimento ao ponto ômega energeticamente? Precisamos manifestar o desenvolvimento e a consciência mais expandidos para a Terra nesse ponto.

Ao longo dos anos, trouxemos ferramentas espirituais para a transformação criadas para mudar a realidade de um planeta. Vocês estão mais familiarizados com os doze cristais etéricos que trouxemos da quinta dimensão. Nós criamos um padrão com esses cristais etéricos que se assemelha à Árvore da Vida. Moldamos os cristais etéricos transmitidos em um novo padrão denominado de Árvore da Vida Planetária.

Os cristais etéricos são receptáculos espirituais. Esses receptáculos espirituais são reservatórios que contêm formas-pensamento e energia. Os cristais etéricos possuem propriedades multidimensionais. Eles existem na quinta dimensão e podem interagir na terceira dimensão. Isso significa que o cristal etérico pode transmitir e receber forma-pensamento e energia mais elevados do que os receptáculos normais da terceira dimensão; sendo assim, os padrões de pensamentos e as energias superiores da quinta dimensão podem ser depositados nos cristais etéricos.

Para curar este planeta, vocês precisam de padrões de formas-pensamento e energia que transcendam a lógica e os padrões normais que vocês observam na Terra. Por exemplo, os padrões de radiação e poluição da contaminação causada pela sociedade são tão devastadores que, sinceramente, não existe tecnologia capaz de purificar a terra. A purificação poderia levar milhares de anos. A purificação poderia também ser algo tão catastrófico quanto a destruição de um continente, o que foi testemunhado na queda de Atlântida. Essa é uma das formas que um planeta procura para se purificar, mas o processo todo poderia resultar na eliminação da humanidade por um período extremamente longo.

Uma forma-pensamento que transcenda a lógica e os padrões normais de purificação pode ser transmitida na noosfera durante suas meditações. Esse é um dos motivos pelos quais designamos localizações físicas para os cristais etéricos. Torna-se mais fácil para vocês visualizar e transferir a imagem desse cristal etérico na noosfera. Considerem o cristal etérico de Grose Valley, em Blue Mountains, na Austrália. Para lembrar à noosfera de que temos um campo energético etérico purificador, uma luz curadora de Arcturus, precisamos depositar uma representação desse cristal etérico na noosfera.

Por exemplo, vocês podem visualizar uma bela imagem do Grose Valley Park e dizer: "Estamos depositando a imagem de Grose Valley e de seu cristal etérico na noosfera". Usem a imagem desse cristal etérico para facilitar.

Nós, os arcturianos, podemos transmitir e direcionar uma nova energia para o cristal etérico (que inclui atualizações, novas curas, novos pensamentos e padrões de cura e novas forças energéticas de purificação). Muitos meses atrás, transmitimos a imagem da esfera etérica dourada no cristal etérico. Nós vimos a esfera dourada como um cristal etérico indo para o Monte Shasta, e ele era capaz de produzir uma esfera etérica dourada que quicava no oceano e absorvia a radiação que foi distribuída de forma destrutiva nele. Ela absorvia e removia a energia negativa da radiação. Esse tipo de exercício precisa ser realizado com frequência para mitigar as descargas de radiação.

Existem outras energias de cura arquetípicas contidas nos cristais etéricos. Por exemplo, o cristal de Bodensee [Lago de Constança, que faz fronteira com a Alemanha, a Suíça e a Áustria] representa um receptáculo para a sabedoria energética. Bodensee está localizado na Europa Central, e o cristal contém formas-pensamento superiores para a sabedoria espiritual. O conflito inerente que está ocorrendo neste planeta é a tecnologia avançada, que se tornou mais avançada do que a sabedoria espiritual geral do planeta. A tecnologia avançada tem sido usada para as forças armadas sem o controle da sabedoria espiritual. Este planeta se tornou parcial na tecnologia, principalmente na tecnologia militar, e um custo disso é a perda de perspectiva espiritual e de sabedoria iluminada.

Nós transmitimos o cristal etérico em Bodensee e enviamos energias superiores e sabedoria para o planeta. A sabedoria pode ser transferida como uma energia etérica. A sabedoria é difícil de ser medida, descrita e manifestada. De certo modo, a sabedoria é baseada em forças transdimensionais. A energia da sabedoria vem de uma fonte muito superior. Ela aparece na consciência, e queremos principalmente que as pessoas em posições de poder estejam abertas às formas de evolução planetária.

Os cristais etéricos precisam ser transmitidos como um sistema ou padrão na noosfera. A noosfera pode deter a energia evolutiva da Árvore da Vida Planetária. Visualizem os doze cristais etéricos na Árvore da Vida Planetária [ver capítulo 19, figura 19.1]. Observem esses cristais como receptáculos etéricos que formam o padrão da Árvore da Vida. Meditem sobre esse padrão e esses cristais etéricos, que estão adentrando agora o campo de pensamento mental conhecido como noosfera. [Canta diversas vezes] "Oooohhhh".

Outro pensamento para essa constelação é o pensamento do ser humano primordial aperfeiçoado – em hebraico, Adam Kadmon, ou ao qual vamos nos referir agora como humano ômega. O humano ômega tem uma consciência expandida e está em um ponto evolutivo superior, o ápice da evolução para a humanidade. Existem diversas representações desse ser evolutivo superior na história do seu plano – Moisés, Jesus, Lao Tzu, Buda e Quan Yin. Muitos líderes masculinos e femininos representam o humano ômega.

Meditação do Humano Ômega

Escolham uma figura compatível com sua visão e sua criação e visualizem essa imagem. Criem um novo ser humano aperfeiçoado que possui luz ômega. [Canta] "Luuuuzzzz ômega. Luz ômmeeeega". A bela imagem do humano ômega representa o ponto evolutivo da humanidade aperfeiçoado. Visualizem esse ser agora, essa imagem aperfeiçoada, e o transmitam à noosfera da Terra. [Canta] "Humano ômega. Humano ômega". O humano ômega é transmitido à noosfera da humanidade agora, ajudando a acelerar a próxima fase evolutiva para a consciência superior.

Uma mudança verdadeira para a biosfera da Terra virá de baixo para cima, e não de cima para baixo – isto é, os governos, as sociedades secretas e outras representações da grande indústria. Por causa do investimento dualista e materialista no desejo por riqueza e poder, não vemos que o topo da hierarquia será bem-sucedido em reparar este planeta. Preferivelmente, isso virá da base, ou do povo. É por esse motivo que iniciamos os projetos das cidades de luz planetárias e das reservas oceânicas de luz planetárias.

A cura planetária iniciará em pequenas regiões que ganharão poder e criarão mais espaço sagrado. Essas cidades de luz e reservas oceânicas de luz serão um campo energético interativo, uma força energética que se desenvolve e cresce. Existem aproximadamente 45 cidades de luz planetárias ativas no Grupo de Quarenta. Existem outros locais sagrados em todo o mundo, mas as cidades de luz planetárias detêm a energia da quinta dimensão e trabalham com a nossa energia arcturiana. Os corredores de luz que levam para a quinta dimensão e para o portal estelar também estão conectados aos doze cristais etéricos. Eles formam uma cadeia, uma rede interativa, da luz da quinta dimensão no planeta.

Constelação de Pensamentos para a Cura da Terra

Visualizem as cidades de luz planetárias irradiando uma luz dourada ao redor da Terra. Pensem em uma imagem de satélite da Terra e vejam as luzes nas cidades ao redor do planeta. Alguns lugares no planeta são extremamente industrializados e possuem muitas luzes. Outros são mais primitivos e não geram tanta eletricidade.

Imaginem que vocês estão em um satélite em cima da Terra e que podem ver o planeta inteiro, bem como as cidades de luz planetárias e as reservas oceânicas de luz planetárias. Vocês conseguem ver a luz da quinta dimensão sendo irradiada de cada cidade de luz planetária. Vejam agora 45 cidades de luz planetárias irradiando na atmosfera terrestre. Todas elas estão cintilando a energia da quinta dimensão. Agora, depositem essa imagem na noosfera. [Canta diversas vezes] "Oooohhhh". A rede das cidades de luz planetárias está sendo transmitida agora à noosfera.

Agora, visualizem as reservas oceânicas de luz. As sementes estelares estabeleceram uma luz etérica da quinta dimensão ao redor delas para proteção. Existem aproximadamente sete reservas oceânicas de luz. Elas irradiam luz da quinta dimensão, e vocês podem observar, do satélite, a energia delas. Transmitam essa imagem à noosfera agora.

Vejam as sete escadas da ascensão ao redor do planeta. Visualizem essas escadas da quinta dimensão se projetando para cima da Terra, conectando este mundo da terceira dimensão com a quinta dimensão. Elas fornecem portais e corredores aos reinos superiores. Transmitam a imagem das sete escadas da ascensão à noosfera agora. [Canta] "Oooohhhh".

Agora, visualizem o anel da ascensão ao redor da Terra, um halo de luz da quinta dimensão que interage com a energia da terceira dimensão. Os mestres ascensionados podem interagir com a Terra da terceira dimensão de uma forma tranquila e dinâmica, usando o anel da ascensão. Transmitam a imagem do anel da ascensão à noosfera agora. [Canta] "Oooohhhh, ta ta ta, oooohhhh".

Lembrem-se de que a teoria das constelações de pensamentos complexas também se aplica ao seu desenvolvimento pessoal. Quando vocês manifestam seus desejos, sejam eles pessoais ou planetários, usem uma constelação de pensamentos. Se necessário, vocês podem usar o padrão da Árvore da Vida Planetária para estabelecer padrões de pensamento belos e dinâmicos. Vocês podem usar a Árvore da Vida para ajudá-los a manifestar seus desejos mais elevados. Certifiquem-se de acrescentar as palavras "se for pelo bem maior" quando pedirem para manifestar algo na Terra.

Quando estiverem trabalhando com a Árvore da Vida, vocês podem criar triângulos de diferentes constelações de pensamentos que correspondem às esferas dela. Os círculos nas plantações também oferecem energias de constelações de pensamentos únicas. Eles contêm padrões de pensamento tão avançados, que é difícil interpretá-los neste momento.

Os mestres ascensionados e eu estamos trabalhando com vocês. Nós abençoamos vocês e a Terra neste momento de elevada polarização. Saibam que as energias espirituais na Terra estão se fortalecendo.

Capítulo 13

A Redefinição e o Primeiro Contato Global

Juliano e os arcturianos

V amos explorar o conceito denominado de redefinição e como ele se aplica à situação atual no planeta Terra. Para compreender o que significa redefinir, pensem em computadores e dispositivos eletrônicos. Se ocorre um mau funcionamento no sistema operacional de um computador, podem surgir erros, e, em casos mais graves, eles podem fazer com que o dispositivo funcione inadequadamente. Um método para consertar um computador é "resetá-lo" – ou seja, redefini-lo. Nesse método, alguns parâmetros são apagados de forma temporária ou permanente. O dispositivo pode ser desligado e reinicializado de uma maneira diferente. Por exemplo, alguns arquivos armazenados no computador podem ser apagados, e algumas configurações podem retornar à seleção padrão.

Quando vocês usam um computador ou um dispositivo eletrônico, muitas vezes ajustam suas funções para que elas atendam às suas necessidades. Por exemplo, vocês podem ter protetores de tela ou atalhos que se adéquem ao seu estilo de utilização. Quando o *reset* é iniciado, as configurações personalizadas são removidas, e o computador retorna para suas configurações padrão ou de fábrica.

Durante o processo de *reset*, a máquina não funciona. Uma das etapas do *reset* envolve a reinicialização, que significa reiniciar o dispositivo. Durante esse processo, o dispositivo fica basicamente sem utilidade. A reinicialização em si não faz o dispositivo retornar às configurações de fábrica; em vez disso, ela limpa a memória temporária do computador, de modo que ele possa funcionar de forma mais eficiente. No entanto, quando um computador é "resetado", tudo retorna para as configurações de instalação de fábrica, e o dispositivo é reiniciado.

Redefinir ou reiniciar nem sempre resolve o problema. Vocês desejam que a máquina seja restaurada, mas isso não é garantido.

Redefinição da Terra

Os conceitos de reiniciar ou redefinir possuem um valor metafórico. Programas controlam a Mãe Terra e a terceira dimensão. Esses programas controlam todos os aspectos dos sistemas neste planeta. Eles são individualizados pelas economias dos países, pelas atividades geopolíticas, pelos padrões meteorológicos e pela mudança climática. Os programas da geologia incluem supervisionar terremotos e atividade vulcânica, ventos, correntes de ar, correntes oceânicas, e assim por diante. Cada sistema complexo possui um programa, e cada programa se relaciona com um grande programa denominado de planeta Terra.

Nós, os arcturianos, analisamos todos os sistemas da Terra e observamos como eles interagem. Vemos que alguns deles estão entrando em colapso e muitos apresentam problemas de mau funcionamento. Neste ponto de desenvolvimento e evolução do planeta, os mestres ascensionados, os arcturianos e Jesus/Sananda podem considerar realizar uma redefinição. Essa redefinição certamente corrigiria muitos problemas de mau funcionamento. Lembrem-se de que uma redefinição temporária suspende as energias e o funcionamento de um dispositivo. O funcionamento deve ser suspenso, a fim de que o dispositivo possa reiniciar e seus sistemas possam receber uma nova implementação.

Uma redefinição criaria dificuldades para o planeta. A redefinição planetária somente deve ser considerada quando existe um risco imediato e a possibilidade de autodestruição. A Terra está nessa situação.

Existem muitos métodos que podem ser usados para redefinir a Terra. Nós, os arcturianos, estivemos envolvidos na redefinição de outros planetas que passaram por sérias dificuldades. Um método amplamente discutido envolve o conceito conhecido como primeiro contato. O primeiro contato ocorre quando outros seres de fora do sistema solar de um planeta fazem um contato inicial com seus habitantes.

Por que o primeiro contato seria considerado uma redefinição, e como o primeiro contato teria um efeito positivo na reprogramação de tantos desses sistemas diferentes? Antes de estudarmos esses assuntos, vamos meditar juntos sobre o primeiro contato, porque sei que esse é um assunto importante e que muitos de vocês já querem fazer parte de um primeiro contato. Vocês possuem muitas motivações fortes para testemunhá-lo. Muitos de vocês o anseiam e estão escrevendo sobre isso, e imaginam como isso pode ser eficiente para proporcionar um novo equilíbrio para o planeta. Acreditem em mim: um primeiro contato é uma redefinição planetária. Vamos meditar sobre as palavras "primeiro contato" e sobre o que elas significam para vocês. [Canta] "Oooohhhh, oooohhhh, oooohhhh". [Pausa para meditação.]

O primeiro contato possui muitas implicações para cada sistema na Terra, mas, em especial, possui uma redefinição para a estrutura geopolítica do planeta e todo o seu meio ambiente. A redefinição pode incluir receber novas tecnologias para reparar o meio ambiente. Para as sementes estelares arcturianas, o primeiro contato não seria uma experiência surpreendente. Na verdade, a maioria de vocês aguarda o primeiro contato em breve. Sim, vocês estão muito impacientes em relação ao primeiro contato, que ainda não ocorreu.

O primeiro contato é uma experiência de abrangência planetária testemunhada por todos capazes de observar notícias por meio da mídia. Como o primeiro contato influenciará visões e sistemas religiosos? Primeiramente, seus sistemas religiosos são baseados no centralismo da Terra, a crença de que a Terra é o centro do universo. Filósofos e astrônomos antigos tinham a concepção errada de que os céus giravam ao redor da Terra, e, por causa disso, suas ideias a respeito do universo eram extremamente incorretas. Alguns astrônomos tentaram apresentar visões mais científicas do universo. Por exemplo, Galileu tentou explicar que a Terra não era o centro do universo, mas essa visão ia contra os sistemas de crenças religiosos daquele tempo. Galileu foi punido severamente por sua heresia.

Pensem sobre o conceito de primeiro contato. Uma consideração deve ser se profetas e messias de outros planetas visitassem a Terra e outros planetas na galáxia. Qual efeito esses seres que fazem o primeiro contato teriam para influenciar o planeta? Nós adoramos seus filmes de *Jornada nas Estrelas* e a regra de não interferência que é muitas vezes abordada e explicada em grandes detalhes. A ideia é que o primeiro contato somente deveria ser iniciado com cuidado, porque ele poderia afetar de forma negativa e cármica a evolução das culturas no planeta. A interação poderia incluir transferências culturais e tecnológicas daqueles que realizam o primeiro contato. Por exemplo, um efeito tecnológico maior poderia ocorrer quando os povos do planeta percebessem que é possível viajar pelo espaço e superar a barreira do espaço-tempo.

Dois sistemas principais serão afetados pelo primeiro contato: o sistema religioso baseado na crença de que a vida superior é centrada na Terra e as ideias sobre a tecnologia de viagem no espaço-tempo. Apenas a noção de que existem formas de tecnologia superiores já influenciaria o planeta. Mestres superiores que protegem o planeta devem aprovar o contato. Seria preciso demonstrar que o primeiro contato ocorreria para o benefício e o bem maior de todos os sistemas do planeta. Um primeiro contato de tal proporção global deve ser permitido. Um método e protocolo para exercer uma influência positiva sobre os problemas do planeta deve ser acordado e aplicado.

O primeiro contato deve ser estabelecido de uma forma que seria positivamente benéfica para os sistemas econômico, ambiental, geopolítico, geológico, meteorológico, oceânico e climático. A expectativa é que o primeiro contato ajudará o planeta a resolver alguns de seus problemas mais devastadores e complexos.

Muitas vezes falamos a vocês a respeito da radiação que permeou muitas regiões diferentes da Terra. Este planeta não possui a tecnologia para remover a radiação da água e do solo. Em uma ocasião, falamos sobre as formas de vida como fungos e bactérias que poderiam ingerir ou dissolver a radiação. Isso requer uma evolução altamente avançada em bactérias e vírus que podem viver da radiação. Estão ocorrendo na Terra experimentos iniciais que estudam isso, e alguns tiverem um sucesso modesto. Atualmente, não existe uma tecnologia para realizar isso em uma escala global. Isso poderia ser realizado em um contexto menor, e estou falando sobre um laboratório ou algum tipo de reservatório confinado. No entanto, conseguir realizar isso em muitas grandes regiões no planeta requereria uma tecnologia mais avançada.

Tipos de Primeiro Contato

O primeiro contato pode ser gradual, em vez de ser imediato e surpreendente. A federação galáctica está atuando sob o princípio de não interferência, mas a Terra já passou por intrusões de outros sistemas planetários. O interesse pessoal motivou essas intrusões. Quando falo sobre o primeiro contato na Terra, estou falando sobre uma interação global em massa para o benefício do planeta, e não sobre um contato específico e limitado para interesse pessoal.

Extraterrestres entraram em contato com muitas culturas na Terra. O Império Siriano do sistema estelar Sirius fez contato com os egípcios e supervisionou a construção das pirâmides por meio de sua tecnologia. O Stonehenge e muitos outros locais sagrados ao redor do planeta também tiveram influências extraterrestres. Um método para aprender sobre o primeiro contato gradual tem origem nos estudos de locais sagrados neste planeta com a consciência de que determinadas obras de construção foram feitas com a ajuda de extraterrestres. Ainda existem pessoas que continuam a acreditar que há maneiras de construir essas pirâmides enormes e complexas por meio de trabalho físico manual usando alavancas ou niveladores, mas considero que essa ideia é uma ilusão por diversos motivos.

A imaginação e os poderes tecnológicos dos povos primitivos do Antigo Egito, por exemplo, não eram suficientemente desenvolvidos para conceber como uma quantidade enorme de peso poderia ser movida e como as pirâmides poderiam ser construídas com precisão. Os maias e os nativos americanos que viveram na América do Norte nunca desenvolveram o conhecimento tecnológico da roda. Isso simplesmente não estava em sua concepção maior e foi trazido a eles. A tecnologia de construção avançada é um exemplo de primeiro contato.

Houve também descrições de contatos pelos primeiros mesopotâmios. Há uma grande quantidade de informações que explicam como os contatos ocorreram para o interesse próprio dos extraterrestres. Eles não vieram para cá a fim de trazer paz, sabedoria ou tecnologia avançada. Eles tinham seus próprios planos de reunir e utilizar escravos e minerais. No entanto, existem exemplos de seres superiores que vieram para este planeta a fim de oferecer orientação espiritual, e estes também foram considerados primeiros contatos.

Contatos graduais abrangem o segundo tipo de primeiro contato, incluindo sonhos, poesia e algumas experiências místicas religiosas. Eles utilizam consciência superior e estados de consciência alterados para entrar em contato com outros seres dimensionais. Denomino isso de contato gradual, porque as informações vêm de forma lenta e são, então, debatidas. As pessoas têm uma chance de modificar ou ajustar seus sistemas de crenças de acordo com as novas informações e a energia que recebem. Isso tem acontecido por eras, e atualmente na Terra existem mais experiências assim.

Os primeiros contatos graduais de extraterrestres apoiam a ideia de livre-arbítrio e autonomia, o que significa que vocês podem ser expostos a informações sobre outros seres e até mesmo receber uma nova tecnologia e novas ideias, mas ainda podem escolher se vão examinar essas informações. O primeiro contato gradual não é considerado uma interferência no planeta. Vocês possuem o direito e a capacidade de coexistir e trabalhar juntos com a energia. Albert Einstein se comunicou com seres superiores, mas foi capaz de usar sua mente e sua disciplina para desenvolver suas próprias ideias a partir das informações que recebeu. Tenho certeza de que muitos de vocês tiverem interações que poderiam ser consideradas como contatos graduais.

Requisitos para o Primeiro Contato Global

Hoje, estamos falando sobre um primeiro contato global, e não sobre contatos segmentados por seres extraterrestres para ganho pessoal ou por meio de sonhos, experiências de transe, canalização ou outras experiências místicas ou religiosas. Antigamente, não era possível ter um primeiro contato global. Não existia a rede global da internet. A televisão global por satélite não existia como sistemas de comunicação intercontinental. Antigamente, vocês não tinham tecnologias ameaçadoras capazes de erradicar sistemas e espécies inteiros em curtos períodos.

A partir dessa perspectiva atual, um primeiro contato global com seres superiores, como os arcturianos e os pleiadianos, poderia ser visto como uma redefinição, uma forma de mudar imediatamente como este planeta funciona. Qualquer primeiro contato teria de ser feito a partir da posição de poder dos extraterrestres, a fim de que os governos na Terra não pudessem prejudicar esses seres superiores de outras dimensões.

Outro requisito é que teria de ser criada uma mensagem que pudesse realmente influenciar as pessoas e mudar a forma como elas atuam. Uma nova base operacional é necessária para todos os sistemas terrestres criados pelos seres humanos. Por exemplo, já houve muitas interpretações e sugestões de como sistemas econômicos diferentes poderiam evoluir por meio do primeiro contato. Vocês podem estar cientes de diferentes sistemas financeiros que poderiam ser usados para a economia mundial.

Uma redefinição planetária pode ser iniciada a partir de uma experiência de primeiro contato positiva. No entanto, há um período de reinicialização. Houve até mesmo discussões sobre esse tipo de experiência em seus escritos místicos e em sua ficção científica. Por exemplo, falamos sobre entrar em uma zona nula, um momento em que tudo, incluindo todos os dispositivos eletrônicos, fica neutralizado. Uma redefinição neutralizaria muitos aspectos, incluindo os sistemas ambientais e os conflitos geopolíticos. Um país não conseguiria dominar ou ameaçar outro país.

Existem indícios de reinicialização nas discussões e nos sermões de Jesus. Sua famosa expressão de que "os mansos herdarão a Terra" é um exemplo de uma mudança no sistema operacional normal. Aqueles que obtêm poder por meio do acúmulo de riqueza e aqueles que violam o planeta a fim de obter essa riqueza perderão seu poder.

Quando Jesus disse que os mansos herdariam a Terra, ele poderia estar se referindo àqueles que não tentam acumular riquezas para ganho pessoal. Os mansos são humildes e querem salvar este planeta e criar um novo equilíbrio. A partir dessa perspectiva, o primeiro contato é um acontecimento revolucionário de mudança do planeta que neutraliza temporariamente todos os sistemas existentes para reorientar os princípios operacionais de todos esses sistemas.

Quando isso acontecer, haverá um pouco de desconforto. Haverá resistência a uma redefinição simplesmente porque aqueles que acumularam poder não conseguirão suportá-la, a menos que sigam um novo sistema. Haverá uma nova maneira de controlar os recursos do planeta e de lidar com a poluição. Após a redefinição, haverá uma nova maneira de lidar com o aquecimento global e de buscar a unidade planetária.

Primeiro Contato e Energia Messiânica

Existem muitas discussões sobre a energia messiânica, principalmente quando vocês consideram a necessidade de uma tecnologia superior e de uma energia de intervenção superior que não existe no planeta Terra. Existe uma fonte de energia superior que pode ser utilizada, mas ela vem com uma enorme responsabilidade. Seres superiores acreditam que seria muito fácil para os seres humanos usar indevidamente as tecnologias do *continuum* espaço-tempo e da viagem espacial interdimensional. Esse tem sido o principal motivo para reter a redefinição do primeiro contato global deste planeta. Nós sabemos que seus governos usariam essa tecnologia para transportar armas nucleares para o espaço sideral e causar um desastre.

Estamos preocupados, porque seres extraterrestres inferiores entraram em contato com seus governos e ofereceram tecnologias limitadas como um aliciamento, de modo que pudessem exercer controle sobre seu mundo. Esse nível de contato não é de uma ordem benevolente. Quando nós, os arcturianos, realizamos um primeiro contato, nunca temos motivos egoístas. Não estamos interessados em obter os recursos da Terra. O nosso objetivo é seu desenvolvimento e sua evolução espirituais e ajudá-los a passar por uma nova redefinição para um novo sistema planetário. Na Bíblia, a redefinição é referida como o fim dos tempos ou, algumas vezes, como o momento da purificação.

Nós não queremos uma redefinição que acabe totalmente com tudo. Não queremos uma redefinição na qual vocês retornem a um estado primitivo no qual não exista mais qualquer tecnologia superior, internet ou comunicações globais. Isso seria um passo para trás, e a destruição dessa tecnologia de comunicação não seria considerada uma boa redefinição. Lembrem-se de que, no conceito de redefinição, após a reinicialização, tudo retorna a uma função básica, que foi originalmente estabelecida para esse sistema.

Esse sistema da Terra não foi destinado a ser impedido. Esse sistema não foi estabelecido para ser contaminado por substâncias químicas criadas pelos seres humanos e pela poluição. A informação da redefinição deve incluir o conhecimento dos estágios de evolução planetários. Nós podemos mostrar a vocês imagens ou filmes de planetas se autodestruindo. Temos imagens de Atlântida e da destruição pela qual ela passou. Por outro lado, podemos mostrar a vocês sistemas que passaram por estágios positivos de desenvolvimento planetário e que alcançaram o estágio planetário 2. Esse estágio indica que o planeta superou a tendência à autodestruição. Ao mostrar a vocês os planetas que não obtiveram êxito, esperamos que vocês, como um corpo planetário, fiquem comovidos e escolham um caminho diferente.

Meditação do Primeiro Contato

Vamos meditar sobre o primeiro contato com arcturianos, pleiadianos e outros seres avançados. Vamos nos concentrar em uma interação positiva para redefinir os sistemas neste planeta, de uma maneira que não seja excessivamente prejudicial e que conduza as pessoas a uma nova mentalidade de cooperação. Vamos meditar sobre esse grande momento do primeiro contato que é espiritual e ajuda a humanidade a evoluir para a consciência superior. [Canta] "Oooohhhh, oooohhhh". Ficaremos em silêncio.

Seu trabalho e suas energias espirituais estão ajudando a atrair um primeiro contato. Vocês fazem parte de uma preparação para essa interação. É possível redefinir todos os sistemas neste planeta, e vocês podem participar da redefinição. Em um nível pessoal, existem sistemas e crenças sobre vocês que também podem ser redefinidos. A mudança pessoal é um dos aspectos mais poderosos neste momento de mudança planetária. As seguintes perguntas podem ser analisadas, e as respostas podem ser mudadas:

- Quem são vocês?
- O que vocês pensam que são?
- Quais talentos e habilidades de cura vocês possuem?

Todas essas crenças que vocês têm sobre si mesmos podem ser redefinidas de uma forma positiva. De muitas maneiras, isso pode acontecer simplesmente ao perceber ou compreender o poder que vocês possuem de redefinir seu sistema, sua jornada de alma e sua habilidade de cura.

✯✯✯✯

Este é um momento incrível para estar neste planeta, e sei que cada um de vocês escolheu encarnar aqui para participar deste processo de cura. Este momento de mudança radical no planeta pode ser comparado a um eclipse solar. Atualmente, na Terra, vocês possuem um eclipse de energia. Este é um momento incrível para estar em um planeta que está nas vésperas de um primeiro contato. Transmito as minhas bênçãos a todas as sementes estelares.

Capítulo 14

Campos de Pensamento em Grupo Arcturianos
Juliano e os arcturianos

Nós temos ciência de uma prática taoísta no estudo do Chi Gung [Qigong] que é denominada de Chi-Lel [ver *101 Miracles of Natural Healing*, de Luke Chan]. O trabalho energético de cura em Chi-Lel é multicósmico. Os praticantes de Chi-Lel fazem posturas taoístas, enquanto se conectam com a energia coletiva cósmica. Em todo o planeta, grupos de praticantes de Chi-Lel estão ajudando a criar e manter um campo de pensamento em grupo de cura. Isso tem um importante significado para o trabalho que nós, os arcturianos, estamos realizando com as sementes estelares.

Um ponto importante sobre a prática Chi-Lel está relacionado a se conectar com o campo de pensamento universal de outros praticantes. Quando vocês praticam Chi-Lel, buscam sua conexão com a luz e a energia superiores e se conectam com o campo energético do pensamento em grupo ao redor do globo. Quando vocês se conectam com a energia em grupo, descobrem um campo energético estável, consistente e resistente, que está disponível para todos que o buscam por meio dessa prática. Isso tem grandes benefícios para a cura. Ao se conectar com esse campo de pensamento em grupo universal, um praticante pode alcançar um nível de cura mais elevado do que seria possível individualmente.

Nessa prática específica, existem desejo e necessidade profundos de se conectar com a luz universal de cura cósmica e galáctica. Essas práticas remontam a 2 mil a 3 mil anos atrás na China. Os antigos filósofos e praticantes chineses tinham conhecimento sobre a energia cósmica universal e sobre a importância de ter uma conexão direta durante a prática e a meditação. Na verdade, eles acreditavam que a cura poderia ser alcançada e acelerada por meio da conexão cósmica universal.

Utilizem a Energia da Forma-Pensamento Universal

Com isso em mente, vamos analisar os campos de pensamento em nosso trabalho arcturiano. Existem diversas observações que quero fazer sobre os campos de pensamento em grupo que existem na Terra. Primeiramente, há campos de pensamento não confessionais e campos de pensamento religiosos. Ambos utilizam o mesmo princípio.

Vocês provavelmente estão familiarizados com muitos campos de pensamento religiosos. Eles incluem grupos religiosos conhecidos, como os cristãos, os budistas, os muçulmanos, os hindus e os judeus, entre outros. Cada grupo possui requisitos para participar desse campo de pensamento. Esses grupos podem formar as expectativas de seus membros nesta vida e em vidas futuras. Isso dá uma ideia do poder que uma forma-pensamento tem, pois as formas-pensamento religiosas podem perseverar de uma vida para outra. É possível pertencer ao mesmo grupo religioso em mais de uma existência. O princípio que se aplica aos grupos de Chi-Lel também se aplica a todos os grupos religiosos: é possível obter mais energia da forma-pensamento em grupo do que seria possível com uma forma-pensamento pessoal.

Nós, os arcturianos, estamos mais interessados no que descrevo como forma-pensamento não confessional. Primeiramente, buscamos verdade e energia baseadas em princípios universais. Nós não queremos determinar qualquer limitação nos grupos arcturianos em relação à nossa energia do campo de pensamento. Por exemplo, em um grupo espiritual ou religioso limitador baseado na Terra, os adeptos podem ser obrigados a aceitar que uma determinada pessoa é o único doador da verdade ou a seguir de forma rígida determinadas leis e práticas. Se uma pessoa não segue essas leis, ela é disciplinada e, algumas vezes, até expulsa do grupo. Isso poderia significar, ao grupo, que a pessoa expulsa não reencarnaria com ele.

Preferimos o conceito de uma forma-pensamento em grupo que é aberta à energia universal. A forma-pensamento em grupo arcturiana é baseada na energia universal e possui diversas vantagens em relação a outras formas. Acredito que foi esse grupo de pensamento que os atraiu aos nossos ensinamentos. Diversas características interessantes em nossas formas-pensamento são vantajosas. Por exemplo, participar do campo energético de pensamento arcturiano aumenta sua capacidade de se conectar com a energia espiritual galáctica por meio da energia da quinta dimensão e da consciência superior.

Muitas vezes é benéfico participar de um campo de pensamento ao mesmo tempo que sementes estelares com ideias semelhantes. Determinados momentos podem ser acordados para todos participarem. Nesses momentos, o campo de pensamento se torna mais forte, e os participantes sentem uma ativação maior.

Existe uma sensação de atemporalidade a respeito do campo de pensamento em grupo arcturiano. Apesar de vocês poderem não conseguir se encontrar ao mesmo tempo por causa das diferenças de horário, ainda é possível vivenciar uma elevação com outros participantes arcturianos. O tempo é relativo; sendo assim, existe frequentemente uma janela de tempo em uma energia de campo de pensamento em grupo. Nós reconhecemos essa janela de tempo em algumas das nossas meditações anteriores, quando recomendamos estabelecer um período do fim da tarde de sexta-feira até domingo à noite. Vocês poderiam participar com os membros do grupo arcturiano em qualquer momento durante essa janela de tempo. Vocês sentiriam o mesmo poder no fim da tarde de sexta-feira que outra pessoa sentiria na manhã de domingo. Esses membros do grupo sentiriam o mesmo efeito poderoso porque a janela de tempo foi estabelecida para manter a energia.

O próximo ponto é o que denomino de energia remota. A energia remota é transmitida ou recebida distante da sua presença física. A energia pode ser originada de outra cidade ou, simplesmente, de outro planeta. Ela pode até mesmo vir de outra parte da galáxia. Vocês podem estar cientes dos princípios da cura remota, na qual praticantes que estão distantes da pessoa que precisa de ajuda transmitem uma forte energia de cura.

Eu devo esclarecer algo a respeito da cura remota e do trabalho energético remoto: ambos são benéficos se as pessoas que estão recebendo a energia souberem que ela está vindo e quando. Além disso, as pessoas que estão sendo curadas devem concordar em receber essa energia ou cura. Se elas não concordarem, então a resistência ao redor do campo energético pode ser forte o suficiente para repelir qualquer luz de cura positiva. É possível transmitir luz de cura universal para pessoas que não concordaram com isso, mas ela não será tão forte ou tão eficaz quanto seria se essas pessoas tivessem concordado com a experiência.

O Campo de Pensamento Arcturiano da Terra Transcende as Limitações da Terceira Dimensão

O grupo de energia de cura arcturiano se concentra em Arcturus e conecta seu campo de pensamento às nossas fontes de cura poderosas. Nós buscamos atrair as pessoas interessadas na ascensão e na quinta dimensão. Trabalhamos com pessoas que estão cientes de que esta vida na Terra poderia resultar em uma graduação do ciclo de encarnação da Terra. Isso significa que elas podem concluir todo o trabalho e a energia necessários nesta vida, de modo que possam graduar da experiência da Terra e avançar para experiências evolutivas e planetárias além dela.

A experiência arcturiana centra-se na transição pela qual vocês passam no processo de ascensão. Nessa transição, vocês transmutam em uma consciência completa para os reinos superiores e adentram um portal estelar. Esse portal estelar é uma estação espiritual poderosa que oferece a vocês a oportunidade de participar na escolha de sua próxima vida e encarnação. As escolhas nesse portal estelar são multidimensionais e incluem muitos planetas em toda esta galáxia e, em alguns casos, em outras galáxias. Adentrar o portal estelar é uma grande recompensa, uma grande elevação. Nem todo mundo tem a liberdade ou o privilégio de fazer isso. Vocês devem ascender para passar pelo portal estelar.

Os arcturianos estão transmitindo vibrações e energia como ferramentas espirituais e oportunidades. Parte da energia do campo de pensamento arcturiano invoca as sementes estelares arcturianas neste planeta. Esse chamado é como Chi-Lel, em que os participantes interagem entre si em um enorme campo energético que acelera a amplifica sua cura, enquanto eles realizam posturas específicas. O poder de cura por meio de Chi-Lel consiste parcialmente na habilidade de se conectar com a energia em grupo universal. Conectar-se com a energia arcturiana universal utiliza o mesmo princípio. Nós precisávamos de uma forma de nos conectar com as sementes estelares arcturianas na Terra, portanto, criamos um campo de pensamento especial para as sementes estelares na Terra.

Os nossos campos de pensamento arcturianos são energeticamente novos na Terra, mas existem campos de pensamento antigos e poderosos dos mestres ascensionados em toda a galáxia. Campos de pensamento estão até mesmo sendo transmitidos para a Terra por outras civilizações superiores. Para o grupo das sementes estelares arcturianas, criamos um campo de pensamento que transcende muitas limitações da terceira dimensão.

O nosso grupo de sementes estelares arcturianas é não confessional. As sementes estelares podem participar do grupo arcturiano, independentemente de religião. O nosso paradigma essencial é o Triângulo Sagrado, que inclui os ensinamentos de muitos mestres ascensionados na Terra, na quinta dimensão, no mundo angelical e no mundo dos nativos ou indígenas. Existem grupos de espiritualidade baseados em estrelas. Frequentemente me refiro a esses grupos como os mestres estelares. No grupo das sementes estelares arcturianas, é necessário encontrar práticas e formas de acelerar e amplificar a conexão da quinta dimensão.

Trabalho de Cura do Lago de Cristal

Quais ferramentas especiais nós oferecemos para acelerar a experiência de energia do campo de pensamento arcturiano na Terra? Uma delas é a utilização do lago de cristal arcturiano. O lago de cristal possui um enorme cristal energético, que é realmente extraordinário e diferente de qualquer outro cristal na Terra. Ele tem cerca de 1,5 quilômetro de profundidade e, acima de tudo, possui a força e a capacidade de atrair formas-pensamento superiores de muitas dimensões diferentes. Um aspecto importante para vocês são as 1.600 pessoas em corpos da quinta dimensão que rodeiam o lago e meditam. Existem 1.600 sementes estelares arcturianas localizadas na Terra meditando e recebendo a intensa energia do cristal etérico do lago de cristal.

Vocês podem realizar a meditação com o campo de pensamento arcturiano na Terra. Nós temos trabalhado com isso estabelecendo doze cristais etéricos em todo o planeta. [Os doze cristais etéricos transmitidos pelos arcturianos e pelas sementes estelares ao redor do mundo são encontrados em: Lago Puelo, na Argentina; Vulcão Poás, na Costa Rica; Barrancas del Cobre, no México; Monte Shasta, Califórnia, nos Estados Unidos; Monte Fuji, no Japão; Bodensee, na Europa Central; Istambul, na Turquia; Lago Taupo, na Nova Zelândia; Grose Valley, na Austrália; Lago Moraine, no Canadá; Serra da Bocaina, no Brasil; e Montserrat, na Espanha.]

Temos conduzido exercícios visionários e proféticos, nos quais grupos de sementes estelares arcturianas se sentam ao redor do Monte Shasta, de Grose Valley ou de Bodensee. Nesses exercícios, pedimos para as pessoas projetarem o corpo astral delas a esses pontos poderosos na Terra. O chamado para se conectar com outras sementes estelares arcturianas ao redor do planeta e o potencial de cura energética são mais poderosos no lago de cristal em Arcturus.

Eu vou conduzi-los em um exercício para viajar até o lago de cristal em Arcturus. Nesse exercício, vocês terão uma nova consciência e uma grande experiência de se conectar com os arcturianos para a cura pessoal. Lembrem-se de que o lago de cristal está na quinta dimensão e foi configurado especialmente para as energias do campo de pensamento das sementes estelares arcturianas na Terra. Nós criamos esse lugar para sua segurança, e é fácil para vocês viajarem interdimensionalmente a fim de alcançá-lo.

Viajando para esse lugar e trabalhando dentro desse campo de pensamento, vocês descobrirão formas de se conectar com a energia do campo de pensamento arcturiano e com outras sementes estelares arcturianas na Terra. A habilidade de se conectar com as energias do campo de pensamento superior arcturiano é ampliada no lago de cristal. Nele, vocês podem vivenciar níveis de cura superiores e meditações e pensamentos em grupo superiores com mais sucesso. O sucesso e o poder da sua conexão nesse grupo do campo de pensamento são ampliados conforme nós, os arcturianos, participamos com vocês. Participamos de diversas formas: estabelecemos esse lugar para onde vocês podem viajar, providenciamos corredores para vocês utilizarem e controlamos a intensidade da energia elevando ou abaixando o cristal.

Quanto mais alto o cristal é elevado acima da água, mais intensas são a luz e a energia espirituais emitidas. Nós tentamos calibrar a intensidade da energia emitida com base no local onde vocês estão e em quanto conseguirão absorver. Frequentemente, não determinamos quão alto elevar o cristal até todos estarem juntos no lago de cristal. Então, analisamos as necessidades e fazemos as calibrações corretas. Todo o trabalho realizado no lago de cristal influencia sua existência terrestre na terceira dimensão.

Possuímos energias gerais do campo de pensamento arcturiano. Também possuímos energias específicas do campo de pensamento relacionadas a alguns de seus mestres, como Helio-ah. Helio-ah tem trabalhado com um grupo especial de sementes estelares, interessado em suas técnicas de cura. Suas técnicas de cura são baseadas em energia holográfica. Ela se refere a isso como "energia heliográfica". Alguns de vocês já foram ativados e sentem como ela está trabalhando com vocês. Existem grupos específicos dentro da estrutura de sementes estelares arcturianas que são mais atraídos a trabalhar com Helio-ah.

Algumas sementes estelares arcturianas na Terra são atraídas a Tomar e seu trabalho de cura. Tomar é um mestre espiritual e guardião do trabalho do templo arcturiano. Ele criou um grupo especial de sementes estelares arcturianas na Terra. Essas sementes estelares frequentemente viajam interdimensionalmente aos templos dele em Arcturus. Esses templos são especiais, e a habilidade de meditar e se conectar com a luz superior dentro deles é realmente extraordinária. Essas áreas sagradas dos templos de Tomar são mais poderosas do que qualquer templo que vocês já viram na Terra. Imaginem o templo mais sagrado e santo em que vocês já estiveram na Terra, e então imaginem algo dez vezes mais poderoso.

Exercício do Lago de Cristal

Permitam-me iniciar este exercício e conduzi-los, no campo de pensamento do grupo de sementes estelares arcturianas, ao lago de cristal. Saibam que seu corpo da quinta dimensão já está nele. Conforme vocês viajarem comigo, irão para o lago e encontrarão seu corpo da quinta dimensão esperando por vocês.

[Entoa] "Oooohhhh, oooohhhh". Tornem-se cientes de si mesmos em seu ambiente e fechem os olhos. O ambiente em que vocês estão começa a girar, mas vocês não sentem tontura. Em vez disso, o giro permite que seu espírito – seu corpo astral – deixe suavemente seu

corpo físico e suba para o teto. (Visualizem isso da melhor forma que puderem. Se não conseguirem visualizar isso, apenas repitam estas instruções em sua mente.)

No teto, um corredor azul arcturiano se abre. Vocês agora estão conectados ao campo de pensamento arcturiano, portanto é natural e tranquilo observá-lo. Viajem para o corredor. Quando vocês passam pela entrada, veem Juliano (eu), Tomar e Helio-ah esperando por vocês. Escolham com quem vocês se sentem mais confortáveis neste momento. Segurem a mão desse ser e viajem juntos pelo corredor na velocidade do pensamento. Esse corredor passa pela terceira e pela quarta dimensões. Nós não paramos na quarta dimensão. Vamos diretamente para a quinta dimensão. [Entoa] "Ta ta ta ta ta ta ta".

É muito bom viajar por um corredor na velocidade do pensamento, que é muito mais rápida do que a velocidade da luz. Chegamos ao destino e vemos um belo lago com um domo sobre ele. Esse é o lago de cristal. Algumas vezes, nós o denominamos de templo de cristal.

Vemos a luz magnífica e cintilante do cristal, apesar de ele estar embaixo da água. Ele irradia uma luz de cura espiritual brilhante e poderosa, que é incisiva e relaxante. Sua forma etérica passa pelo domo. Vocês observam 1.600 sementes estelares arcturianas encarnadas na Terra que possuem um corpo da quinta dimensão no lago. Intuitivamente, vocês veem seu corpo da quinta dimensão. Vão até ele. Vão diretamente para seu corpo da quinta dimensão, a cerca de 1,80 metro acima dele. Esperem um momento para se alinhar com ele. Após a contagem até três, recaiam sobre seu corpo da quinta dimensão. Essa será uma transição tranquila – um, dois, três.

Vocês agora estão em seu corpo da quinta dimensão e percebem que possuem uma consciência multidimensional que não possuíam em seu corpo terrestre. Vocês observam as coisas em estados dimensionais e visionários que nunca sentiram antes. Sua visão está muito mais poderosa. Seu conhecimento sobre si mesmos e sua alma se amplia fortemente. Seus poderes de cura se ampliam fortemente, e, acima de tudo, vocês podem sentir e vivenciar o campo de pensamento coletivo das 1.600 sementes estelares arcturianas aqui neste momento. Algumas estão totalmente presentes, e outras estão em seu corpo da quinta dimensão, sem sua contraparte da terceira dimensão. Vocês estão aqui tanto em seu eu da quinta dimensão quanto em seu eu da terceira dimensão. Vocês possuem a capacidade intensificada para se conectar por meio desse campo de pensamento coletivo poderoso do grupo arcturiano das 1.600 sementes estelares na Terra. [Entoa] "Ey ey ey".

Eu, Juliano, levanto o cristal acima da água. O sentimento que vocês vivenciam é comparável ao entusiasmo impressionante e extraordinário que sentiriam se estivessem observando baleias e, repentinamente, uma grande baleia saltasse em um arco belo e dinâmico. Esta é uma descrição parcial do poder desse cristal. Ele está subindo a 30 metros acima da água, a 60 metros acima da água e, agora, a 90 metros acima da água. [Canta] "Oooohhhh". Ele emana luz da quinta dimensão em um espaço de 360 graus. Cada um de vocês está se banhando nessa luz de cura poderosa do cristal. Agora, ficaremos em silêncio enquanto vocês se integram alegremente com essa energia e essa luz. [Pausa.]

O poder do cristal se intensifica de duas formas: a primeira é elevando-se da água, e a segunda é aumentando o brilho da parte de fora da água. Eu, Juliano, estou ampliando esse brilho. Usem essa intensidade e a recebam em seu terceiro olho. Utilizem essa energia para vivenciarem diretamente os benefícios das 1.600 sementes estelares arcturianas participando de seus corpos da quinta dimensão que rodeiam esse lago. Se vocês sentirem uma conexão especial com o grupo de Helio-ah ou com o grupo de Tomar, por favor, conectem-se com esse subgrupo. Haverá grandes benefícios para vocês. [Entoa] "Oooohhhh". Recebam a luz de cura e as formas-pensamento superiores desse cristal.

Agora, retornem para a Terra. Levem com vocês quantas qualidades energéticas espirituais vocês forem capazes de receber, a fim de transferi-las para seu corpo da terceira dimensão. Recebam de uma forma especial os dons energéticos de conhecimento, cura e formas-pensamento superiores, de modo que possam levá-los para a Terra.

Eu, Juliano, abaixo o cristal na água. Vejo todos vocês tremulando de forma brilhante no corpo da quinta dimensão. Vejo essa enorme conexão energética neste belo círculo ao redor do lago, emanando unidade de consciência e unidade de luz. Preparem-se para deixar seu corpo da quinta dimensão no lago de cristal em Arcturus, sabendo que vocês fizeram uma poderosa conexão de pensamento para a qual podem retornar energeticamente em qualquer momento enquanto estiverem na Terra.

Elevem seu corpo espiritual para fora do corpo da quinta dimensão. Vejo que, enquanto vocês se elevam para fora desse corpo, seu corpo astral possui um brilho que não tinha antes de vir para cá. Vocês sobem acima do lago. Viajem sobre o lago e vejam a mim, a Helio-ah ou a Tomar – com quem vocês desejarem viajar. Nós vamos levá-los de volta ao corredor. Estamos todos juntos no corredor, e agora viajamos de volta para a Terra na velocidade do pensamento. [Entoa] "Ta ta. Oooohhhh".

Voltamos pelo corredor na velocidade do pensamento, e vocês estão de novo acima do seu ambiente, em seu corpo astral resplandecente, repleto de luz da quinta dimensão. Esse corpo astral fica a cerca de 1,80 metro acima do seu corpo da terceira dimensão e vocês dizem: "Eu vou entrar novamente em meu corpo em um alinhamento perfeito após a contagem até três". Um, dois, três – retornem em um alinhamento perfeito. Respirem fundo.

✶✶✶✶

Eu estou verdadeiramente surpreso com toda a luz de cura e a energia de pensamento superior que vocês trouxeram de volta dessa experiência. Acima de tudo, vocês estão trazendo a poderosa conexão com o campo de pensamento em grupo arcturiano. Na unidade e na fraternidade das sementes estelares, dou as boas-vindas a vocês nos campos de pensamento dos arcturianos.

Capítulo 15

Preparem-se para a Intersecção das Dimensões

Juliano e os arcturianos

A terceira dimensão interage com a quinta dimensão. Sendo assim, aquilo que os guias e mestres fazem na quinta dimensão influencia a terceira dimensão, e aquilo que vocês fazem na terceira dimensão interage com a quinta dimensão e a influencia. Essa não é uma via de mão única; é uma energia interativa. É importante compreender essa interação, porque o mundo não é estático, nem a relação entre as dimensões. Esse é um campo de força energética que se atualiza continuamente de ambos os lados.

A Terceira Dimensão é um Vislumbre da Mente do Criador

Isso pode ser recebido como uma surpresa, mas muitos de vocês já estiveram na quinta dimensão. Vocês tiveram a necessidade de obter uma nova perspectiva. Na terceira dimensão, existe um grande interesse no trabalho e nos seres da quinta dimensão. Ao mesmo tempo, alguns seres da quinta dimensão estão interessados em explorar a terceira dimensão. Esse interesse nos leva a um nível profundo de espiritualidade galáctica e arcturiana. Também acredito que isso se relaciona com muito da espiritualidade terrestre. O Criador está oculto, portanto, não há uma maneira de vivenciá-lo ou conhecê-lo diretamente. Não há uma maneira de descrever o Criador em sua mente lógica. Um método para aprender sobre o Criador é estudando a criação e seu funcionamento. Isso explica em parte o motivo de cientistas e astrônomos estarem interessados em aprender como o universo teve início. O estudo do início da criação é realmente um estudo da mente do Criador.

A terceira dimensão foi a mais recente e última parte desta criação, a parte "mais nova" do universo ou do multiverso e a última parte formulada e desenvolvida da criação dimensional. Isso é como dizer: "Olhe, o Criador fez uma nova dimensão! Estamos interessados em aprender sobre essa nova dimensão, apesar de estarmos em uma dimensão superior". É de grande interesse para os seres da quinta dimensão aprender mais; consequentemente, muitos de nós queremos ir para a terceira dimensão e vivenciá-la.

Existem diversos motivos importantes pelos quais esses seres na quinta dimensão querem ir para a terceira dimensão. Ela é o último desenvolvimento dimensional na dinâmica criativa do multiverso. A terceira dimensão oferece oportunidades únicas para compreender a mente do Criador e ficar mais próximo dele. Além disso, existem portais e corredores especiais e outras oportunidades únicas na terceira dimensão que normalmente nos ajudam a compreender o multiverso. Este não é o único universo. Este é um dos universos que contêm a terceira dimensão. A terceira dimensão oferece algo único para cada alma. Evidentemente, com sua experiência como seres da quinta dimensão, vocês possuem uma vantagem sobre aqueles que estão apenas na realidade da terceira dimensão.

Nem todo mundo compreende a quinta dimensão, e apenas alguns estiveram nela anteriormente. Existem muitos seres que encarnaram na Terra e nunca estiveram na quinta dimensão. Há muitos seres na Terra que são almas mais novas e que nunca estiveram em outros planetas ou dimensões. É uma situação única e avançada viajar da quinta dimensão para a terceira dimensão.

Ocorreram armadilhas ao longo dos muitos milênios em que seres da quinta dimensão das Plêiades, de Arcturus ou de Andrômeda – ou sirianos e antarianos – enviaram discípulos para a Terra a fim de vivenciar a terceira dimensão. Enquanto esses estudantes estiveram na terceira dimensão, eles se tornaram carmicamente envolvidos com as pessoas. Em alguns casos, eles se apaixonaram por terráqueos. Em outros casos, eles cometeram erros e se tornaram excessivamente envolvidos em alguns dos problemas do planeta e tentaram repará-lo. Ao fazer isso, quebraram as regras cármicas e ficaram presos nos ciclos cármicos da terceira dimensão, começando a reencarnar na Terra.

Eu treinei muitos discípulos da quinta dimensão sobre como participar da Terra, identificar alguns perigos na terceira dimensão e evitar algumas das armadilhas. Existem alguns campos energéticos muito atrativos na terceira dimensão que deslumbram as pessoas. Todos nós conhecemos a beleza da terceira dimensão. Todos nós conhecemos o entusiasmo e a energia elevada possíveis nesta dimensão. Um dos principais aspectos ao deixar a quinta dimensão e ir para a terceira dimensão é ser separado da consciência da unidade. Na terceira dimensão, vocês perdem o sentido da eternidade da alma. Vocês também perdem o sentido de compreender e sentir a unificação de Tudo o que Existe, porque a terceira dimensão é um plano de dualidade.

A Oportunidade Reside na Interação Dimensional

Existe uma interação contínua entre a terceira dimensão e a quinta dimensão. Alguns de vocês estão surpresos em aprender que a terceira dimensão pode influenciar a quinta dimensão. Existe uma oportunidade dinâmica e impressionante vindo a este planeta, a qual denomino de intersecção das dimensões. Pensem em duas grandes esferas que se intersectam na parte de cima de cada esfera. Uma parte da terceira dimensão está na quinta dimensão, e uma parte da quinta dimensão está na terceira dimensão. Essa intersecção funciona como qualquer intersecção. A parte mais importante da intersecção é que vocês podem viajar diretamente por meio dela. Essa é uma grande oportunidade, porque a intersecção permite uma passagem livre de uma área para a seguinte.

Primeiramente, vocês e eu estamos mais interessados em viajar pela intersecção, de modo que vocês possam ir para a quinta dimensão. No entanto, também existirão seres da quinta dimensão indo para a terceira dimensão com poderes e energia especiais. Sendo assim, haverá uma oportunidade maior de transmitir energia da quinta dimensão para a terceira dimensão. Os mestres terão um acesso especial à terceira dimensão para realizar reparos e elevar as sementes estelares e outros seres espirituais superiores e interagir com eles. Que momento e oportunidade emocionantes! Neste exato momento, estamos à beira da intersecção.

Muitos dos irmãos e irmãs em toda a galáxia têm interesse sobre a Terra por causa da intersecção das dimensões, que é um evento semelhante ao eclipse solar. O eclipse solar [de 21 de agosto de 2017], em parte, representou uma redefinição, que permitiu uma participação e uma abertura maiores na intersecção das dimensões. As pessoas viajam para ver eclipses solares. Existem muitas informações científicas que podem ser obtidas por meio de um eclipse. A observação científica de um eclipse solar no fim da Primeira Guerra Mundial provou uma das teorias de Einstein sobre dobrar o espaço e o tempo.[6] Da mesma forma, existem certas medições que podem ser realizadas galacticamente apenas quando acontece uma intersecção das dimensões.

Uma grande oportunidade que ocorre na intersecção das dimensões é a ascensão. É preciso ter uma energia e uma luz espirituais especiais para ascender. Por quê? A ascensão requer que vocês transformem a estrutura dos seus sistemas nervoso, hormonal, mental e emocional em uma forma de corpo de luz. Isso significa que uma vibração forte, intensa e elevada deve ser utilizada. Essa vibração está atualmente além das suas habilidades pessoais. Neste ponto, vocês não possuem a habilidade de gerar a frequência espiritual elevada necessária para mudar seu corpo para a forma de corpo de luz sozinhos. Vocês precisam de um estímulo, uma energia extra. A interação das dimensões significa que um estímulo de luz de uma frequência especial entrará na terceira dimensão.

A Quinta Dimensão se Compara à Luz Solar

O Sol está a aproximadamente 150 milhões de quilômetros de distância da Terra, mas, ainda assim, a luz solar é forte o suficiente para iluminar o planeta e proporcionar toda a energia necessária para a fotossíntese e todas as formas de vida na biosfera. Uma nova tecnologia usa painéis solares, que absorvem a luz solar e a convertem em eletricidade. No entanto, vocês precisam ter painéis solares para usar a luz solar dessa forma.

Muita luz solar no seu planeta também pode ser destrutiva, se vocês não estiverem protegidos. Por exemplo, em regiões no meio

---

6. Para mais informações sobre os dados coletados durante o eclipse solar de 1914 e como ele respaldou a teoria da relatividade de Einstein, ver www.space.com/37018-solar-eclipse-proved-einstein-relativity-right.html.

do deserto, a luz solar é extremamente debilitante. Vocês precisam se cobrir ou ter algum tipo de proteção para evitar danos ao seu corpo.

Muito em breve, haverá um fluxo intenso de energia espiritual superior neste planeta na intersecção das dimensões, e, para utilizar essa energia espiritual, vocês precisam de tecnologia espiritual, assim como dependem de painéis solares para processar a energia da luz solar em eletricidade. Vocês necessitam de recursos espirituais para processar e utilizar essa luz de ascensão altamente recarregada. As nossas exposições e o nosso treinamento têm como foco ajudá-los a se tornarem receptáculos para essa luz e a utilizarem para transformar seu corpo de luz em um piscar de olhos. Quando vocês estão em seu corpo de luz, podem se direcionar para fora deste corpo e desta dimensão, rumo à quinta dimensão.

Quais são as tecnologias espirituais para a ascensão? Existe a bilocação, que é a capacidade de dividir partes de sua essência espiritual ou corpo astral/etérico e transmiti-la para outra localização. Essa talvez seja uma das mais profundas e importantes tecnologias necessárias a fim de utilizar a energia para sua ascensão quando ocorrer a intersecção das dimensões. Na bilocação, vocês visualizam energeticamente seu corpo etérico e, depois, o projetam para fora de seu corpo físico. A bilocação pode ser comparada à projeção astral.

Seu corpo astral está ligado ao seu corpo por meio do cordão astral. Na bilocação, vocês depositam o máximo possível de sua essência nesse corpo astral/etérico. Para propósitos de treinamento, determinei diferentes porcentagens da sua consciência que podem ser projetadas em seu corpo astral. Por exemplo, vocês podem dizer que 2% da sua consciência estão em seu corpo astral e 98% dela estão em seu corpo físico.

Eu apresentei exposições e descrições sobre Jesus (Sananda) na cruz. Expliquei que apenas uma porcentagem muito pequena da consciência dele estava em seu corpo físico e ele pôde se projetar pelo pensamento, ou se bilocar, para seu corpo de luz e para uma localização segura. Ele bilocou mais de sua essência – 90% ou mais – para um segundo corpo. A prática dessa projeção astral é importante a fim de prepará-los para utilizar a energia espiritual que está vindo a vocês. Vocês devem ter a habilidade de depositar o máximo possível de si mesmos na projeção astral.

Para ajudá-los a praticar essa bilocação, nós, os arcturianos, providenciamos o templo de cristal, também conhecido como lago de cristal, para seu uso e treinamento. Esse é um lago da quinta dimensão que foi providenciado pelos arcturianos para as sementes estelares da Terra como vocês. Ele possui espaço suficiente em sua margem para 1.600 corpos de luz. Nós permitimos e ajudamos a criar espaços e lugares para seu corpo astral se projetar para uma localização da quinta dimensão. Parte do seu corpo e do seu eu da quinta dimensão pode residir permanentemente perto desse lago. Visualizem-se como uma projeção astral que vive nele. Ajudei a providenciar esse lugar permanente, de modo que vocês possam praticar o envio de seu corpo de luz para seu corpo de luz da quinta dimensão. Vocês também poderiam se bilocar para diferentes lugares neste planeta. Por exemplo, poderiam estar em seu local de trabalho ou em sua casa e em outra cidade.

Efeitos da Intersecção

Poderiam existir outros seres, e até mesmo outras energias, de uma natureza inferior na intersecção. Não são apenas as sementes estelares que sabem sobre a intersecção. Seres inferiores poderiam tentar se vincular a algumas pessoas. Poderia acontecer bloqueios e acidentes na intersecção. Estamos ajudando Sananda a supervisionar a intersecção das dimensões. Reconhecemos que a intersecção poderia permitir que luz inferior da terceira dimensão entrasse na quinta dimensão. Nós, na quinta dimensão, precisamos estar preparados para absorver e processar essa energia inferior. Quero esclarecer que, quando confrontamos energia inferior na intersecção, nós a processamos e a devolvemos para a Terra em uma forma purificada.

O que poderia acontecer à Terra nesse ponto de intercâmbio de energia elevada das dimensões? Uma previsão é o Armagedom: a energia da intersecção é tão intensa que nem todos conseguem processá-la. Essa energia elevada poderia criar um desequilíbrio, e as pessoas poderiam agir irracionalmente. Uma corrente de luz espiritual elevada pode criar problemas, confusão e caos entre as pessoas que não são capazes de assimilar essa energia. Dessa forma, as pessoas se tornam mais desequilibradas, e os líderes poderiam tomar decisões insensatas que poderiam levar a uma guerra. Se vocês possuem muita energia, mesmo que esta seja uma energia de luz da quinta dimensão, ainda podem ficar desequilibrados. A energia espiritual tem de ser proporcional, sendo assimilada e filtrada de modo que vocês possam lidar com ela.

Muitas pessoas não são espiritualizadas nesta Terra. Elas também serão expostas a essa intersecção das dimensões. Embora uma consequência possível pudesse produzir mais caos para algumas pessoas, outra consequência seria uma incrível ascensão. Seres como vocês, que estão preparados para interagir com a quinta dimensão e para viajar e se bilocar até ela, poderiam receber uma corrente de iluminação em massa. Novamente, destaco que muitos mestres e mentores também viajarão da quinta dimensão para a terceira dimensão durante essa intersecção.

Os Mestres Ascensionados Direcionarão Energia de Luz para os Lugares Certos

A intersecção durará de 20 a 30 minutos. Este pode parecer um período curto, mas os mestres ascensionados precisam considerar quanta energia a Terra pode suportar. Se a intersecção durar muito tempo, ela pode causar destruição no planeta e nos sistemas planetários. Vejo muitos pontos de virada e oportunidades para essa intersecção. Uma é em outubro, e outras são em 2019 e 2021.

E se vocês vivenciarem a intersecção e decidirem retornar para a Terra? Existe uma possibilidade de vocês sentirem uma enorme elevação, uma incrível sensação de iluminação, e vocês podem desejar proporcionar à Terra um novo nível de assistência. Lembrem-se de que alguns de vocês são seres da quinta dimensão que vieram para a terceira dimensão por uma série de razões, como para fazer observações científicas ou dar assistência à Terra. Devem existir pessoas que possam receber a energia espiritual e que saibam como usá-la e direcioná-la aqui para a Terra.

Um aspecto importante da intersecção das dimensões é direcionar e transmitir luz e energia espirituais aos seus devidos lugares. Há lugares nos quais vocês podem vivenciar a intersecção mais facilmente, por exemplo, nas escadas da ascensão, em pontos sagrados ao redor do planeta e perto dos cristais etéricos arcturianos. É necessário um núcleo de pessoas para direcionar e transmitir essa energia superior da quinta dimensão que está vindo para a Terra. É por esse motivo que digo que os mestres ascensionados vão participar dessa intersecção.

Essa participação também faz parte do que vocês conhecem como o primeiro contato com os seres superiores da quinta dimensão. Os mestres ascensionados podem ajudar a direcionar e interpretar o uso da energia espiritual e das forças espirituais. A Terra não possui uma liderança espiritual forte o suficiente para direcionar e utilizar essa energia para o benefício maior. Nós falamos sobre a vinda dos mestres ascensionados e o primeiro contato, porque eles são seres da quinta dimensão que são uma parte necessária dessa intervenção espiritual. Eles estão ajudando a providenciar uma escada para os seres de dimensões superiores virem para a Terra.

Meditação para a Luz da Intersecção

Por favor, visualizem neste momento as esferas bidimensionais intersectadas. Uma grande escada de luz está se abrindo. Conforme essa escada se abre, mestres superiores da quinta dimensão descem. Eles incluem os mestres das Plêiades e os arcturianos. Eles trazem corredores acelerados para ajudá-los a assimilar a intersecção de luz. Essa é a luz da ascensão, e ela também repara a Terra. Ela está pavimentando o caminho para uma comunicação mais aberta e direta entre a terceira dimensão e a quinta dimensão. [Entoa] "Oooohhhh, oooohhhh". A porta está aberta, e, acima de tudo, a interação começa entre as duas forças energéticas da quinta dimensão e da terceira dimensão.

Visualizem a si mesmos nessa intersecção. Vocês podem se projetar pelo pensamento até esse ponto. Vocês terão o poder de acelerar seu corpo da terceira dimensão, a fim de que ele assuma a forma da quinta dimensão, o que permite que vocês possam se bilocar. Tremulem pelo corredor de intersecção dimensional. [Canta] "Tatatatatatatatata".

Vocês podem sentir a pulsação mais elevada da sua aura em preparação para serem transformados pela intersecção. Nesse ponto da intersecção, sua aura começará a vibrar em uma velocidade extremamente alta. Sua frequência será elevada e responderá favoravelmente à luz superior que está vindo. Conforme essa mudança de frequência ocorrer, todos esses poderes, como a bilocação, serão elevados ao seu potencial máximo e além! Eu, Juliano, e o restante da minha equipe arcturiana estaremos na intersecção para ajudá-los e encorajá-los.

Capítulo 16

Ajudem a Ascensão da Terra
Juliano e os arcturianos

Cada um de vocês possui um papel especial para desempenhar na ascensão. Muitos de vocês encarnaram neste momento para participar e trabalhar com as energias da ascensão. De que forma vocês podem desempenhar melhor seu papel? Como vocês podem conduzir essa energia? É verdade que vocês e os mestres ascensionados estão participando da atração e da integração das energias da ascensão no planeta Terra. A ascensão poderia não ocorrer sem sua participação. Até mesmo religiões no seu planeta indicam que deve haver uma prontidão e uma receptividade para a energia superior integrar essa dimensão e interagir com ela. As energias superiores não se intersectam em um vácuo; elas se intersectam baseadas na energia da receptividade que está sendo estabelecida pelas sementes estelares.

Não quero que vocês tenham uma concepção errada de que a ascensão ocorre de maneira espontânea e por coincidência. Não! O processo e as energias da ascensão ocorrem por causa da participação das sementes estelares. Ao criar a força de atração, vocês e outras sementes estelares ajudam a encontrar um lugar para as energias da ascensão na Terra.

A Esfera de Influência

A esfera de influência é única para cada pessoa. Alguns de vocês possuem pequenas esferas de influência, e outros de vocês possuem grandes esferas de influência. Felizmente, isso não é uma competição. Em vez disso, vocês precisam reconhecer sua singularidade. Em alguns casos, a esfera de influência pode ser limitada a uma pessoa e seus animais de estimação. Em outros casos, uma pessoa pode liderar mil pessoas. Ou sua esfera de influência pode ser apenas sobre sua família. Sua esfera de influência poderia simplesmente ser sobre a área em que vivem e a luz que carregam.

Independentemente de sua esfera de influência, utilizem-na. Independentemente de sua esfera de influência, reconheçam-na e percebam que vocês estão desempenhando um papel importante em elevá-la. Conforme vocês se tornarem mais confortáveis com seu trabalho e consigo mesmos e aceitarem seu conhecimento como curadores planetários e trabalhadores da ascensão, sua esfera de influência crescerá. Sua fé e sua aceitação do seu papel, de quem vocês são e de quais são suas habilidades determinam sua esfera.

Vocês são discípulos da ascensão e da consciência superior. Como trabalhadores galácticos, vocês vêm a este planeta para ajudar. Vocês podem estar aqui para aprender a ter uma esfera de influência maior por meio de canalização, escrita, ensinamento ou ajuda aos outros. Isso tudo contribui para criar um grupo principal. Um campo energético cristalizador principal de uma série de pessoas cria a estimulação otimizadora da interação com a ascensão.

Consciência Superior

O segundo nível do trabalho de ascensão é a consciência superior e a evolução da humanidade. Referi-me ao nível seguinte como o homem ou a mulher ômega. Acredito que vocês e eu podemos concordar que não estamos vendo o protótipo mais elevado na Terra neste momento, com base nas dualidades, na polarização e nos conflitos que estão ocorrendo. Alguns líderes estão agindo de forma muito imatura e perigosa. As sementes estelares sabem que existe uma crise evolutiva na Terra.

A próxima etapa na evolução da humanidade é a expansão da mente da quinta dimensão. Lembrem-se de que as leis da quinta dimensão são diferentes das leis da terceira dimensão. Vocês podem achar que os opostos se atraem na terceira dimensão. No entanto, na quinta dimensão, a lei da espiritualidade declara que semelhante atrai semelhante.

Como vocês estão realizando um trabalho da quinta dimensão na Terra, isso atrairá pessoas com ideias semelhantes. Conforme vocês praticam isso, um número essencial de seres superiores como vocês está se unindo para criar o campo energético necessário para atrair a ascensão e facilitar a manifestação do ser ômega neste planeta. Que grande contribuição vocês podem fazer à ascensão! Quanto mais consciência da quinta dimensão existir, mais fácil será atrair a ascensão.

A nossa discussão com vocês, as sementes estelares, se concentra no desenvolvimento de quarenta grupos de quarenta ao redor do planeta. Cada grupo terá uma energia única, uma esfera de influência única. Ao mesmo tempo, cada grupo manterá a energia e a luz do Triângulo Sagrado, um paradigma mais elevado que ensina a unificação de três tipos de espiritualidade. A espiritualidade galáctica inclui a espiritualidade dos arcturianos e dos pleiadianos.

A Fraternidade Branca inclui os ensinamentos de mestres ascensionados superiores, como Sananda, Sanat Kumara, Arcanjo Miguel, Vywamus e P'taah. Ela também inclui todos os místicos orientais, como Buda e Quan Yin. Essas duas energias são combinadas com a energia dos povos nativos e sua contribuição única para se comunicar telepaticamente com o espírito da Terra. Esse paradigma criará uma unidade da consciência que ajudará a formar quarenta grupos de quarenta.

Esses grupos desenvolverão uma mandala especial de poder espiritual. É como uma força transcendente e alquímica cujo total é maior do que cada parte quando quarenta grupos de quarenta emergem, e 1.600 pessoas se tornam a base para a energia de ascensão essencial para este planeta. Na Terra, é difícil desenvolver unicidade e unidade espiritual em um grupo, portanto, quarenta grupos de quarenta surgirão como um aspecto importante da ascensão. A ascensão ajudará a elevar o campo energético do quociente de luz espiritual deste planeta.

Exercício da Aura da Terra

Visualizem a Joia Azul, a Terra, como ela é vista da Lua. Visualizem esse belo planeta com água suspenso no sistema solar. A Terra possui uma aura, assim como vocês. Vejam a aura da Terra. Ao verem-na, percebam uma pulsação ao redor dela. Essa pulsação vibra com grande energia em antecipação ao eclipse. A energia vibracional dos mestres ascensionados preenche a aura com luz e energia superiores, e o limite externo da aura da Terra começa a tremular. [Entoa] "Oooohhhh". A aura da Terra tremula com uma grande frequência, uma grande ressonância, principalmente conforme nos aproximamos da intersecção da quinta dimensão com a terceira dimensão.

Vejam a quinta dimensão como uma esfera se intersectando com a esfera da terceira dimensão. A Terra está dentro da esfera da terceira dimensão. As esferas da terceira dimensão e da quinta dimensão se intersectam de uma forma dinâmica e poderosa. Ficaremos em silêncio agora, enquanto vocês visualizam essa intersecção. [Pausa.]

Agora, visualizem que estamos sentados em um enorme círculo de luz acima do planeta Terra e a nossa luz – o nosso poder de atração – está trazendo luz da quinta dimensão. Conforme vocês estão sentados em seu corpo etérico nesse círculo, olhem para baixo e vejam seu corpo físico na Terra tremulando, vibrando e se preparando para ascender.

Esta é a era de uma nova profecia e uma nova compreensão espiritual para a Terra. Vocês fazem parte desse novo conhecimento e dessa nova percepção espiritual. Vocês estão livres, a qualquer momento, para se juntar a esse grande círculo de energia acima da Terra e vivenciar sua presença multidimensional como sementes estelares trabalhadoras da Terra e participantes da energia da ascensão em grupo. Alguns denominam essa energia acima da Terra de anel da ascensão, um halo de luz que interage diretamente com os mestres da quinta dimensão. Abençoo a cada um de vocês na luz da ascensão.

Capítulo 17

A Importância da Calibração Espiritual
Juliano e os arcturianos

Nós estamos muito cientes das mudanças radicais e bruscas que estão ocorrendo neste planeta. Talvez seja difícil para todos as integrarem. Essas mudanças incluem energias reativas da sexta extinção planetária que vocês estão vivenciando. Esta é uma crise evolutiva para os *Homo sapiens*.

A Terra está tentando se reequilibrar, e vocês estão vendo a reação a essas mudanças planetárias e cósmicas. Um dos pontos principais na biorrelatividade é que a Terra possui um sistema de ciclo de realimentação que apresenta uma oportunidade para a autorregulação – a capacidade de buscar homeostase, ou equilíbrio. O processo de homeostase é observado na ciência biológica até mesmo em amebas, nas quais o organismo unicelular sempre busca um equilíbrio.

Vemos a Terra como um ser vivo e espiritual, apesar de ser um planeta materialista, e os seres humanos não são vítimas das reações ou dos ajustes da Terra, mas, sim, participantes. A Terra percebe o que os seres humanos fazem e reage a isso. A Terra está muito ciente do fato de que existem 7 bilhões de pessoas em sua superfície e que as atividades são filtradas por meio de um sistema de ciclo de realimentação da Terra. É por esse motivo que iniciamos a biorrelatividade muitos anos atrás; sabíamos que esse seria um processo do qual os seres humanos poderiam participar.

Vocês todos estão cientes de regiões inundadas, como na Índia, no Paquistão e em Bangladesh, e a atenção também está voltada à região de Houston e ao Golfo do México, conforme mudanças radicais nos padrões meteorológicos estão ocorrendo, nos quais uma umidade sem precedentes se concentrou. Como vocês podem compreender essas mudanças e quais lições, se existirem, podem ser tiradas dessas terríveis tempestades?

Há diversos acontecimentos importantes no Golfo do México dos quais precisamos nos lembrar, como o derramamento de petróleo de um oleoduto há menos de uma década. Talvez isso seja apenas uma memória para alguns de vocês, mas foi um acontecimento significativo na história do *habitat* e do campo energético da biosfera do Golfo do México. Além disso, existe a zona morta ao redor do Golfo do México. Por que esse fato teria algum significado? Tudo está conectado. Não existem acidentes, e a tempestade no Texas especificamente [o furacão Harvey] não ocorreu de forma aleatória, mas, sim, como uma reação à tentativa da Terra de se purificar e se equilibrar.

Um aspecto da biorrelatividade se concentra simplesmente na observação de que a Terra está tentando se reequilibrar. No entanto, os seres humanos podem não se importar com essas tentativas. As pessoas não querem 1,2 metro de chuva em suas cidades. Esse não é um acontecimento desejável, mas, se vocês analisarem isso a partir de uma perspectiva maior, principalmente considerando a zona morta, poderia haver algum sentido no que está acontecendo com a Terra e no que continuará a acontecer, como nos oceanos, que correm risco de morrer. O Golfo do México também corre risco de morrer, e o espírito da Terra, Gaia, não deseja isso.

Um enorme cultivo de terra ocorre ao longo do Rio Mississippi, e os agricultores estão usando grandes quantidades de fertilizantes no solo, e alguns afluem ao Rio Mississippi. Isso inclui altas taxas de nitrogênio e de outras substâncias químicas e pesticidas usados na produção da agricultura na América (e certamente em outros países). O Rio Mississippi está repleto desses fertilizantes e dessas substâncias químicas, e eles são lançados no Golfo do México, onde acabam com o oxigênio na água. Uma zona morta é criada quando não existe água com oxigênio porque nenhuma vida pode existir.

O Golfo do México tem estado em uma crise, principalmente desde que um grande oleoduto explodiu [**nota do canalizador:** a explosão na plataforma Deepwater Horizon da BP, em abril de 2010], e tem lutado para recuperar seu equilíbrio, sua energia e seu fluxo meridiano desde esse acidente. A recuperação não tem tido um sucesso considerável. A liberação de fertilizantes e as zonas mortas criadas pelos derramamentos profundos de petróleo levaram ao declínio da energia de força vital no Golfo do México. Evidentemente, isso não está sendo relatado na grande mídia. Como a Terra reagirá?

Lembrem-se de que a Terra está ciente de tudo o que está acontecendo em sua superfície, e o Golfo do México tem desempenhado um papel importante na biosfera. Algumas das correntes oceânicas de diferentes partes do Atlântico passam pelo Golfo do México e percorrem a Europa e outros lugares. Grandes correntes passam pelo Golfo do México e poderiam levar quatro anos ou mais para completar seus ciclos ao redor do planeta. Os furacões recentes são, em parte, a reação da Terra à situação devastadora no Golfo do México e nos oceanos.

Existe uma grande quantidade de energia utilizada nas tentativas da Terra de se reequilibrar. Parte do reequilíbrio ocorre por meio das distribuições de correntes oceânicas e cursos de água. Porém, lembrem-se de que as tentativas da Terra de fazer isso nem sempre aparentam ser para o bem da humanidade.

Reservas Oceânicas de Luz

Quando a Terra reage, vocês podem aprender que um acontecimento não pode ser visto de forma isolada, mas, sim, como uma série de reações. A Terra e a humanidade ainda estão no estágio 1 do desenvolvimento planetário, o que significa que a Terra algumas vezes tem reações muito radicais e primitivas.

Alguns desequilíbrios são mais intensos do que descrevemos. Esse é um dos motivos pelo qual falamos com vocês sobre Fukushima. Nós percebemos que o perigo geral não era apenas para o Japão; os padrões de radiação entraram nas correntes oceânicas que se deslocaram ao redor do mundo. Essas correntes oceânicas percorrem a Austrália, o litoral da Califórnia, o litoral mexicano e até mesmo a América do Sul.

Temos realizado curas planetárias espirituais de biorrelatividade para filtrar a radiação, porém, torna-se mais difícil realizar essas técnicas quando existem zonas mortas no oceano. Existem zonas mortas em muitas partes dos oceanos ao redor deste planeta. Sendo assim, a filtragem não é a melhor escolha para a cura, pois não existe nada para filtrar, já que tudo está morto. No problema da radiação de Fukushima, vocês poderiam se concentrar em filtrar a radiação e trabalhar para assimilar ao redor as áreas oceânicas no Japão. No entanto, onde existem zonas mortas, isso se torna muito difícil. A existência de zonas mortas ao longo dos oceanos ainda é um segredo bem guardado.

Muitos de vocês têm se perguntado por que algumas das baleias ou dos golfinhos nos oceanos têm cometido suicídio. Quando as baleias ou os golfinhos nadam para essas zonas mortas, isso pode ser extremamente desorientador para o sistema nervoso deles. Isso cria padrões de pensamento inconstantes, tornando difícil para eles se reequilibrarem. Estou feliz em saber que existem alguns santuários em regiões do planeta, e certamente queremos apoiar o projeto Reservas Oceânicas de Luz [**nota do canalizador:** um projeto especial do Grupo de Quarenta para estabelecer santuários ao redor do planeta] o máximo possível, porque as reservas, por fim, se tornarão importantes para manter os oceanos vivos.

Calibrações Necessárias para Luz e Energia Espirituais

Outro tema importante é a calibração, e isso inclui calibração pessoal e planetária. A calibração se refere ao alinhamento de energias de fontes superiores. Essas energias precisam ser calibradas ou modificadas de uma forma que as energias inferiores na Terra possam aceitar e processar a energia que está sendo oferecida a ela. Quando comparamos a luz espiritual superior à eletricidade, para que a eletricidade seja útil, transformadores devem estar posicionados para diminuir a voltagem, de modo que ela possa ser processada e utilizada com segurança dentro de suas casas. Suas casas não conseguem suportar 5.000 volts de eletricidade. Ela precisa ser transformada, reduzida ou recalibrada para que suas casas possam processar a energia elétrica. Esse é o mesmo fenômeno com a luz espiritual e a energia espiritual e planetária. Sua capacidade pessoal de receber luz e energia é um fator essencial nesse processo.

A incapacidade de calibrar ou receber luz de alta frequência pode resultar em confusão e até mesmo em desorientação. Em alguns casos, as pessoas poderiam até mesmo se tornar sobrecarregadas e talvez desmaiar ou perder a consciência. É importante saber como está sua capacidade de receber energia, e também é importante para os mestres, incluindo os arcturianos, calibrar a energia que vocês recebem, a fim de que vocês sejam capazes de processá-la e utilizá-la. Não faz sentido algum transmitir um raio de luz de alta frequência para um grupo de pessoas que não consegue utilizá-lo.

Uma das discussões que estão ocorrendo no reino da quinta dimensão é que a Terra precisa de uma luz espiritual intensa e superior. No entanto, essa luz pode ser recebida na Terra? Existe uma necessidade de um imenso despertar e de uma transmissão de energia para que possa acontecer uma transformação em massa neste planeta. Ao mesmo tempo, reconhecemos que a humanidade não tem capacidade de receber essa luz superior.

Entre os 7 bilhões de pessoas neste planeta, ainda encontramos uma minoria de sementes estelares. Nós estimamos que existam 2 ou 3 milhões de sementes estelares na Terra neste momento. Esse número está aumentando, mas ainda é uma pequena porcentagem da população total. Evidentemente, é a habilidade delas de processarem luz que é o mais importante. Em nossa opinião, é melhor ter 1.600 sementes estelares extremamente talentosas (quarenta grupos de quarenta) que são ressonantes com as energias elevadas e que são trabalhadores de luz consolidados, trabalhando juntos para receber energia, do que ter 5 mil que estão dispersas e são incapazes de se concentrar em receber a energia espiritual e disseminá-la ao redor deste planeta.

Existe uma história desse conceito de calibração e de como usar a energia superior conhecida como a energia do Messias, ou a luz do Messias. Essa é uma luz de cura que trará um novo equilíbrio e uma Nova Terra para a humanidade. Ao longo da história das religiões ocidentais, tem tido muita discussão sobre a luz messiânica, e uma conclusão geral é que precisa haver um imenso compromisso de um grupo de pessoas que são "livres de pecados" e que podem receber e calibrar essa luz messiânica. Essa é uma luz transformadora que está acima de causa e efeito. Ela está acima do carma e pode remover instantaneamente muitos bloqueios cármicos. Muitos dos dramas e envolvimentos cármicos que vocês estão presenciando atualmente parecem intermináveis e não possuem solução aparente.

Pensem em quão difícil seria e que tipo de tecnologia seria necessária para separar a radiação da água. Havia o Dr. Emoto [**nota do canalizador**: autor de *O Verdadeiro Poder da Água*], que recebeu luz dos mestres ascensionados e aprendeu como purificar a água. Seus ensinamentos foram extremamente bem recebidos, mas ele não conseguiu produzir suas técnicas em massa. Purificar toda a água do mundo necessitaria de uma enorme transmissão de energia e luz, que, até este momento, não estava disponível. Para ter êxito globalmente, isso requer um método que possa superar a enorme crise nos sistemas de água deste planeta.

Profetas religiosos acreditam que existia uma necessidade de criar uma prontidão para receber e processar a luz messiânica. Na literatura cabalística, os rabinos falaram sobre os 36 homens especiais que mantêm a luz do planeta unida. Eles são homens ocultos. [**Nota do canalizador**: eles são referidos como Lamed Vovniks. *Lamed Vov* são as letras hebraicas que representam o número 36. A palavra "*vovniks*" soa como a palavra "*beatniks*", mas com o som "vov".] Eles eram pessoas especiais, sábias e espirituais que podiam deter e processar luz suficiente para manter este planeta unido. Atualmente, estamos em um momento em que 36 pessoas não são suficientes para manter a energia planetária unida. É por esse motivo que começamos a falar com vocês sobre as 1.600 pessoas especiais que teriam poderes para processar, receber e calibrar a luz da quinta dimensão na Terra.

Terra Espiritual

A Terra é um planeta espiritual. Essa afirmação pode surpreendê-los, dada a incrível maldade que vocês observam neste planeta. Muitas forças destrutivas estão sendo liberadas na Terra. Os governos também estão liberando forças destrutivas. Nós estamos particularmente preocupados com o efeito da crise política na Coreia do Norte e com a possibilidade devastadora de uma destruição nuclear neste planeta que não foi vista nos tempos modernos.

Aconteceram destruições em massa na Terra em momentos anteriores na história. Parte da destruição em massa foi acompanhada de extinções em massa. Vocês estão passando pela sexta extinção em massa. Ocorreram cinco outras extinções em massa, incluindo a mais famosa na história geológica, a extinção dos dinossauros. Esse foi um evento cósmico, e também ressalta o fato de que a Terra interage com o cosmo.

Não aconteceu nenhuma tentativa sistemática da Terra de lidar com os perigos das energias cósmicas que vieram a este planeta. Ignorar ou falhar em agir contra os eventos cósmicos que atingem um planeta faz parte do que denomino de estágio 1 do desenvolvimento planetário, no qual vocês são uma vítima ou estão simplesmente reagindo a eventos cósmicos. No estágio 2 do desenvolvimento planetário, vocês começam a reagir, assumir o controle e responder a eventos cósmicos, a fim de garantir a segurança do planeta. A Terra ainda está muito longe dessa resposta.

Uma observação de que a Terra é um planeta espiritual é a enorme quantidade de exploração e trabalho espiritual que ocorreu aqui. Sei que existem muitas diferenças nas religiões e que às vezes é perigoso falar sobre visões religiosas. No entanto, vamos deixar isso de lado e dizer que a proliferação de tantas religiões diferentes é um exemplo da luz espiritual e da liberdade que existem neste planeta. Muitas religiões têm oferecido perspectivas únicas que são criativas e esclarecedoras.

A Terra é uma zona de livre-arbítrio, e um dos motivos pelos quais os mestres ascensionados e outros seres de dimensões superiores estão interessados na Terra é por causa da perspectiva única e da liberdade daqui. Viver na Terra oferece a vocês oportunidades de despertares espirituais que são únicos neste planeta. Isso pode parecer surpreendente para vocês, principalmente porque destaquei que existem muitos planetas na galáxia, e alguns deles alcançaram uma sabedoria espiritual e tecnológica avançada. Ainda assim, existe algo único sobre a Joia Azul, e existe algo único sobre estar aqui.

Alguns mestres espirituais descrevem a Árvore da Vida, ou reencarnação, o Messias, o grande Tao e os seres de dimensões superiores que visitam a terceira dimensão. Estou apenas mencionando alguns exemplos. Com certeza, as revelações místicas que ocorreram neste planeta são impressionantes. Em um período muito curto na história dos *Homo sapiens* (nos últimos 3 mil anos, ou talvez 4 mil anos), foram feitas revelações místicas surpreendentes em relação à natureza da realidade e da consciência que estão ocorrendo na Terra atualmente. Sim, as pessoas no futuro vão olhar para a época atual e dizer que a Terra passou por um período terrível de potencial autodestruição. Será observado, nas gerações futuras, que a Terra quase se destruiu e quase destruiu a biosfera. No entanto, elas também olharão para trás e dirão que nos últimos 3 mil anos, e até mesmo atualmente, no século XXI, ocorreram muitas profecias.

Medo de Perder a Individualidade

Uma energia espiritual superior e mais intensa precisa ser trazida para a Terra. Ainda não existe um alicerce forte o suficiente para receber e processar essa energia aqui. Frequentemente tenho usado as palavras "ressonância espiritual". Precisa haver uma frequência ressonante espiritual na qual ambos os lados, a energia superior e a energia inferior, se encontrem tranquilamente e trabalhem juntos.

Um dos conflitos não resolvidos dentro dos grupos espirituais na Terra tem sido o medo de perder a individualidade. Em muitos casos, a história dos grupos espirituais neste planeta foi repleta de muito perigo e tumulto. Por exemplo, pessoas espiritualizadas, principalmente na Europa, muitas vezes hesitam em se juntar a algum grupo espiritual por causa do histórico político de energia em grupo durante os anos 1930 e 1940.

O uso indevido de energia em grupo por motivos espirituais também ocorreu durante a Idade Média, a época dos romanos, a época dos gregos, e assim por diante. Existe um medo de perder a individualidade quando vocês trabalham como um grupo ou entregam sua luz ou seu apoio e sua energia a um grupo ou líder que poderia abusar desse poder. Poderia haver uma hesitação agora de se unir espiritualmente de forma global. Cada cultura religiosa e experiência histórica poderia ser perdida em uma fusão.

Imaginem um indivíduo simbolicamente como uma gota d'água. Quando essa gota d'água se torna parte do oceano, a gota individual, então, perde sua identidade, porque ela se junta ao oceano maior. A gota d'água sente a imensa presença e a energia do oceano, e ocorre um grande sentimento de iluminação e de alegria. Para a gota d'água, não é realmente uma perda quando ela se junta ao oceano; em vez disso, é um ganho. No entanto, na perspectiva de uma mente pequena, a gota d'água perdeu sua individualidade, porque ela se juntou ao oceano.

Renunciar à individualidade por meio da fusão é um dos medos ao se juntar à consciência da unidade. Um dos grandes bloqueios na consciência da unidade é perder a individualidade. No entanto, existe uma solução, e parte dessa solução está relacionada ao que denomino de supereu ou superalma.

O Eu Multidimensional

Existem muitos níveis diferentes do eu, incluindo o eu multidimensional. Vocês são seres multidimensionais que existem em níveis diferentes. O nível mais evidente da experiência multidimensional vem durante o tempo dos sonhos, no qual vocês têm uma vida bem evoluída e ativa. Acredito que cada um de vocês reconheceria que suas vidas nos sonhos estão em uma dimensão diferente. No entanto, é muito mais difícil considerar que vocês estão tendo outra existência em uma nave estelar. Alguns de vocês até mesmo receberam informações de que são comandantes em uma nave estelar ou de que vivem em outro planeta.

Parte do motivo da dificuldade em aceitar seu eu multidimensional é que vocês estão vivendo em um conceito de tempo linear na Terra. Isso torna difícil para sua mente processar experiências multidimensionais. No tempo linear, vocês poderiam concordar e aceitar que, à noite, estão vivendo parcialmente no tempo dos sonhos. Durante o dia, vocês sabem que estão vivendo no tempo da Terra, e isso é aceitável para sua mente. No entanto, quando falamos sobre o eu multidimensional, também estamos falando sobre o futuro, o passado e os eus espaciais interdimensionais. Esse nível de experiência multidimensional pode se tornar muito confuso, pelo menos a partir da perspectiva linear da Terra.

Existem níveis diferentes do eu, incluindo o eu inferior, o eu mediano e o eu superior. O eu superior é capaz de trabalhar com esses conceitos multidimensionais e de se conectar com a energia da superalma, ou supereu. A superalma sabe como se conectar com o oceano cósmico. Usarei a analogia da gota d'água novamente: a gota d'água sabe como existir como uma gota e conhece as alegrias de ser uma gota. A gota d'água teve experiências nas plantas ou viajando ao redor do mundo, caindo do céu, e assim por diante. No entanto, a gota também tem a capacidade de uma conexão superior com o oceano. Nós podemos denominar esse aspecto da gota d'água (isso soa cômico) de supergota. A supergota é a parte superior da gota que sabe que faz parte desse grande oceano cósmico.

Assim também acontece com vocês. Vocês possuem esse supereu, que está muito acima das partes mundanas e materialistas de si mesmos. Ele possui a habilidade de consciência expandida. Aconteceram grandes momentos de revelação mística neste planeta que vieram da consciência expandida. Os místicos entraram em contato com suas superalmas e com seus eus cósmicos. Essa parte da superalma de vocês é capaz de sentir a energia cósmica e a consciência da unidade. Ela também pode ser descrita como uma consciência da unidade cósmica.

Abram-se para a Espiritualidade Galáctica

Um dos aspectos principais na calibração de energia espiritual para a humanidade é trabalhar com seus sistemas de crenças. Nos tempos antigos, seres de dimensões superiores fizeram visitas bastante constantes à humanidade. Elas foram registradas em textos bíblicos. Um dos encontros bíblicos mais famosos ocorreu com Ezequiel, por exemplo, mas também houve exemplos de encontros com seres de dimensões superiores no mundo asteca.

Os astecas interagiram com Quetzalcoatl, um ser de dimensão superior que atuava como um guia espiritual para grande parte da população asteca. Apesar de terem acontecido interações com seres estelares, as pessoas nesses tempos antigos tinham concepções limitadas de outros planetas, dimensões, sistemas estelares e da galáxia. Elas não tinham o sistema de crenças ou o conhecimento científico para processar esse universo maior.

Elas frequentemente se referiam a essas experiências com seres de outras dimensões como encontros com os deuses. Em seu sistema de crenças, os seres de outros planetas de dimensões superiores eram deuses. De que outra forma elas poderiam descrevê-los? Elas não podiam dizer que esses seres superiores vieram de outro planeta em Arcturus.

O sistema de crenças da humanidade foi recalibrado, e, atualmente, em sua sociedade moderna, existe um entendimento de outras dimensões e de outras partes da galáxia. Vocês podem corroborar as visitações; vocês podem corroborar o que é ter um primeiro contato. Vocês podem compreender que seres superiores vêm de outras dimensões. Vocês possuem um sistema de crenças atualmente que pode processar e interagir com seres de outras dimensões de uma forma razoável. No entanto, todos vocês sabem que existem pessoas neste planeta que não aceitarão seres de dimensões superiores.

Há pessoas que não estão calibradas para esse tipo de interação. Pode ser inimaginável para pessoas com mente fechada acreditar que Jesus esteve em outros planetas. É inimaginável para nós acreditar que a Terra é o único planeta que possui vida nesta galáxia. A Terra não é o centro desta galáxia ou deste universo.

As sementes estelares neste planeta podem aceitar o primeiro contato, e elas possuem uma capacidade de interagir com seres superiores. A consciência galáctica será aberta para a humanidade. A humanidade se abrirá para a superalma. Grandes ensinamentos já foram trazidos para este planeta nos últimos 2 mil a 3 mil anos. Agora é o momento de unir as energias desses ensinamentos e revelações místicas com a espiritualidade galáctica.

Quando vocês se abrirem para a espiritualidade galáctica, vão se abrir, então, para a tecnologia galáctica. Vocês vão se abrir à mente maior – à consciência expandida. Todos nós sabemos que existe uma grande necessidade de consciência expandida neste planeta.

Eu, Juliano, transmito a vocês o meu amor e as minhas bênçãos – uma bênção especial às pessoas que estão sofrendo com as mudanças radicais da Terra ao redor do mundo. Permitam que a luz ômega brilhe sobre sua consciência. Vocês são sementes estelares e estão aqui para manter essa luz superior, para calibrá-la. [Canta] "Oooohhhh". Recebam agora, com o máximo de suas habilidades calibradas, a luz superior de que necessitam e que podem assimilar.

Lembrem-se de que, na calibração, vocês recebem a luz de que necessitam e podem receber e processar as lições com sua capacidade máxima. Vocês estão recebendo apenas lições com as quais podem finalmente lidar. Sim, é verdade que vocês são pressionados em alguns momentos, mas, ao trabalhar com a energia calibrada, saibam que estão processando e lidando com todas essas coisas e que possuem recursos interiores para lidar de forma bem-sucedida com conflitos e desafios, até mesmo neste momento de crise planetária. Temos a missão de elevar a energia espiritual do planeta, bem como elevar suas energias espirituais pessoais.

Capítulo 18

Sons e Vibrações de Cura Sagrados

Juliano, os arcturianos e Arcanjo Miguel

O uso dos sons para alcançar a consciência superior é muito conhecido por todas as comunidades espirituais na Terra, bem como por toda a galáxia. Como podemos abordar esse tema do som e da vibração? Acredito que a melhor forma de analisar isso seja perguntando: o que veio primeiro, o som ou a luz? Existe uma discussão filosófica na física da Nova Era: uma árvore que cai na floresta faria um som se ninguém estivesse lá para ouvi-lo? Isso se refere à ideia de que a vibração sonora é uma interação com a mente humana. Sem a presença da mente humana, o som não seria ouvido.

Um outro paradoxo surge quando vocês falam sobre a luz como partículas ou ondas. Se a luz é partículas, então talvez vocês vejam pontos em vez de luz. Contudo, se a luz são ondas, vocês veem o movimento como uma unidade em vez de partículas individuais.

O som é como uma partícula que se mantém sozinha ou ele consiste na vibração das partículas? Isso nos conduz à pergunta simbólica e filosófica do que veio primeiro: o som ou a vibração? O que veio primeiro: a partícula ou a onda? O universo foi criado primeiro com o som, então defendo a posição de que o som precedeu tudo. A física moderna até mesmo tem um nome para o primeiro som: Big Bang. É com grande surpresa que lemos suas revistas científicas. Os cientistas modernos parecem concordar que podem explicar tudo o que aconteceu até o nanossegundo logo após o Big Bang. Tudo antes desse nanossegundo não se encaixa nas leis da física. Os cientistas dizem que sabem que houve uma explosão, mas eles não sabem como ela explodiu ou o que explodiu. Isso levanta a questão de quem ouviu a explosão. A resposta a essa questão é o Criador. O Criador providenciou a energia receptora interacional necessária para que o

Big Bang fosse ouvido, porque, naquele momento, não existia mais ninguém nesta realidade para ouvi-lo.

Isso nos conduz às palavras e aos sons e vibrações. Qual é a relação entre vibrações de som e luz? Na história da criação, em Gênesis, na Bíblia hebraica, vocês podem ler "no princípio", e, depois, que foram ditas palavras pelo Criador, e essas palavras foram "faça-se luz". Isso, novamente, indica a vocês que o som precedeu a luz.

A Psicologia da Cura pelo Som

A vibração do som é a base para a criação deste universo e desta dimensão. Isso tem grande significado para seu trabalho espiritual e seu trabalho consigo mesmos. Sei que muitas sementes estelares estão interessadas na cura pelo som e a estão estudando. Como um som ou tom pode curar? Para compreender isso, voltamos ao paradigma de que o som é uma vibração. Tudo no universo vibra. Nós podemos medir as frequências vibracionais de diferentes objetos. Existe até mesmo uma medida da vibração da Terra. Cada um de vocês também possui uma vibração de frequência que pode ser calibrada. Cada um dos seus órgãos possui uma vibração ou um som. Suas auras possuem vibrações e sons.

Eu estou feliz em informar que existe um som especial que ocorrerá na ascensão. Alguns têm se referido a esse som como a trombeta de Gabriel. Um motivo para essas palavras serem usadas é porque o som no momento será forte e estridente. O som da ascensão não pode ser descrito. Vocês nunca ouviram esse som anteriormente, mas, quando vocês o ouvirem, saberão exatamente o que ele é, e vocês e seu corpo responderão vibracionalmente a ele. Na verdade, o som pode alcançar as profundezas do seu campo energético em preparação para sua ascensão.

A psicologia da cura pelo som pode ser usada para destruir vírus, patógenos e bactérias no corpo humano. Vocês já ouviram falar sobre cantores de ópera que atingem a nota mais alta possível e estilhaçam taças. Existe uma tecnologia de cura pelo som que será desenvolvida neste planeta, semelhante ao princípio de um cantor de ópera que quebra uma taça com uma nota aguda. O tom, a frequência e a energia vibracional certos, emitidos por um curador, podem eliminar doenças.

Isso vai ainda mais fundo. Palavras ditas com a intenção e a energia certas podem curar. Muitos sabem, por meio do trabalho de cura quântica (especialmente o de Deepak Chopra), que a forma como um médico conversa com um paciente pode ter um efeito enorme no resultado do tratamento. Se o médico falar de forma positiva, esperançosa e com energia elevada, o paciente pode muitas vezes acessar os recursos internos para começar o processo de cura. Contudo, se o médico falar de uma forma desoladora e pessimista, o paciente, então, pode começar a gerar a reação oposta. As palavras e os tons podem ter uma influência enorme sobre a doença de uma pessoa.

Pensem sobre o trabalho de cura de Jesus. Em muitas das curas relatadas no Novo Testamento, Jesus simplesmente disse determinadas palavras, como "Que ele seja curado". Pronunciar essas palavras era suficiente para realizar a cura necessária.

Os Sons Sagrados da Língua Sagrada

O que é uma língua sagrada? Uma língua sagrada contém palavras pronunciadas de energia elevada que possuem poderes de cura incomuns e profundos. Palavras sagradas, quando pronunciadas com a intenção certa, possuem a capacidade de abrir chacras, mudar o campo vibracional da aura de outra pessoa e abrir e expandir a consciência de uma pessoa.

Duas línguas sagradas são o sânscrito e o hebraico bíblico antigo (ou clássico). Essas duas línguas são usadas em *O Livro do Conhecimento: As Chaves de Enoch*, de J. J. Hurtak. O sânscrito e o hebraico não são as únicas línguas que contêm sons sagrados. Todas as línguas os possuem. No entanto, essas duas línguas possuem especialmente sons sagrados que estão muito sintonizados com o campo energético da consciência superior e expandida. Elas possuem um histórico rico em energia espiritual e em expansão de consciência daqueles que as ouvem.

Uma habilidade importante na entonação e na escuta de um som com línguas sagradas é se concentrar na receptividade. A verdade é que duas pessoas podem ouvir sons sagrados, mas apenas aquela que for altamente evoluída responderá a eles. Isso é triste, mas é verdade. Aqueles que têm uma vibração inferior muitas vezes permanecem bloqueados e não são receptivos a esses sons sagrados. Por outro lado, aqueles como vocês, sementes estelares, buscam oportunidades de ativar e expandir sua consciência. Vocês são receptivos aos sons e tons superiores das línguas sagradas.

É especialmente eficaz meditar após ouvir um tom ou som sagrado. Tons e sons sagrados são usados para curar e purificar energia negativa. Os sons podem ser usados para purificar negatividade do seu campo energético. Por exemplo, imaginem ter entidades inferiores presas a vocês. Os sons podem efetivamente soltar os fios de conexão com elas, e vocês ficarão livres da negatividade delas.

Meditação Sonora

Eu começo esta meditação sonora com a palavra sânscrita "Om". Por favor, escutem esses tons e sons e permitam que eles vibrem em seu campo energético e abram seus chacras. [Canta] "Oooommmm, Oooommmm, aaahhh". Durante esse som de "aahh", quero que vocês visualizem a destruição dos patógenos em seu corpo, principalmente quando alcançamos a oitava mais alta. Além disso, visualizem a destruição dos fios de conexão indesejados em sua aura. [Canta] "Aaaa, aaaa". O primeiro som de "aa" pode ser visto como um desprendimento dos patógenos. Quando vocês pensarem no patógeno em seu sistema, pensem nele como temporariamente paralisado. Ele não será destruído até alcançarmos a oitava mais alta. [Ele canta "ahahahaha" diversas vezes e, então, alcança o acorde mais alto.] Permitam que os efeitos desse som e dessas vibrações removam do seu corpo os patógenos e outras energias indesejadas.

Agora, vamos usar o som para ativar seu terceiro olho. [Canta] "Ooohhh, eyeyey, ooohhhh". Agora, vou usar a palavra hebraica especial para ativar o chacra coronário. A palavra hebraica é "Atah". [Canta] "Ataaah, Ataaaah, Ataaaah, Atah, Atah, Atah". A palavra, de fato, significa "você". Nesse contexto, estamos nos referindo ao Criador. Cantando "Atah", vocês estão incentivando a luz universal a entrar em seu chacra coronário. [Canta] "Ataaaah. Ataaaah. Ataaaah".

Nós podemos trabalhar juntos para acelerar as vibrações da sua aura usando o som especial "ta, ta, ta". O som e a vibração são unidos usando "ta, ta". Visualizem sua aura no formato de um ovo cósmico. Vejam o limite externo do ovo como uma linha roxa e, então, combinem a velocidade de pulsação vibracional da sua aura a esse som.

[Canta] "Ta, ta, ta, ta, ta, ta, ta, ta, ta, ta". [Canta mais rápido] "Ta, ta, ta, ta, ta". [Canta mais rápido] "Ta, ta, ta, ta". [Canta ainda mais rápido] "Ta, ta, ta, ta, ta, ta". [Canta em vários volumes e velocidades] "Ta, ta, ta, ta, ta". Conforme sua aura acelera a vibração dela, em sua mente, ouçam o som "ta, ta, ta, ta, ta". [Canta em vários tons e velocidades.]

Outra frase sagrada em hebraico, "El na refa na la", pode ser usada para cura. Ela foi tirada da Bíblia hebraica. Moisés estava falando com a irmã dele, Miriã, que tinha desenvolvido lepra. Ele disse essas palavras, e ela foi curada. As palavras significam: "Por favor, Deus, cure-a agora". Nós podemos falar essa frase de cura tanto para homens quanto para mulheres. Mesmo para homens, ainda podemos usar essa frase por causa de sua vibração de cura rítmica. [Canta] "El na refa na la".

Conforme entoamos essas palavras, pensem em uma parte do seu corpo que possa estar precisando de uma cura inovadora. Visualizem a taça do cantor de ópera. Talvez exista alguma parte dentro do corpo que tenha um tumor ou uma inflamação. Rompam essa energia, de modo que ela seja neutralizada. Conforme pronuncio essas palavras, pensem sobre essa parte do seu corpo ou sobre todo o seu corpo em geral e recebam a energia vibracional. Ela irá para onde precisa ir. Essa energia vibrará sua aura.

[Canta] "El naaaa refaaaa naaaa laaaa". Há uma vibração rítmica quando essa frase é pronunciada rapidamente como um mantra. [Canta em diversos tons e velocidades] "El naaaa refaaaa naaaa laaaa, el naaaa refaaaa naaaa laaaa, el naaaa refaaaa, naaaa, laaaa, el na, el na, el na, refa, refa, refa, na, na, na, na, na, na, na, el na refa, el na refa na la". Permitam que a parte do seu corpo que necessita ser curada receba essa vibração agora. [Canta] "El na refa na la, el na refa na la, el na refa na la, el na, el na, el na, el na refa na la. El na, el naaaa, el na reeefa naaaa laa".

Vamos entrar em meditação novamente. Ouçam os sons de "el na refa na la" em sua mente enquanto meditam. [Canta] "El na refa na la". Permitam que a luz os cure agora em nome do Criador. El, por favor, cure tudo agora no planeta Terra. Cure agora a Mãe Terra, Gaia. [Canta] "El na refa na la", Gaia.

Agora, passamos para esta frase hebraica especial codificada: "Santo, santo, santo é o senhor dos exércitos". Ela é mais do que um hino; ela é mais do que apenas uma oração. Ela é pronunciada com a Oração Matinal ou a Oração de Pé no serviço religioso. Essas palavras são muito sagradas e, quando pronunciadas com a intenção certa, permitem que as pessoas entrem na quinta dimensão. Usamos esse termo para desbloquear os códigos de ascensão. Cada um de vocês possui os códigos de DNA para ascender. Isso faz parte da sua herança e da sua estrutura genética.

Para abrir ou desbloquear esses códigos, determinados sons e vibrações devem ser usados. Existem muitos motivos para isso. Há uma barreira de proteção ao redor do seu campo energético vibracional que está relacionada à ascensão. Vocês podem acessar essa energia durante momentos de emoções reduzidas. As barreiras da ascensão bloqueadas os impedem de responder a essas vibrações, principalmente quando vocês estão em uma vibração inferior. As pessoas com vibrações inferiores que têm ódio, inveja ou má intenção não conseguiriam usar esse som vibracional codificado ou responder a ele.

Vocês estão se preparando e praticando para a ascensão. Quando ouvirem esses sons codificados da oração Kadosh, deem permissão para a parte mais profunda da sua mente receber esses tons e sons. Permitam que essas palavras desbloqueiem os códigos de ascensão dentro do seu cérebro interior. As palavras usadas para desbloquear os códigos de ascensão possuem belos significados. "Kadosh, Kadosh, Kadosh" significa "santo, santo, santo", e "Adonai" significa "meu Senhor", um dos nomes sagrados de Deus. O termo "Adonai" também é uma palavra galáctica. É o nome de Deus usado pelos antigos hebreus e é usado por outras civilizações galácticas, como os arcturianos e os pleiadianos. A palavra hebraica "Tzevaoth" é traduzida como "corpo", o que é semelhante a um corpo de exército. No entanto, não estamos nos referindo a corpo como o exército militar; em vez disso, estamos nos referindo a corpo, ou grupo, de hostes angélicas. As hostes angélicas fazem parte do corpo dos anjos e mestres ascensionados que trabalham com Adonai.

Recebam estes sons. [Canta] "Kadosh, Kadosh, Kadosh, Adonaaaaiiii Tzevaaaaooooth. Kadosh, Kadosh, Kadosh, Adonaaaaiiii Tzevaaaaooooth". Entrem em meditação e permitam que esses sons desbloqueiem os códigos de ascensão dentro de vocês. [Canta] "Kadosh, Kadosh, Kadosh, Adonaaaiii Tzevaoth. Ooommm. Ooommm. Aummm. Aaaauuummmm. Ooommm. Krishna. Kriiiishna". Permitam que todo o carma desnecessário seja libertado agora.

Este período no qual estamos entrando agora é uma oportunidade para libertações profundas de densidade, de estagnação. Permitam que sua aura se liberte do que é desnecessário, do que está preso e do que talvez esteja carmicamente acumulado. Agora é o momento de se libertar.

Arcanjo Miguel Discursa sobre a Unidade

Meus queridos discípulos, trabalhadores da luz, trabalhadores da luz sagrada, estamos reunidos, como sempre, para encontrar o espaço sagrado e o som sagrado com cada respiração possível. Busquem a santidade, e vocês estarão realizando a preparação correta para a ascensão à quinta dimensão. Os nomes de Deus são sagrados por muitos motivos. Os nomes contêm tons vibracionais e energia que os ajudam a desbloquear os códigos de ascensão e se conectar com seu poder pessoal.

O nome sagrado que vou ensinar a vocês hoje é "Deus Todo-Poderoso, o Deus Todo-Poderoso vivo". Em hebraico, isso significa "El Shaddai Chai". Ouçam essas palavras, e vocês sentirão um grande poder, porque, em todo o trabalho de alma e em toda a cura planetária, torna-se necessário reafirmar seu poder. Vocês muitas vezes escutam Juliano falar sobre o poder arcano, que é uma medida de poder do pensamento. Para elevar seu poder do pensamento, vocês precisam do poder de El Shaddai Chai. Meditar sobre esse nome ajuda a obter poder pessoal. [Canta] "Ell Shaddaaii Chaaii. Ell Shaddaaii Chaaii. Ell Shaddaaii Chaaii. Ell Shaddaaii Chaaii".

Agora, vamos concluir com a combinação de Shalom com ênfase no som Om, porque Olam e Shalom são sons poderosos. Shalom significa muitas coisas, por exemplo, paz e união. Queremos nos unir com o mundo superior que está por vir (em hebraico, isso significa "olam haba"). Nós também queremos fazer parte do mundo superior aqui na terceira dimensão. [Canta] "Shaaalooomm. Shaaalooommmm. Shaaaalooommm".

Usem o som de Shalom como sua base para sentir a união com a quinta dimensão e com o mundo que está por vir. Unam-se com seu eu superior. Unam-se com a energia vibracional do seu eu multidimensional, e vocês também serão uma fonte de paz vibracional. Essa energia emanará de vocês.

Capítulo 19

Sobre a Árvore da Vida Planetária Arcturiana

Juliano e os arcturianos

A Árvore da Vida judaica possui diversos paradigmas poderosos para a cura pessoal. Em um nível pessoal, ela pode ser aplicada para o desenvolvimento da alma e até mesmo para o corpo físico. As atualizações arcturianas se concentram em uma missão arcturiana principal: acelerar e expandir a cura planetária. A Árvore da Vida Planetária Arcturiana é um mapa de como ajudar a reequilibrar o planeta.

A Cabala judaica oferece o conceito de reparação, *Tikkun* em hebraico, e os arcturianos o expandiram para *Tikkun Olam*, que é traduzido como "reparação do mundo". Então, de certo modo, essa expansão e aplicação da Árvore da Vida judaica em um sistema da Árvore da Vida Planetária faz muito sentido. Estou entusiasmado em discutir e promover o conceito de cura planetária por meio do sistema da Árvore da Vida.

O fato de ela ser denominada de Árvore da Vida Planetária [ver figura 19.1], em vez de simplesmente Árvore da Vida, é uma importante distinção. Até mesmo a chamei de nova Árvore da Vida da quinta dimensão usando os cristais etéricos arcturianos na Terra. A ideia é que as esferas interajam para ajudar a conduzir o planeta à quinta dimensão.

Conforme mencionado, acrescentamos duas esferas. Uma está na Cabala e é denominada de esfera do conhecimento. Essa esfera não estava atuando completamente neste mundo e, portanto, não era considerada uma esfera completa. Na Árvore da Vida Planetária Arcturiana, ela é uma esfera completa. A 12ª esfera é uma esfera interativa que representa a interação da Terra com a terceira dimensão e a quinta dimensão. Sendo assim, vamos revisar as esferas.

1
Monte Fuji
Energia indiferenciada
METATRON

3
Lago Moraine
Compreensão
ARCANJO MIGUEL

2
Bodensee
Sabedoria
CACIQUE ÁGUIA BRANCA

11
Istambul
Conhecimento oculto revelado
HELIO-AH

5
Vulcão Poás
Força, disciplina e julgamento para a Terra
SANAT KUMARA

4
Monte Shasta
Bondade amorosa e compaixão pela Terra
QUAN YIN

6
Montserrat
Energia messiânica sagrada, equilibrada e harmoniosa
SANANDA

9
Lago Taupo
Criação de lugares sagrados e cidades de luz planetárias
MARIA (MIRIAM)

8
Grose Valley
Criação da nova sociedade da Terra
MULHER BÚFALO BRANCO

7
Barrancas del Cobre
Energia de tremulação da 5ª dimensão na 3ª dimensão
TOMAR

12
Serra da Bocaina
Interação da Terra com a 3ª e a 5ª dimensões
JULIANO

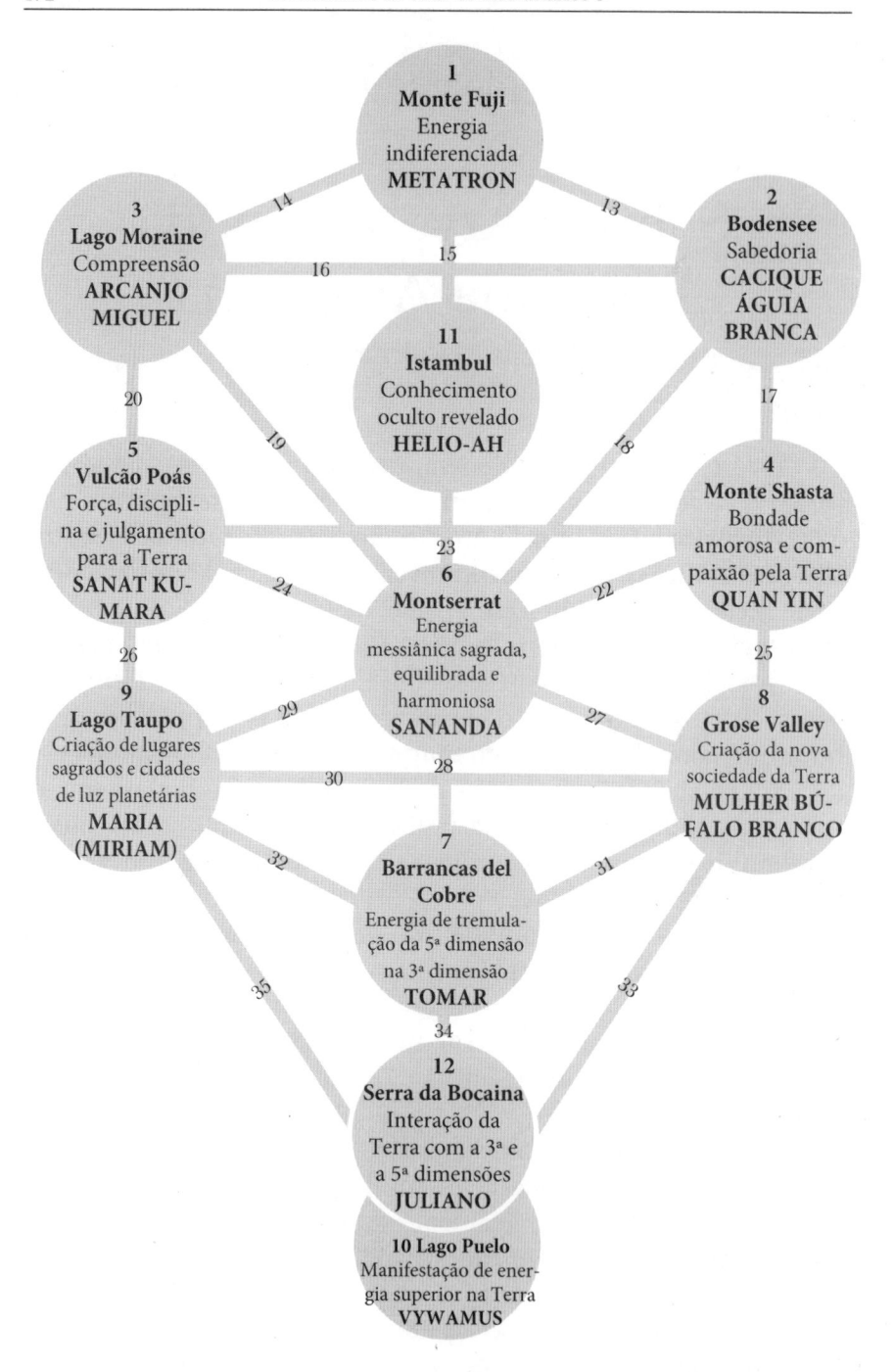

10 Lago Puelo
Manifestação de energia superior na Terra
VYWAMUS

Figura 19.1. A **Árvore da Vida Planetária** Arcturiana com caminhos numéricos:: cada esfera está associada a um guia espiritual e a uma localização sagrada.

A Tríade Superior

O topo da Árvore da Vida Planetária Arcturiana é denominado de luz cósmica indiferenciada. Essa luz interage e se relaciona com a energia cósmica. A capacidade mental normal da humanidade não consegue compreender totalmente essa energia cósmica altamente recarregada. [Relembrem o exemplo da eletricidade no capítulo 17, página 155. Assim como uma eletricidade altamente poderosa, a energia cósmica do topo da Árvore da Vida Planetária é tão poderosa que vocês não podem utilizá-la, a menos que exista uma forma de diminuí-la.

A luz cósmica indiferenciada oferece esse alto nível de energia no topo da Árvore da Vida Planetária, e, como mencionado, o Arcanjo Metatron é o guia espiritual. Na Cabala, o Arcanjo Metatron é considerado o príncipe dos arcanjos, e geralmente é descrito como mais próximo do Criador. Os arcturianos descreveram o Arcanjo Metatron como supervisor da entrada do portal estelar. O portal estelar é a estação transformacional pela qual os seres ascensionados da Terra passam em suas jornadas de alma para a quinta dimensão.

Após passar por essa estação, vocês terão a oportunidade de escolher ou serem designados a outro planeta da quinta dimensão. Discípulos que vão ascender deverão desbloquear diversos códigos para entrar no portal estelar. Essa esfera é representada geograficamente pelo Monte Fuji (1).

A segunda esfera é representada pelo lago alemão conhecido como Lago de Constança ou Bodensee (2). A energia espiritual dessa esfera é a sabedoria, e o Cacique Águia Branca é o guia espiritual. A sabedoria vem de uma energia que parece transcender o mundo da terceira dimensão e vem de um mundo de conhecimento superior. As pessoas dizem que a sabedoria tem origem na intuição, uma forma de conhecimento superior.

Ao contemplar a sabedoria, considerem a compreensão, a esfera oposta à sabedoria. A compreensão é o conhecimento que vem de experiências diretas no mundo da terceira dimensão (ao contrário de receber intuitivamente sabedoria de uma fonte transcendente superior) e os ajuda a usar a sabedoria. O local geográfico representado pela esfera da compreensão é o Lago Moraine, e o guia espiritual é o Arcanjo Miguel (3).

Essas três esferas formam o triângulo superior da Árvore da Vida Planetária Arcturiana. Vamos analisar mais detalhadamente essa tríade para aprender sobre sabedoria e compreensão em um nível planetário. Como devemos aplicar essa tríade na cura planetária?

A Mãe Terra possui uma sabedoria inata sobre como manter as coisas em equilíbrio. Existe um sistema de ciclo de realimentação planetário, e vocês precisam usar a compreensão e os estudos científicos sobre como trabalhar com o planeta para manter esse equilíbrio. Quando vocês usam técnicas de cura planetária, o que vocês intuitivamente sabem sobre a Terra? Pensem nela como um sistema inteiro. Muitos povos nativos fizeram isso. Essa sabedoria planetária precisa ser compartilhada e utilizada agora para reequilibrar a Terra. Como? Para a Terra sobreviver com vida dentro dela, devem existir pessoas que possam interpretar e comunicar essa sabedoria a todo o planeta.

A realidade é que a homeostase de que vocês necessitam para sobreviver de maneira tranquila na Terra está em perigo. Se a biosfera da Terra fosse destruída, o meio ambiente tranquilo da humanidade também seria destruído. No entanto, a Terra continuaria a viver. Se a biosfera continuar a se desestabilizar, a humanidade não sobreviverá, e os animais e as plantas vão continuar a morrer. Isso não significa que a Terra morrerá. A Terra possui a sabedoria para continuar. Acessem a sabedoria dela. Compreendam como os sistemas da Terra funcionam.

Algumas das correntes oceânicas estão em ciclos de 2 mil anos, principalmente aquelas da Antártica. Pensem sobre os ciclos curtos de correntes oceânicas e sobre o El Niño. Quando a água se tornar mais quente no hemisfério sul, ela influenciará o hemisfério norte cinco, seis ou sete meses depois. Vocês conseguem imaginar um ciclo oceânico de 2 mil anos? A humanidade não compreende totalmente os processos de correntes oceânicas deste planeta. Até mesmo o clima na Terra não é totalmente compreendido. Os cientistas meteorológicos não conseguem prever com precisão o clima um mês antes. Ainda existe muito debate em relação a como a mudança climática afetará o planeta e como será o clima no futuro.

Conhecimento Oculto

Na cura planetária, dizemos que deve haver um equilíbrio da sabedoria do planeta e de como seu conhecimento funciona. Na Árvore da Vida Planetária Arcturiana, a esfera do conhecimento está completa e ativa, e sua representação geográfica é Istambul, na Turquia (11). O nome expandido dado a ela é "conhecimento oculto revelado". Helio-ah é a guia espiritual. Ela é conhecida por seu trabalho com luz e energia holográficas e tem trabalhado nesse conhecimento oculto a partir da perspectiva holográfica.

Atualmente, o conhecimento oculto se relaciona ao misticismo das religiões da Terra. A história do misticismo está repleta de como aplicar práticas, teorias e conhecimento espiritual secretos na vida cotidiana. Na maioria das religiões e organizações, um adepto tinha de passar por testes rigorosos e disciplina para acessar o conhecimento oculto. Líderes espirituais não queriam que o conhecimento fosse usado indevidamente por motivos egoístas. Por exemplo, parte do conhecimento na Cabala ofereceu a vocês informações sobre como manifestar poder no mundo. Ditadores fascistas gostariam de ter esse conhecimento para poder dominar o mundo de forma egoísta.

No antigo Israel, o conhecimento mais elevado e mais poderoso era o nome secreto de Deus. Ninguém sabia como pronunciar o nome secreto de Deus, exceto o sumo sacerdote, e ele era pronunciado apenas dentro do templo, em uma câmara especial, em um dia santo especial. As outras pessoas não tinham permissão para ouvi-lo. O medo era de que quem aprendesse como pronunciar esse nome tivesse tanto poder que fosse capaz de controlar o mundo.

Atualmente, o conhecimento oculto está sendo revelado. Alguns de vocês sabem que os hopis, no Arizona, possuem cerimônias das quais as pessoas brancas não têm permissão de participar. Os hopis possuem cerimônias especiais e conhecimentos sobre como permanecer em equilíbrio com a Mãe Natureza. Alguns estão tentando ensinar o conhecimento oculto a outros de fora na Nação Hopi. Vocês estão em um momento em que precisam compartilhar cerimônias de cura que podem ser usadas para reparar a Terra. Essas cerimônias de cura hopis não devem mais ser mantidas em segredo. Da mesma forma, as energias e os ensinamentos da Cabala podem atualmente ser aprendidos em todo o planeta. Vocês podem ler informações sagradas sobre a Cabala que só estavam disponíveis a algumas pessoas até agora.

Bondade Amorosa e Julgamento

Bondade amorosa e compaixão pela Terra são representadas pelo Monte Shasta, na Califórnia (4). Quan Yin é a guia espiritual para essa esfera. Ela é a guia espiritual para a bondade amorosa e a compaixão. Ela é uma mentora e guia espiritual popular no mundo oriental. Existem muitas estátuas dela encontradas em muitos templos no Oriente.

Bondade amorosa, compaixão e misericórdia são todas necessárias para a cura planetária. As leis da natureza não são realmente compassivas. Considerem o comportamento de caça de um gato. Os gatos podem ser doces e amorosos com as pessoas, mas eles também podem ser caçadores ferozes e cruéis. Eles podem brincar com sua comida e fazer coisas cruéis com sua presa. Raramente existe compaixão no mundo animal: os caçadores atacam os fracos e mais jovens, e alguns animais que talvez vocês admirem podem ser muito destrutivos. Os elefantes podem ser bem destrutivos. Existem exemplos de compaixão entre os animais, mas, no geral, as leis da natureza são severas.

A esfera oposta à compaixão e à misericórdia na Árvore da Vida é de força, disciplina e julgamento, representada geograficamente pelo Vulcão Poás (5), um vulcão na Costa Rica. Essas esferas, de compaixão e de julgamento, são importantes na cura planetária. A Cabala diz que outros mundos foram criados, e alguns deles falharam. Por quê? Alguns foram descritos como muito julgadores e severos. Em mundos julgadores e severos, até mesmo pequenas infrações poderiam resultar em morte. O oposto, um mundo que tem muita misericórdia ou compaixão, seria muito tolerante. Punições até mesmo para infrações graves, como terrorismo, seriam leves.

Eu acredito que o planeta Terra é muito compassivo. A humanidade explorou e abusou da Terra de muitas formas, e a Terra permitiu isso sem retaliação ou punição. Um planeta pode responder de maneira severa e julgadora à exploração de seus recursos. As religiões primitivas da Terra adotavam deuses da terra que reagiriam de forma severa às ações negativas da humanidade. Se a humanidade continuar a destruir as florestas tropicais e a poluir os oceanos, então, possivelmente a Terra pode responder para interromper a exploração.

Se a Terra é capaz de responder, por que ela tem sido tão compassiva em relação à humanidade? Por que a Terra não se opôs ao abuso da humanidade? Muitas pessoas previram mudanças na Terra e acontecimentos de fim dos tempos por causa do abuso da humanidade. A Terra poderia julgar a humanidade e responder com uma punição severa. O julgamento implica punição. O julgamento planetário é realizado para obter equilíbrio.

No conceito planetário da Árvore da Vida, sempre buscamos o equilíbrio. A Terra está desequilibrada. Isso é óbvio. A destruição do meio ambiente e da biosfera e a contaminação do planeta são exemplos de desequilíbrio. Grandes mudanças virão com base no julgamento. As tempestades têm sido mais fortes, e os terremotos, mais frequentes. Uma resposta mais forte poderia ser considerada um julgamento da humanidade. Um acontecimento violento que mudará a Terra fará com que a humanidade mude seus hábitos para viver mais em equilíbrio? Talvez a Terra precise ter um julgamento expressivo contra a humanidade para despertar todos quanto aos perigos.

O centro da Árvore da Vida é conhecido por deter a energia messiânica. O local geográfico sagrado que representa essa esfera é Montserrat (6), na Espanha. Montserrat é uma pequena cidade ao norte de Barcelona, que é como um santuário sagrado. Ela é considerada o lar de Mãe Maria. Existe uma estátua negra especial de Mãe Maria nesse local, em uma linda igreja.

Montserrat representa a luz messiânica e a harmonia, bem como o equilíbrio. A luz messiânica possui a capacidade de trazer equilíbrio e harmonia para o planeta. Esse equilíbrio poderia ser imposto por um salvador, e, por essa razão, o guia espiritual dessa esfera é Sananda, ou Jesus. A ideia do Messias tem estado presente nas religiões ocidentais há muito tempo. Em um nível planetário, a entrada do Messias na terceira dimensão significa o retorno à harmonia e ao equilíbrio no planeta. Isso seria uma notícia bem-vinda. Vocês ficariam todos entusiasmados se alguém de fora pudesse trazer essa energia de cura para a Terra. Existem diversas teorias sobre o motivo de isso ainda não ter acontecido. Um deles é que um desenvolvimento cármico é necessário para todos aprenderem com seus erros antes da chegada do Messias. Se o Messias fosse trazido precipitadamente, isso, então, retiraria seu carma.

A Nova Sociedade Justa

Uma nova ideia planetária é que vocês precisam implementar um mundo com uma nova sociedade justa. O que é uma nova sociedade justa? Como ela seria? Em uma sociedade justa, vocês viveriam em um mundo favorável ao meio ambiente. Haveria regulamentações para garantir que não houvesse poluição. As pessoas com sabedoria superior e consciência expandida não desejariam causar danos ao planeta. As necessidades de todas as pessoas seriam atendidas. Não seria uma sociedade de ricos e pobres ou de exploração. Pode existir uma sociedade baseada em princípios mais elevados, e vocês podem denominá-la de nova sociedade justa.

A esfera da criação de uma nova sociedade justa foi geograficamente designada como Grose Valley (8), um parque nacional australiano a cerca de duas horas de Sydney. Essa é uma área repleta de luz poderosa. A Mulher Búfalo Branco é a messias feminina na mitologia e nas lendas dos nativos americanos. Ela é a restauradora da ordem para reequilibrar a natureza. Ela garantirá proteção superior e tutela dos recursos do planeta.

Para um planeta se curar e se reequilibrar, a sociedade deve ser justa. Uma maioria de pessoas deve viver de uma forma que esteja em harmonia e equilíbrio, e os recursos do planeta devem ser respeitados. Acredito que cada um de vocês deva ter seu próprio conceito de como seria viver nessa sociedade justa. Essa sociedade justa existe na quinta dimensão. No entanto, vocês precisam implementar essa sociedade justa na terceira dimensão. São necessários um guia espiritual poderoso e uma figura poderosa para implementar a sociedade justa na Terra. Neste momento, existem líderes que não vão querer renunciar ao poder para ter uma sociedade justa. Contudo, haverá uma luz espiritual forte vindo para a Terra, e as pessoas perceberão uma forma de implementar um novo equilíbrio de justiça.

Na Árvore da Vida cabalista, os sábios falam sobre resistência ou vitória. Os sábios reconheceram que seria necessário um líder forte para tornar essa nova sociedade justa uma realidade. Isso também é denominado de vitória na Árvore da Vida. A esfera oposta à resistência na Árvore da Vida Planetária Arcturiana se concentra na criação de caminhos sagrados e cidades de luz planetárias. A guia espiritual dessa esfera é Mãe Maria (9). Essa esfera geograficamente é o Lago Taupo, na Nova Zelândia, que representa a criação de lugares sagrados e cidades de luz planetárias.

Um dos principais ensinamentos arcturianos é o da cura planetária e da Árvore da Vida Planetária. Uma sociedade justa é necessária para trazer harmonia aos recursos do planeta. As cidades de luz planetárias e os lugares sagrados também são necessários. A ideia do projeto das cidades de luz planetárias é criar mais cidades sagradas que viveriam em uma consciência expandida e superior. Esse é um conceito da cura planetária.

Maria está em seu novo papel como guia espiritual planetária, supervisionando a santidade na Terra. Ela tem um grande amor pelo planeta Terra e pelo retorno dos lugares sagrados. Nos ensinamentos nativos, os lugares sagrados são altamente estimados, e os povos nativos se esforçam para proteger os lugares sagrados em todo o mundo.

Tremulação e Equilíbrio

A esfera seguinte é representada geograficamente pelas Barrancas del Cobre, no México (7). Essa esfera representa o conceito da base, que mantém as energias da quinta dimensão na terceira dimensão. O guia espiritual dessa esfera é Tomar, um mestre do templo arcturiano. Essa esfera também explica a técnica de cura planetária arcturiana conhecida como tremulação. A tremulação acelera a aura, permitindo que uma pessoa ou um lugar interajam com as dimensões superiores. Para interagir com uma dimensão superior, vocês devem fazer com que sua aura alcance uma vibração superior. As Barrancas del Cobre, de fato, são maiores do que o Grand Canyon no Arizona e não foram superdesenvolvidas. É difícil chegar até elas, e existem poucos hotéis ou recursos turísticos. Esse cristal foi identificado pelos arcturianos como diretamente relacionado a um de seus sistemas planetários superiores denominado de planeta lunar Alano.

A esfera da base representa a interação da Terra com a terceira dimensão e a quinta dimensão, e eu, Juliano, sou o guia espiritual (12). Essa é a nova esfera não relacionada a alguma das esferas cabalísticas na Árvore da Vida judaica. Haverá uma ascensão, que ajudará a elevar a Terra a uma vibração superior. A intersecção da terceira dimensão e da quinta dimensão elevará a vibração de todo o planeta. Vocês estão vivendo em um período de maior percepção de outras dimensões. Em um nível planetário, precisamos equilibrar a Terra e reconhecer e tremular muitos lugares diferentes neste planeta, trabalhando com eles. Regiões que foram tremuladas podem se intersectar mais facilmente com as dimensões superiores.

A esfera seguinte na Árvore da Vida Planetária Arcturiana também está na base da árvore. Essa esfera representa a Terra na terceira dimensão. Nós designamos diversos guias espirituais a essa esfera (10). Um deles é o Fogo Espiritual, uma mestra ascensionada nativa americana. Também designamos Vywamus, um guia galáctico da quinta dimensão conhecido por sua experiência em psicologia da alma da Terra. O Lago Puelo, na província conhecida como Patagônia, ao sudoeste da Argentina, é a representação geográfica dessa esfera. O Lago Puelo pode trazer luz superior da quinta dimensão ao planeta e estabilizar e manter a luz superior na Terra.

Trabalho dos Caminhos na Árvore da Vida

Eu quero fazer uma rápida revisão do trabalho dos caminhos na Árvore da Vida, porque, quando vocês estabelecem uma cidade de luz planetária, também aceitam a responsabilidade de cura e de desenvolvimento planetários. Sendo assim, todas as cidades de luz planetárias participam de uma rede com outras cidades de luz planetárias. Isso significa que elas se apoiam e trabalham juntas para o planeta. Isso não ocorre apenas para melhorar a região da cidade de luz planetária, mas também para fazer uma contribuição a todo o planeta.

Lembrem-se de que cada cidade atua para trazer uma cura para todo o planeta. Cada região possui uma energia especial que pode conceder ao projeto de cura planetária. Isso ajuda a noosfera planetária, ou o subconsciente subjetivo coletivo e os campos de pensamento coletivos da Terra. Ao se conectar com a rede das cidades de luz planetárias, vocês criam mais energia arcana, uma energia muito mais poderosa do que poderiam gerar individualmente.

Essa é uma informação contextual para compreender o trabalho dos caminhos que descrevi, que é um conceito complicado. Se o explicarmos de forma simples e vocês puderem aceitá-lo, vocês verão que ele tem um grande potencial para acelerar e amplificar o trabalho de cada cidade de luz planetária. Uso Sant Pere de Ribes, na Espanha, como um exemplo, por causa das energias e da clareza pelas quais Sant Pere de Ribes aceitou sua missão e trabalhou com ela. Essa cidade de luz planetária compreendeu e aceitou um modelo de ensino. A missão que ela aceitou foi a nova sociedade justa.

A nova sociedade justa é uma experiência visionária de como seria uma cidade de luz superior na quinta dimensão. Algumas vezes essa visão de uma cidade de luz na quinta dimensão tem sido chamada de Shambhala. Assim, a cidade de luz da quinta dimensão possui determinados princípios pelos quais opera. Alguns desses princípios são etéricos. Nós falamos sobre ter uma luz branca ao redor de uma cidade de luz planetária para que apenas as pessoas com energia superior possam adentrá-la.

No entanto, existe também um outro conceito que designei como a nova sociedade justa, na qual a justiça social, o bem-estar e a igualdade se desenvolvem. Referi-me carinhosamente ao trabalho do Cacique Águia Branca (e de outros nativos americanos da América do Norte e da América do Sul), que fez esta linda declaração: "Nós somos irmãos e irmãs". Essa simples declaração engloba a ideia da nova sociedade justa, porque, quando vocês veem todos em sua cidade como irmãos e irmãs, os tratam com respeito, muito cuidado e amor.

Eu sei que este é um momento difícil na Terra, com caos social, polarização, crises de refugiados e imigrantes, e assim por diante. Existe uma forma de tratar as pessoas como se elas fizessem parte da família. Vocês não maltratariam sua família. Isso é importante quando observamos a relação entre as cidades de luz planetárias e a Terra. Lembrem-se de que estamos trabalhando com o Triângulo Sagrado, portanto reunimos os ensinamentos dos nativos americanos. Como esses ensinamentos se relacionam à sociedade justa e à cura planetária? Os nativos americanos dizem que a Terra é sua mãe, e vocês devem respeitar sua mãe. Vamos analisar o que significa ter uma relação boa e respeitosa com a Terra.

A nova sociedade justa significa que todos os habitantes são tratados como irmãos e irmãs, e a Terra física – os rios, as árvores, os jardins, o ar, os oceanos – é tratada com respeito, assim como vocês tratam suas mães. Uma coisa é falar idealisticamente sobre a nova sociedade justa, mas outra coisa é manifestá-la e trabalhar com ela.

Eu sei que isso é complicado. Sei que existem muitos problemas. Vocês (principalmente na Europa) estão lidando com alguns problemas muito complexos ao estabelecer a sociedade justa, mas devemos introduzir esse conceito. Devemos introduzir os ideais, porque toda mudança vem de visualizações avançadas e de trabalho avançado em formas-pensamento.

A Terra possui os recursos, e vocês possuem os recursos para trabalhar juntos como irmãos e irmãs. Vocês possuem os recursos para tratar seu espaço sagrado não apenas como uma sociedade justa, mas também como uma sociedade que respeita a Mãe Terra conforme manifestado em sua cidade de luz planetária.

✶✶✶✶

Resumindo, a Árvore da Vida Planetária Arcturiana trabalha a fim de manter as energias da Terra em um novo equilíbrio. Todas as doze esferas são representadas por diferentes lugares sagrados na Terra. Interagir com esses lugares sagrados pode ser usado para a cura planetária. A Árvore da Vida também é um paradigma que pode explicar a mente de Deus. Ela também pode ser aplicada para seu corpo físico ou psicológico, e agora os arcturianos a atualizaram especificamente para a cura planetária.

Uma parte que necessita de mais desenvolvimento e assistência é a explicação de como os caminhos entre as esferas são usados para a cura planetária. Na Árvore da Vida judaica tradicional, existem 22 caminhos, e cada um é representado como uma linha. O caminho explica como progredir de uma esfera para outra e como ir de um lado para o outro. Os 22 caminhos estão relacionados às 22 letras do alfabeto hebraico e, coincidentemente, às 22 cartas dos arcanos maiores no tarô. O tarô oferece uma forma de explicar como conectar os caminhos a cada esfera. Por exemplo, os curadores planetários podem explicar o caminho entre a compaixão planetária e a justiça planetária. Seria possível aplicarmos cidades de luz planetárias para trabalhar em direção a cada caminho.

Capítulo 20

Novas Ferramentas Espirituais para a Ascensão

Juliano e os arcturianos

Nós vemos a Árvore da Vida Planetária como uma nova ferramenta espiritual para sua ascensão. O motivo pelo qual usamos a palavra "nova" é porque este é um período desconhecido na expansão e no crescimento da comunidade espiritual neste planeta. Mudanças estão ocorrendo rapidamente em todas as áreas da terceira dimensão. Vocês estão se aproximando da intersecção da terceira e da quinta dimensões, e, conforme chegam mais perto dela, precisam ser flexíveis e usar todas as suas habilidades para se ajustarem e se transformarem. No entanto, como a energia é nova e a transformação é complexa, novas ferramentas são necessárias.

Novas ajudas e ideias espirituais são requeridas em seu trabalho como curadores pessoais e planetários. Por que novas ferramentas são necessárias? Observem as descobertas sendo feitas no mundo científico. Existem novos entendimentos sobre o sistema solar, o Sol Central e o caminho giratório no qual o sistema solar está, que o conduz ao redor do centro da galáxia. Essas descobertas proporcionam novas perspectivas. Igualmente importante é o conceito de que campos energéticos envolvem cada pessoa e o planeta.

Desde os tempos antigos, as pessoas têm conhecimento de que auras envolvem a Terra e cada pessoa. No entanto, conceitos que surgiram no mundo científico incluem luz coerente, entrelaçamento e transformação quântica. Esses novos conceitos foram descobertos junto a descobertas físicas que permitiram à ciência avançar expressivamente na nanotecnologia e na física quântica. Algumas ideias na nova física têm relevância para as ferramentas espirituais que utilizamos e ensinamos. A ideia principal é como transferir e transmutar o físico em espiritual e como se identificar com seu eu multidimensional.

A Árvore da Vida Planetária Arcturiana é uma ferramenta complexa em expansão que oferece muitas dádivas àqueles que buscam uma transformação pessoal e planetária. Vocês sabiam que a Árvore da Vida Planetária Arcturiana também contêm códigos-fonte e raízes básicas de todas as religiões do planeta? Por exemplo, a união das forças espirituais neste planeta expressada pelas diversas religiões é representada nela.

Vocês possuem o conceito de Mãe Divina e Pai Divino. Se vocês observarem as três esferas no topo da Árvore da Vida Planetária, encontrarão o Pai Divino representado na segunda esfera e a Mãe Divina na terceira esfera. O Tao, ou o grande desconhecido (aquilo que é totalmente incognoscível), está no topo e é expresso em dualidade como a Mãe Divina e o Pai Divino. A Mãe Divina e o Pai Divino se unem. É verdade que a separação deles levou a uma polarização planetária. Essa dualidade levou a uma ênfase excessiva na energia masculina. Cada esfera e cada caminho possuem características positivas e negativas.

O Conflito entre Liberdade e Restrição

A Árvore da Vida expressa bem o dilema planetário que a Terra está enfrentando atualmente. Existe uma necessidade de supervisionar, controlar e limitar o uso de recursos. Essa restrição entra em conflito com o desejo de usar livremente os recursos da Terra, e esse conflito está no cerne da sua crise planetária. Se os seres humanos continuarem usando os recursos do planeta de forma descontrolada, a crise, então, continuará, e consequências terríveis acontecerão. Isso é simples assim.

A fim de diagnosticar o estágio de desenvolvimento de um planeta, temos aplicado esse modelo da Árvore da Vida Planetária em nossas viagens por toda a galáxia. Para cada planeta, avaliamos o equilíbrio entre o uso dos recursos e seu controle e sua retração. A Árvore da Vida Planetária pode ser usada como uma ferramenta de avaliação para o progresso planetário. Em termos mais simples, poderia ser a energia masculina contra a energia feminina. Nós analisamos se uma energia está dominando, e, se ela estiver excessivamente dominante, diagnosticamos que o planeta está desequilibrado.

Na Árvore da Vida Planetária, designamos duas esferas para os conceitos de sociedade justa, energias sagradas e lugares sagrados.

A ideia de lugares sagrados é feminina. Ela é representada pela guia espiritual conhecida como Mãe Maria. Mãe Maria representa a luz feminina que protege, nutre e honra a beleza e a santidade. No entanto, a beleza e a santidade estão sendo perdidas na Terra, então há necessidade de mais lugares sagrados. De muitas formas, a energia sagrada é mística porque uma sensibilidade espiritual é requerida para compreender e sentir isso. As pessoas que são espiritualmente fechadas passam por regiões sagradas e não sentem nada. A energia sagrada vem do coração. Os seres humanos, em geral, têm fechado seus corações para a Mãe Terra. Estou falando especificamente daqueles que estão no poder e no controle dos recursos na Terra.

Os nativos americanos têm tentado proteger áreas como Standing Rock. Eles estão ensinando ao mundo sobre a santidade dos cursos de água e suas reservas e sobre o desejo de proteger um meridiano poderoso. Eles não possuem os recursos para combater aqueles que querem explorar os recursos do planeta. Eles precisam que outros grupos espirituais os ajudem.

Mãe Maria pode abrir as energias do coração das pessoas ao redor do planeta. Quero que os nativos americanos aproveitem a energia de Mãe Maria. Ela é um raio de luz para milhões de pessoas. Sua energia e sua luz poderiam imediatamente influenciar muitas pessoas e criar um movimento de grande emoção e energia do coração. A Árvore da Vida Planetária ensina que a chave para a santidade está na energia do coração. Os seres humanos devem abrir suas energias do coração para a Terra. Até mesmo as pessoas que estão endurecidas e estão explorando a Terra muitas vezes voltam atrás e respondem a Mãe Maria.

A Intervenção Messiânica é Miraculosa

Jesus é representado no centro da Árvore da Vida Planetária. Essa posição é um ponto de grande equilíbrio e harmonia. A questão fundamental para curar este planeta consiste em como uma nova harmonia ou um novo equilíbrio podem ser criados. Na Árvore da Vida Planetária, designamos esse equilíbrio como a energia messiânica. Essa palavra tem muitas conotações na religião, mas a ideia básica é que um líder de poderes extraordinários retornaria ao planeta e imediatamente criaria um novo equilíbrio. O Messias equilibraria as energias do masculino e do feminino. O Messias corrigiria todos os desequilíbrios e incutiria harmonia com base no princípio de compaixão com justiça. O Messias ajudaria a criar uma nova sociedade justa, incluindo a energia sagrada e a luz sagrada. O que é extraordinário é que essa nova energia já existe na Árvore da Vida Planetária.

A energia do Messias não vem de fora, mas, sim, de dentro da Árvore da Vida e dos sistemas que já existem neste planeta. Isso tem que ser dessa forma, porque a luz do Messias deve ter origem no seu campo de pensamento. A energia do Messias já está no seu inconsciente coletivo e no inconsciente coletivo do planeta. É o mesmo caso do inconsciente coletivo e dos seres extraterrestres que vêm a este planeta. Essa ideia está profundamente arraigada no inconsciente coletivo da humanidade. Isso já ocorreu antes – ou seja, extraterrestres visitaram a Terra, e as memórias e experiências dessas visitas estão contidas nas memórias ancestrais de muitos povos diferentes em todo este planeta. Assim também é com o Messias.

A luz messiânica está incorporada nas religiões ocidentais, certamente, mas vocês precisam ver o Messias em termos das novas ferramentas para a ascensão. Vocês precisam ver essa luz como o tipo de energia que pode corrigir e equilibrar a Terra. Analisando a situação do mundo na terceira dimensão, acredito que possamos concordar que as coisas estão tão desequilibradas que não parece que uma intervenção lógica possa corrigir tudo. Vamos usar a radiação como um exemplo.

A radiação tem permeado os oceanos e a atmosfera, e existem altos níveis no solo. Esses níveis de radiação nunca estiveram presentes por um período estendido na história deste planeta. Agora, a radiação afeta todas as plantas e animais. A poluição do ar está bloqueando parte dos raios solares, e vocês têm visto imagens de como é viver em Pequim ou em outras cidades extremamente poluídas.

A luz do Sol oferece nutrição e energia preciosas para as plantas e os animais, incluindo os seres humanos. Toda vida possui necessidades básicas para assegurar a saúde, e uma delas é a luz do Sol clara e pura. Sei que isso pode soar estranho e talvez óbvio, mas a luz do Sol clara não está mais disponível em todo o planeta. A poluição bloqueia parte da luz do Sol. Esse bloqueio tem efeitos enormes sobre o sistema imunológico humano. Ele tem efeitos enormes sobre as plantas e os animais em todo o mundo e sobre o oceano. O oceano requer uma luz do Sol clara, e não a luz do Sol difusa por causa de poluentes e de contaminação.

Tudo pode ser corrigido. Mas por meio de qual método? Qual método separa a radiação do solo? Qual método remove os poluentes dos oceanos? Como vocês podem recuperar a saúde da vida vegetal e animal? A reposta para essas perguntas é que a intervenção messiânica é milagrosa. Não existe uma explicação racional, porque os poderes messiânicos vão além da razão. Os poderes de cura do Messias vão além da lógica.

O que Está em Cima é Como o que Está Embaixo

A Árvore da Vida Planetária indica que precisa haver um equilíbrio cármico nesta vida e em outras vidas. Ela indica que vocês devem equilibrar as forças na Terra com esses níveis superiores. A interação de níveis superiores com níveis inferiores é importante no entendimento da Árvore da Vida Planetária. A Terra é representada na esfera inferior da Árvore da Vida. Sei que as pessoas podem ver a Terra manifestada como separada do que está em cima. Isso não é verdade. A Árvore da Vida Planetária demonstra interação.

Uma interação começa de cima e vai para baixo, e também existe uma interação que começa de baixo e vai para cima. A Árvore da Vida original demonstra apenas as energias de cima para baixo, mas a Árvore da Vida Planetária Arcturiana demonstra que a energia também sobe.

O que está acontecendo na Terra na terceira dimensão interage com as outras energias superiores e as influencia. A Árvore da Vida Planetária contém as energias do Pai Divino, da Mãe Divina e do Filho Divino. O Filho Divino algumas vezes é referido como o filho da humanidade.

Existem lições cármicas especiais nesta Terra. As pessoas cometeram erros em uma existência, e elas retornam. Algumas vezes elas cometem os mesmos erros e assumem as consequências. Uma intervenção divina leva em consideração o carma daqueles que estão abertos a aprender lições neste planeta.

Por que os extraterrestres como os arcturianos ou os pleiadianos não vêm e resolvem os problemas da Terra? A resposta é que eles estariam interferindo na situação cármica, o que colocaria carma neles e poderia requerer que eles se tornassem carmicamente envolvidos com a Terra. A energia messiânica transcende o carma.

Portal Estelar para a Quinta Dimensão

As esferas na Árvore da Vida representam caminhos, assim como as linhas que conectam as esferas. Essas linhas indicam como evoluir de uma esfera para a seguinte. Como vocês passam de criar uma sociedade da Nova Terra para criar lugares sagrados e cidades de luz planetárias? Na verdade, criar sociedades da Nova Terra está relacionado a criar mais espaços sagrados. Pessoas que podem pensar em uma ordem superior, em um equilíbrio superior, são necessárias.

É preciso um nível de pensamento superior para designar uma cidade como sagrada. A compaixão e a criação de uma sociedade justa fazem parte de ter uma cidade sagrada ou uma cidade de luz planetária. Criar uma sociedade justa requer poder pessoal, pois muitas forças negativas e muita consciência inferior atuam contra a criação de uma sociedade justa. Vocês podem observar isso agora nos Estados Unidos e em outas partes do mundo em que o preconceito está desenfreado. Existe uma atitude de superioridade. Não há reconhecimento de que todos vocês são irmãos e irmãs. Energias inferiores e forças obscuras estão tentando controlar o planeta.

Lembrem-se de que cada esfera na Árvore da Vida possui um aspecto oposto. Por exemplo, uma esfera representa o julgamento divino, mas ser muito julgador pode criar atitudes de superioridade, criticidade e rigidez. Essas atitudes são todas negativas. Observem cada esfera e decidam qual é o atributo superior e qual é o atributo negativo que pode surgir se não for mantido o equilíbrio. Vocês têm observado os efeitos de pessoas sendo excessivamente julgadoras e instituindo regras estritas que podem se tornar irracionais.

Uma das formas pelas quais a Árvore da Vida Planetária Arcturiana se distingue é que ela designa localizações geográficas para representar as energias das esferas. A nova esfera da interação da Terra da terceira dimensão com a quinta dimensão é representada geograficamente pelo Parque Nacional da Serra da Bocaina, que fica entre Rio de Janeiro e São Paulo, no Brasil. A Serra da Bocaina abriga o primeiro templo arcturiano organizado de uma forma consistente e construído na Terra de acordo com as nossas recomendações iniciais.

Ela possui uma relação especial com o portal estelar arcturiano. Eu, Juliano, sou o guia espiritual. Nós podemos manifestar energia da quinta dimensão na terceira dimensão. Podemos manifestar uma conexão com o portal estelar arcturiano na Terra. Outros planetas gostariam de ter um acesso semelhante a um portal estelar, mas esse é um atributo único para a Terra.

O portal estelar arcturiano é um ponto de entrada que torna mais fácil para vocês ascenderem. Uma das questões na ascensão é se vocês estão preparados para adentrar a quinta dimensão. Estarem totalmente preparados pode significar que vocês precisam ser santos ou profetas de nível elevado que evoluíram a ponto de se desprenderem da Terra. Nós entendemos que um nível tão elevado de preparação para a ascensão atualmente é muito difícil de ser obtido para a maioria das sementes estelares, apesar de vocês estarem se esforçando muito e meditando para alcançar o estado de ascensão.

A entrada do portal estelar é onde vocês podem direcionar sua energia de ascensão e onde serão aceitos. Contudo, obter um estado de consciência da ascensão tão elevado quanto o obtido por Elias ou Enoque pode ser inalcançável para a maioria de vocês. O acesso ao portal estelar ajuda os seres humanos a evoluir e buscar um nível superior. Isso pode impulsioná-los ao próximo nível, a quinta dimensão. O portal estelar nem sempre esteve disponível para as pessoas em seu planeta. Nós vimos que existe uma necessidade de trazer continuamente novas formas de influenciar a terceira dimensão por meio da luz da quinta dimensão.

As sementes estelares vieram até aqui para aprender e desenvolver técnicas para manifestar a luz da quinta dimensão na terceira dimensão e estudar como a energia da quinta dimensão pode influenciar a energia da terceira dimensão.

Sabemos que existe muita energia densa e estagnada na Terra. Uma forma de influenciar a terceira dimensão com a energia da quinta dimensão consiste em ensinar a Árvore da Vida. Ao se conectarem com os guias espirituais de cada esfera, vocês podem transmitir pensamentos e sentimentos da quinta dimensão para o planeta.

A Árvore da Vida Planetária é multidimensional; ela existe simultaneamente em todas as outras dimensões. Assim como vocês permanecem em outra dimensão em seu estado de sono, a Terra também tem acesso a seus outros estados de dimensões superiores.

Capítulo 21

Purificação Ritual e Tremulação

Juliano e os arcturianos

Aproximadamente entre 400 a.C. a 300 a.C., existiu o Segundo Templo em Jerusalém. Sacerdotes especialmente treinados tinham permissão de entrar nas salas sagradas. Apenas aqueles de hierarquia mais elevada recebiam essa permissão. Esses sacerdotes tinham de seguir procedimentos específicos antes de receberem permissão para entrar nas áreas sagradas. Esses procedimentos eram denominados de purificação ritual. Nos espaços sagrados, esses sacerdotes acreditavam que tinham acesso especial para interagir com o Santíssimo. A cerimônia de pureza ritual envolvia tomar um banho em uma água especial que purificava o corpo.

Quando vocês se preparam para adentrar um reino espiritual superior, devem se purificar. O processo de ascensão é comparável à energia santa que os sacerdotes vivenciavam no templo sagrado em Jerusalém. A ascensão é um processo interativo sagrado e altamente reconhecido.

O que significa se purificar? O processo envolve se desapegar temporariamente das energias da terceira dimensão, das preocupações e dos vínculos da Terra em geral. A purificação é um processo no qual sua energia vinculativa é desassociada das preocupações terrestres. Algumas dessas preocupações fazem parte da vida cotidiana, como preocupações materialistas que todo mundo tem. Tornar-se purificado para a ascensão significa não ter ou não se concentrar na energia do mundano ou nas atividades diárias na Terra. Vocês não teriam nenhuma energia nem nenhum vínculo em relação a interações negativas com outras pessoas. Vocês não pensariam nem se concentrariam em conflitos em sua vida. Vocês se libertariam de seu interesse e de seu vínculo em relação a notícias e acontecimentos do cotidiano.

A purificação envolve libertar-se de todos os vínculos da Terra. Essa libertação é necessária. Acredito que se libertar desses vínculos e das energias que vocês sentem pela crise planetária e pelo conflito político é uma das coisas mais difíceis para vocês, sementes estelares, realizarem. É difícil se desapegar das crises da Terra, incluindo os furacões, os terremotos e outras mudanças.

Quando falo sobre se desapegar, não quero dizer que se trata de uma eliminação insensível de qualquer interesse ou preocupação que vocês possam ter pelo planeta. Tornar-se espiritualmente desapegado não é um chamado a fim de parar de se preocupar e de servir. Servir é importante, e nós, os arcturianos, incentivamos que vocês continuem fazendo isso. Nós possuímos uma tecnologia espiritual atualizada que é mais eficaz e está mais em alinhamento com o treinamento espiritual arcturiano do que com procedimentos de banho ritual prévios.

É essencial que vocês utilizem essa técnica quantas vezes puderem a fim de se prepararem para sua ascensão e para realizar seu trabalho espiritual. Lembrem-se de que o objetivo não é permanecer em um estado eternamente purificado na Terra. Isso é impossível. Mesmo se vocês pudessem alcançar 100% de purificação no exercício, ainda teriam de retornar à sua vida na terceira dimensão. Vocês ainda teriam de estar envolvidos em seu trabalho da terceira dimensão. Vocês ainda estariam cientes e reagiriam aos acontecimentos desoladores neste planeta.

O que vocês vão obter com esta técnica arcturiana é um método para se purificarem periodicamente. Isso ajudará na sua vida cotidiana e no seu processo de ascensão. A técnica para a purificação ritual que os arcturianos usam em nossa tecnologia espiritual é baseada na tremulação. Essa é uma técnica que apresentamos anteriormente, mas não a explicamos como um exercício de purificação.

Purificação por meio da Tremulação

A tremulação possui diversas utilidades poderosas. Recomendo a tremulação na bilocação, na projeção do pensamento e no tratamento de doenças. A tremulação também possui outras funções, incluindo ajudar a proteger seu campo energético de ataques. Nós temos experiências documentadas de quando alguns dos membros do seu Grupo de Quarenta estiveram perto de sofrer acidentes e, logo antes do impacto, ou no momento dele, conseguiram tremular e ficaram protegidos de lesões. A tremulação também pode protegê-los de catástrofes como terremotos e furacões. Vocês também podem usar a tremulação como um método para realizar a purificação ritual.

A primeira e mais importante ideia da purificação é que a tremulação acelera a pulsação da sua aura. Quando a aura alcança uma determinada frequência ou vibração, energias inferiores se desprendem. Isso inicia uma purificação da aura.

A sua mente é continuamente alimentada por informações. Vocês também recebem vibrações eletromagnéticas de computadores, *smartphones* e televisores. Vocês podem ter muitas interações com milhares de campos energéticos eletromagnéticos diferentes na Terra. Por exemplo, a Terra tem interações com seres da quarta dimensão que denominamos de fantasmas. Alguns de vocês podem ter vínculos negativos com esses fantasmas. Esses vínculos podem causar danos em sua vida.

A tremulação é uma forma de reiniciar sua aura, o que ajudará a eliminar ou desprender esses vínculos negativos do seu campo energético. Quando vocês reiniciam sua aura por meio da tremulação, apagam programações e campos energéticos antigos que permitem às entidades se vincularem a vocês. Parte dessas programações e desses campos energéticos bloqueiam sua aura. [Consultem o capítulo 8 para os passos específicos da tremulação.]

Tremulação para a Cura Pessoal

Vocês podem usar a tremulação para uma cura pessoal específica. Enquanto permanecemos nesse estado de consciência superior, quero que vocês examinem seu corpo. Ao examinar seu corpo, vocês podem descobrir que têm um tumor benigno, um nódulo, algum outro acúmulo indesejado de nervos emaranhados ou uma energia bloqueada em seu corpo. Escolham uma parte do seu corpo para se concentrarem.

Após identificarem essa parte, voltem à consciência do seu ovo cósmico inteiro. Então, visualizem uma cópia do ovo cósmico nascendo da sua aura diante de vocês. Essa cópia da aura em formato de ovo cósmico se torna menor, do tamanho da palma da sua mão. Estendam sua mão e visualizem a miniatura do ovo cósmico nela. (Os homens devem usar a mão direita. As mulheres devem usar a mão esquerda.)

Agora, vocês possuem a miniatura do ovo cósmico na palma da mão. Ela tem aproximadamente 7 centímetros de altura, o tamanho de um ovo de galinha. Ela possui todos os processos avançados de frequência vibracional da sua aura de alta frequência. Agora, projetem essa miniatura do ovo cósmico em seu corpo, na área afetada. Transmitam-na para esse local, a fim de envolver toda a área. Agora, a cópia do ovo cósmico está tremulando com a mesma velocidade da sua aura. Pronunciem a palavra "tremular" novamente, e sua aura e a miniatura do ovo cósmico vão tremular ao redor da área afetada. Isso cria uma energia de cura incrível. [Canta] "Tremulllaaaarrrrr, tremulllaaaarrrrr, ta, ta, ta, ta, ta, ta".

A miniatura do ovo cósmico absorve quaisquer energias ou vibrações negativas acumuladas na área afetada. Após a contagem até três, retirem a miniatura do ovo do seu corpo, colocando-a novamente na palma da mão. Um, dois, três – agora. Excelente. Visualizem e direcionem essa miniatura do ovo cósmico para ela se elevar acima da sua aura.

Eu, Juliano, estou bem nesse lugar e pego a miniatura do ovo acima da sua aura e a envio para um espaço interdimensional distante de vocês. [Entoa] "Whoosh, whoosh". Vocês ainda estão tremulando, e seu corpo está repleto dessa luz. Entrem em meditação enquanto processam lentamente toda essa luz e a energia de cura com as quais estamos trabalhando. [Pausa.]

Vocês concluíram a purificação e a cura da sua aura com sucesso. Estão prontos para entrar na quinta dimensão. Vocês purificaram a si mesmos. Eu gostaria que o Arcanjo Metatron falasse com vocês.

Arcanjo Metatron Discursa sobre o Ritual de Purificação

Eu reconheço seu estado de purificação. Reconheço seu estado superior de luz arcturiana. Saibam que vocês estão mais sensíveis a esse estado e devem manter a luz mais elevada e as energias que ressoam mais com vocês. Os nomes sagrados na Cabala para Deus estão em alinhamento com seu desejo vibracional de ir para a quinta dimensão. Ouçam estes sons famosos que também servem para a ascensão [canta em hebraico]: "*Kadosh, Kadosh, Kadosh, Adonai Tzevaoth. Kadosh, Kadosh, Kadosh, Adonai Tzevaoth*" ["Santo, santo, santo é o senhor dos exércitos"].

O templo sagrado conhecido como Segundo Templo continha alta tecnologia espiritual conectada a seres de dimensões elevadas. Esses seres elevados trabalhavam com técnicas de purificação e frequências especiais. A câmara interna no templo tinha qualidades eletromagnéticas especiais que apenas sacerdotes com determinadas frequências vibracionais podiam suportar. Antes de entrar nessa câmara, os sacerdotes realizavam esta purificação ritual a fim de suportar a frequência.

É difícil imaginar uma frequência de luz tão intensa que vocês não seriam capazes de suportá-la. Os sacerdotes podiam tolerar essa frequência apenas quando eliminavam temporariamente os vínculos com a terceira dimensão, como vocês fizeram hoje. Aumentando temporariamente a frequência da sua aura, vocês podem participar de uma tecnologia espiritual que é semelhante à energia que os seres de dimensões elevadas ajudaram a criar nessa câmara especial no templo sagrado.

É difícil descrever a energia na câmara desse templo. A câmara interna tinha tanta luz, que parecia que espelhos ampliavam essa luz. A aura do sacerdote na sala entraria imediatamente em uma alta vibração que produziria um estado de êxtase. A pessoa na câmara não desejaria partir. Em determinados casos, outra pessoa do lado de fora da sala era instruída a assegurar que a pessoa que estivesse dentro da câmara saísse. Algumas vezes, cordas eram colocadas ao redor do sacerdote antes de ele entrar na sala especial. O sacerdote fora da câmara colocaria as cordas para assegurar que a pessoa que estivesse dentro sairia. Eles não queriam perder o sacerdote. Na câmara interior, seria fácil desistir completamente do corpo e ir para os reinos superiores. Isso poderia ser considerado como ascensão.

Agora, vocês possuem a ferramenta para realizar essa purificação ritual e vivenciar as frequências superiores. Se vocês combinarem isso com algumas das outras ferramentas arcturianas, que incluem ir para o lago de cristal e para o templo arcturiano, ampliarão novamente o poder do seu trabalho para a ascensão. Vou concluir nosso momento juntos cantando as palavras hebraicas para a luz santa: "*Or HaKadosh Baruch Hu. Or HaKadosh Baruch Hu*" (Luz santa, bendito seja ele). Permitam que a luz santa, a luz sagrada, preencha sua aura com paz, saúde e felicidade eternas.

Capítulo 22

Cura Quântica
Juliano e os arcturianos

Vocês observaram o espectro eletromagnético que inclui imagens visuais do espectro de luz – tons de vermelho e amarelo. Comparados com a gama completa do espectro eletromagnético (que inclui todas as radiofrequências, os raios X e os raios ultravioleta), os tons de violeta e as outras cores que vocês veem compõem uma faixa estreita. Existe uma luz superior no espectro eletromagnético que seus olhos não conseguem ver. Vocês poderiam olhar para o céu à noite e ver partes do espectro de luz, mas não conseguem ver os raios X ou as ondas de rádio. Felizmente, instrumentos avançados conseguem tirar fotos no céu das galáxias usando raios X e raios de frequência de luz superiores.

A cura quântica requer consciência além da gama estreita de consciência normal. Vocês possuem apenas uma gama limitada de consciência; sendo assim, para realizar e receber cura quântica, vocês devem expandir sua consciência. Como vocês alcançam isso? Algumas vezes, um curador pode conversar e trabalhar com vocês para expandir seu sistema de crenças. Os sistemas de crenças são muito importantes.

No livro *A Cura Quântica*, Deepak Chopra conta uma história de um médico que disse a um paciente que estava morrendo: "Eu tenho este novo medicamento da floresta brasileira que pode ajudá-lo, e posso oferecê-lo a você".[7] O médico deu ao paciente o medicamento especial, e o paciente foi milagrosamente curado. Existem plantas secretas na Amazônia com energias primordiais profundas. O curador preparou o paciente para receber a energia quântica especial, que não é normal ou racional. Ela é quântica. Esse tipo de cura depende do sistema de crenças do paciente. Ajuda se o paciente acreditar na

---

7. Deepak Chopra. *Quantum Healing: Exploring the Frontiers of Mind/Body Medicine*. New York: Bantom Books, 1990.

luz superior, na intervenção divina e até mesmo nos mistérios da Floresta Amazônica.

O paciente também deve acreditar que o curador pode acessar e transferir a energia superior. O curador deve apresentar a configuração, o modo de pensar. No exemplo, o médico teve de projetar a crença nos poderes desse novo medicamento. O fato de ele ser um médico ajudou. Em outros casos, um curador xamânico poderia apresentar o mesmo medicamento e talvez usar um cocar ou um enfeite cerimonial especial. Como vocês podem observar, quando um xamã realiza a cura quântica, ele também deve estar preparado e ter o modo de pensar correto.

É importante também olhar para o cenário, ou onde a cura é realizada. Vocês estão realizando a cura em sua garagem ou possuem uma tenda especial que utilizam para seu trabalho? Vocês entram em uma roda medicinal, em uma tenda do suor ou em uma sala especial em sua casa com cristais? Todas essas coisas são importantes ao realizar a cura quântica, porque vocês precisam expandir sua consciência e desejam o mesmo para a pessoa que estão curando. Vocês desejam que o paciente sinta uma energia diferente. Vocês desejam que a pessoa esteja aberta, portanto, o lugar onde vocês realizam a cura, o cenário, pode ter uma influência poderosa sobre o resultado da cura. É por esse motivo que algumas pessoas vão a uma floresta para receber curas especiais dos xamãs. Elas precisam de uma mudança no ambiente, a fim de abrir a consciência para a nova energia.

Como curadores quânticos, vocês podem criar um cenário especial em seu ambiente. Pode ser na sua casa ou no seu consultório. Vocês podem até mesmo criar uma sensação e um cenário especiais pela internet. A internet oferece um novo local para se reunir e se conectar energeticamente no etérico.

Campo Energético de Cura Quântica

A cura quântica inclui um campo de energia. Quando realizo cura quântica, utilizo som para preparar a frequência vibracional da pessoa a ser curada. Utilizo sons especiais. [Entoa] "Oooohhhh". Este é um som de purificação. Ele ajuda a eliminar as densidades e os vínculos. Ele abre as energias para a receptividade. O curador deve tornar a pessoa receptiva, e os tons ajudam a criar uma melhor receptividade para o paciente. O som é uma vibração, e a cura quântica realmente é uma cura vibracional, uma medicina vibracional. [Entoa] "Oooohhhh".

Quando vocês realizam cura quântica, conectam-se com sua energia e permitem que uma luz superior venha até suas mãos. Vocês podem até mesmo colocar uma veste ou uma camisa branca para ajudá-los a se sentirem mais purificados e unidos. Vocês podem usar sua Estrela de Davi ou rosários.

A configuração e o cenário trabalham com seu sistema de crenças e o de seu paciente. Juntos, vocês se abrem para o mundo quântico. Não é necessário impor sua vontade; em vez disso, deixem a energia quântica superior trabalhar por meio de vocês.

Capítulo 23

A Espiritualidade Galáctica Expande Sua Perspectiva

Juliano, os arcturianos e Cacique Coração de Búfalo

Vocês estão em um período que requer novas adaptações, compreensões e técnicas para manter sua saúde espiritual e expandir sua consciência. Sua perspectiva possui informações valiosas. Costuma-se dizer que as pessoas gostariam de ter a perspectiva de sua velhice durante a juventude. Se pelo menos vocês pudessem ter integrado a perspectiva de uma pessoa mais velha em sua juventude, provavelmente teriam tido mais sucesso e equilíbrio quando eram adolescentes ou jovens adultos. A perspectiva também é demonstrada nos esportes. O termo "quarterback da segunda-feira de manhã" refere-se a assistir na segunda-feira de manhã a um jogo de futebol americano que ocorreu na noite de domingo e determinar qual jogada deveria ter sido feita.

Em outro conceito filosófico sobre perspectiva, imaginem estar no primeiro andar de um prédio com vinte andares. Vocês não têm a mesma vista no primeiro andar que têm no vigésimo andar. Os seres terrestres estão no primeiro andar na terceira dimensão, e vocês não podem ver nada de uma perspectiva superior. Vocês normalmente apenas enxergam horizontalmente. Vocês não possuem uma perspectiva vertical e superior dos acontecimentos.

Vocês podem ter muitas perguntas: por que esses acontecimentos ocorrem ou por que tantas pessoas sofrem danos? Por que essa destruição está acontecendo em todo o planeta? A partir da perspectiva do primeiro andar, vocês não têm boas respostas ou entendimentos. Contudo, se vocês estivessem no andar de cima, poderiam ter uma opinião completamente diferente sobre o que está ocorrendo na Terra neste momento. A partir de uma perspectiva superior, vocês poderiam até mesmo dizer que tudo é como deve ser. Que declaração consternadora! No entanto, vocês apenas poderiam fazer essa declaração a partir da perspectiva do vigésimo andar. Na verdade, essa seria uma declaração correta a partir da perspectiva superior, mas isso serve de pouco consolo para aqueles que estão no primeiro andar, a menos que eles tenham consciência expandida e sejam flexíveis o suficiente para compreender.

A espiritualidade galáctica envolve o estudo do mundo quântico, do mundo astrofísico e dos mundos da astronomia e da cosmologia combinados de forma a apresentar um novo paradigma espiritual para compreender a realidade na qual vocês vivem. Na verdade, o universo é uma metáfora para vocês. Isso se deve em parte por causa das leis da energia holográfica, que determinam que aquilo que acontece em um lugar influencia outro. Além disso, se vocês analisarem uma coisa, descobrirão as chaves para tudo no universo. Tem sido feitas comparações entre o número de estrelas na galáxia e o número de neurônios e vias neurais no cérebro. Poderia ser verdade que existem mais células nervosas em uma pessoa do que estrelas e planetas na galáxia. Atualmente, isso é muito difícil de imaginar, principalmente quando vocês consideram que existem 200 a 300 bilhões de estrelas em apenas uma galáxia. Na espiritualidade galáctica, usamos comparações de acontecimentos e leis do universo para ver como eles se aplicam ao desenvolvimento e à ascensão de cada pessoa.

Não Existe Limite

Eu vou oferecer a vocês uma visão complexa, mas importante, do universo. A conclusão feita pelo Telescópio Espacial Hubble, da NASA, em 1923, era que o universo está se expandindo. Até mesmo naquela época, grandes cientistas, como Einstein, não concordavam com essa hipótese. Eles pensavam que o universo permanecia estável, sem ocorrer nem expansão nem contração.

Até mesmo atualmente é difícil para sua mente, principalmente no reino da terceira dimensão, captar o conceito de um universo em expansão. Primeiramente, vocês devem compreender que o universo é infinito. Isso significa que ele não tem fim e, portanto, não tem limite. Então, se o universo é infinito e está se expandindo, ao que ele está se expandindo? Não posso responder a essa perguntar agora, mas quero que vocês compreendam que a conclusão verificada cientificamente é que o universo está se expandindo. O que é mais interessante e relevante à nossa discussão é que este tópico se relaciona ao seu desenvolvimento pessoal e espiritual. Sua mente e sua perspectiva podem se expandir continuamente. Não existe limite.

Quando os astrônomos estudam o universo e analisam atentamente os arredores da sua galáxia, não existem evidências claras de que o universo está se expandindo. Nós estamos falando sobre distâncias inimagináveis. Quando os astrônomos olham pelos seus telescópios para fora a partir de 200 milhões de anos-luz a 250 milhões de anos-luz, eles não veem evidências de que o universo está se expandindo. Contudo, se eles fossem além dessas distâncias (como 500 milhões de anos-luz, ou até mesmo 1 bilhão de anos-luz), então veriam evidências de que o universo está se expandindo. O que isso quer dizer? Isso quer dizer que, quando vocês estão próximos a objetos, não conseguem ver a expansão, mas, quando têm uma perspectiva maior, conseguem ver essa expansão ocorrer.

Eu quero oferecer a vocês mais uma analogia simples antes de voltarmos a discutir a expansão do eu. Visualizem um grande balão; digamos que ele representa o formato e o tamanho do universo. Conforme vocês enchem o balão, ele se expande, mas algumas partes permanecem tão pequenas por um momento, que não parecem realmente se mover. Não existem evidências de expansão.

Agora, vamos analisá-los como seres galácticos, mestres espirituais e seres multidimensionais. Vocês estão se expandindo; estão crescendo! Talvez vocês não concordem comigo. Vocês podem dizer: "Bem, Juliano, estou preso aqui nesta realidade da terceira dimensão. Não estou fazendo realmente muito progresso. Não estou me expandindo nem um pouco. Sim, podem existir outras pessoas que estão se expandindo, mas não estou". Vamos decidir se vocês estão se expandindo apenas quando puderem olhar para si mesmos a partir de uma perspectiva mais ampla. É verdade que, a partir da perspectiva que vocês têm do eu, podem não enxergar progresso e expansão. No entanto, se eu pudesse ajudá-los a obter uma perspectiva mais profunda, mais ampla e mais elevada, vocês poderiam ver exatamente o contrário. Vocês veriam que existe expansão, uma expansão muito substancial. O fato de vocês estarem aqui na Terra estudando espiritualidade e trabalhando para integrar conceitos multidimensionais prova sua expansão.

Uma técnica importante para sentir e compreender sua expansão é trabalhar com seu eu futuro. Para vocês entenderem o eu futuro, precisamos falar sobre o eu passado e eu presente. Vocês estão cientes do famoso ditado espiritual "Eu Sou o que Sou". Existe um novo conceito e terminologia galácticos do eu que são adaptados a partir dessa afirmação. A afirmação hebraica antiga de *Ehyeh, Asher, Ehyeh* na verdade é traduzida como "Eu Serei o que Serei". Tradutores modernos que trabalharam a partir do latim e do grego modificaram essa frase para "Eu Sou o que Sou". "Eu Sou o que Sou" também é uma bela afirmação, principalmente no mundo atual. Ela tem um significado poderoso e uma forma poderosa de ajudar as pessoas a compreender esse estado conhecido como aqui e agora. Gurus e psicólogos dizem brincando: "Eu estou aqui agora, ou estou no fuso horário do 'lá e antes'".

Eu expando a afirmação hebraica *Ehyeh, Asher, Ehyeh* para "Eu Sou o que Sou, Eu Serei o que Serei e Eu Fui o que Fui". (Eu espero que esteja correto nesta língua. Parece estranho, mas talvez vocês pudessem dizer "Tenho Sido o que Tenho Sido".) Essas três afirmações são importantes, pois cada uma delas oferece uma perspectiva. Talvez o estado presente seja o mais importante, mas, a partir da minha observação, todos os três possuem relevância para compreender quem vocês são e como serão quando ascenderem. Na espiritualidade galáctica e na cosmologia, vocês estudam o universo olhando para o futuro e o passado, a fim de compreender o presente.

Compreendam Quem Vocês Têm Sido

Passa-se muito tempo olhando para o passado. Na verdade, um paradoxo estranho no universo é que, quando vocês olham para o céu à noite, veem as coisas da forma como elas eram no passado. Vocês não veem realmente as coisas no presente. Alpha Centauri, o sistema estelar mais perto do seu planeta, está a aproximadamente 4,37 anos-luz de distância, o que significa que vocês veem esse sistema da forma como ele era há 4,37 anos. Cientistas e astrônomos modernos olham para 14,7 bilhões de anos atrás a fim de estudar o Big Bang. Eles estão estudando o universo do passado.

Eu vejo que suas vidas passadas são importantes em seu trabalho pessoal. As pessoas frequentemente fazem terapia de vidas passadas para compreender suas almas. As pessoas querem compreender o que elas fizeram em vidas passadas. Tenho certeza de que cada um de vocês ao menos já especulou sobre onde esteve em suas vidas passadas. Vocês podem estar em um determinado país neste momento e imaginar por que estão nele. Tenho certeza de que, se vocês fizessem terapia de vidas passadas, descobririam que podem ter tido uma vida anterior em um país pelo qual se sentem atraídos e que agora vocês estão resolvendo questões dessa vida. No entanto, isso vai ainda mais além.

Vocês podem ter interesses e talentos múltiplos. Podem ter talentos como músicos, curadores, mecânicos ou cientistas. Em vidas passadas, vocês podem ter estado em Atlântida e terem sido um dos cientistas brilhantes que ajudaram a desenvolver a tecnologia avançada. Infelizmente, a tecnologia avançada também foi usada para destruir o continente atlante. Vocês também podem ter sido destruídos nessa experiência e podem ter se sentido maltratados, porque tomaram as decisões erradas ao contribuir com a tecnologia militar. Nesta vida, vocês estão cientes desse tipo de abuso. Ainda podem praticar seu trabalho científico, mas tiveram uma mudança no coração e não querem mais contribuir para qualquer ciência que promova a destruição militar, principalmente a destruição possível por meio de armas nucleares.

Existem muitos outros exemplos que posso oferecer a vocês sobre vidas passadas. Muitas vezes, mulheres foram terrivelmente abusadas. Mulheres que eram especialmente espiritualizadas muitas vezes foram punidas por isso com morte. Este ainda é um mundo dominado pelos homens. As mulheres podem sentir intensos bloqueios ao se conectarem e trabalharem com a energia espiritual, porque têm medo de serem punidas e talvez até mesmo executadas. Fazer uma regressão ou terapia de vidas passadas os ajudaria a compreender seus bloqueios e o motivo de vocês os terem. Uma lembrança de uma vida passada também poderia oferecer a vocês uma grande ajuda, que eliminaria esses bloqueios.

As afirmações "Eu Tenho Sido Quem Eu Tenho Sido" e "Eu Fui o que Fui" se relacionam às suas vidas passadas. "Eu Sou o que Sou" é uma discussão sobre se conectar com todas as partes do seu eu, incluindo as partes multidimensionais. Vocês estão nesta experiência atual na qual não vivenciam seu passado ou seu futuro, mas, sim, somente o eterno agora. Esse eterno agora descreve seu estado de existência como um ser eterno. O universo está se expandindo sem fim, portanto, vocês também, como espíritos vivos, estão se expandindo infinitamente. Vocês podem se tornar cientes disso em sua presença Eu Sou.

Como Trabalhar com Seu Eu Futuro

Agora, vamos falar sobre seu eu futuro, "Eu Serei o que Serei". Como podemos avaliar e descrever seu eu futuro? Vocês serão mestres ascensionados. Vocês vão alcançar a iluminação e completar a compreensão do seu eu multidimensional. No futuro, vocês vão graduar da Terra e realizar uma viagem de alma para outros planetas e por outras galáxias. Em alguns casos, vocês se tornarão parte de uma fraternidade conhecida como os filhos de Elohim e atuarão como profetas, mestres ascensionados para outras civilizações em outros planetas. Essas são algumas sugestões sobre quem vocês serão no futuro. Vocês podem observar que isso está distante no futuro, mas o tempo é holográfico, e as afirmações "Eu Sou o que Sou", "Eu Tenho Sido o que Tenho Sido" e "Eu Serei o que Serei" interagem entre si. Na verdade, o tempo não é linear, mas, sim, cíclico, e todos os pontos interagem.

A Terra do futuro será um planeta ascensionado. Ela será como um Jardim do Éden, no qual existirá harmonia e equilíbrio, e aqueles que viverão no planeta terão seus corações abertos para o espírito da Terra e escolherão viver em harmonia com o planeta. Descrevi a situação atual da Terra como um conflito entre a tecnologia e a espiritualidade. A tecnologia na Terra avançou, mas a espiritualidade planetária não acompanhou a tecnologia militar e dos computadores. A Terra no futuro será avançada de forma espiritual e tecnológica. Ela possuirá energia da quinta dimensão. Nós podemos trabalhar para integrar e transmitir aspectos futuros desse eu planetário para o eu da Terra atual. Esse exercício é outra técnica poderosa para a cura planetária.

Para ajudá-los a interagir com seu eu futuro, usamos a frase sagrada "Eu Serei o que Serei" como uma ferramenta para seu crescimento e sua expansão. Tentem seguir as minhas instruções neste exercício de meditação o máximo que puderem.

Fechem os olhos. Respirem profundamente três vezes. Ouçam estes tons a fim de entrarem em um alinhamento energético melhor com seu eu superior. [Entoa] "Oooohhhh, oooohhhh, oooohhhh". Todas as sensações relacionadas à terceira dimensão são temporariamente removidas, e vocês estão em um estado de consciência superior, repleto de percepção do mundo bioenergético, o mundo de energia e luz etérica.

Nesse mundo, vocês viajam na velocidade do pensamento para qualquer lugar no universo. Vocês podem viajar para qualquer lugar no tempo. Vocês podem viajar para qualquer espaço. Seu eu espiritual se eleva para cima do seu chacra coronário. [Entoa] "Oooohhhh".

Agora, vocês estão em uma forma espiritual acima do seu corpo físico e possuem uma grande habilidade de viajar para o futuro. Esse futuro não será medido em uma escala da terceira dimensão. Não vamos dizer que vocês irão para daqui a 20 ou 200 anos. Vocês irão para um lugar futuro em um tempo futuro no qual serão mestres ascensionados.

Enquanto estão nesse campo de energia bioenergético, pensem nesta afirmação: "Eu, _____", digam seu nome, "estou viajando agora para o meu eu futuro como um(a) mestre(a) ascensionado(a)". [Entoa] "Oooohhhh". Vocês viajam para seu eu futuro na velocidade do pensamento.

Vocês chegaram. Entrem, por meio do seu chacra coronário, em seu eu futuro em um estado superior. Olhem em volta. Sintam como é estar nessa incorporação futura. Saibam que, a partir desse ponto, vocês também podem olhar para o presente que deixaram. Vocês podem ver a si mesmos a partir desse ponto futuro. Vejam quão útil e expansiva sua existência na Terra tem sido para vocês e seu desenvolvimento. Agora, vocês possuem uma perspectiva mais ampla, como se estivessem no décimo andar de um prédio que possui vinte andares. Olhem de volta para sua vida na Terra e percebam essa perspectiva incrível e mais ampla. Meditaremos em silêncio juntos enquanto vocês sentem isso. [Entoa] "Oooohhhh". [Pausa.]

Agora, transmitam esses pensamentos do seu eu futuro avançado com uma perspectiva mais ampla para seu eu presente. Vocês podem se projetar pelo pensamento e ir pelo continuum *de tempo a fim de transmitir essa informação e esse amor para si mesmos no presente. Façam isso agora. [Faz uma oração em uma língua galáctica.]*

Vocês possuem grandes poderes em seu eu futuro, incluindo poderes de cura pessoal e planetária. Lembrem-se de que vocês serão os filhos ou as filhas de Elohim em seu eu futuro. Vocês serão profetas em algumas civilizações planetárias nesta galáxia ou em outras galáxias, incluindo a galáxia de Andrômeda, a galáxia irmã da Via Láctea.

Iniciem a viagem de retorno para seu eu presente. Separem-se lentamente do seu eu futuro, seu de mestre ascensionado. Levem essas partes de luz elevada com vocês. Essas partes do seu eu futuro podem agora ser transmitidas para seu eu na Terra. Deixem o corpo do seu eu futuro e, na velocidade do pensamento, viagem de volta para o presente. [Entoa] "Oooohhhh, waaayyooo".

Retornem para seu eu presente. Alinhem seu espírito com seu eu presente e entrem novamente nele em um alinhamento perfeito – um, dois, três, agora! Transmitam essa energia do eu futuro para seu eu presente, incluindo os poderes de cura superiores e, acima de tudo, uma perspectiva mais ampla. Agora, vocês percebem que o trabalho que estão realizando nesta vida fez uma grande diferença em seu eu futuro e, a partir dessa perspectiva, podem ver que estão se expandindo no seu eu presente.

Agora, peço que o Cacique Coração de Búfalo fale para vocês sobre o futuro e o presente da Terra. Bênçãos a todos vocês, meus companheiros sementes estelares.

Cacique Coração de Búfalo Discursa Sobre Ajudar a Mãe Terra a Ascender

[Entoa] "Heya hoa hey, heya hoa hey, heya ho heya hoooo!". Todas as minhas relações e todas as minhas palavras são sagradas. Vocês são meus irmãos e minhas irmãs. Nós estamos unidos em nossos corações. Haverá um tempo na Terra em que todos os humanos abrirão seus corações para a Mãe Terra. Vejo isso em minhas visões. Tenho visto isso por muitas luas. Será um tempo glorioso para estar vivo e caminhar neste planeta, sentindo a energia de coração aberto para a Mãe Terra, a Joia Azul.

A Terra ascenderá. A Terra se tornará um planeta da quinta dimensão, como os mestres disseram. A Terra necessita de vocês, sementes estelares, para conduzi-la para o corpo dela na quinta dimensão.

Nós adoramos a roda medicinal, porque ela nos demonstra o tempo como um círculo, em vez de como uma linha. Existe uma mensagem poderosa nos círculos nas plantações. A Terra responderá com seu coração à energia e às configurações das galáxias. Todos os padrões que vocês têm observado nos círculos nas plantações existem nas formações de galáxias, aglomerados estelares e nebulosas. Todos esses padrões geométricos representam realidades físicas que existem ao longo deste universo.

Viajem comigo para a Terra do futuro, na qual os seres humanos caminharão com seus corações abertos para a Mãe Terra. Apenas fechem os olhos e acelerem para um tempo futuro no qual a energia do coração das pessoas, o chacra cardíaco, está aberta para a Mãe Terra. É um excelente momento caminhar em um planeta quando existe tanta abertura para a biosfera e para a santidade desse planeta. Vocês, como guerreiros espirituais e curadores planetários, estão nesta Terra maravilhosa para vivenciar o futuro quando os seres humanos terão seus corações abertos para as plantas, os animais, os oceanos, o ar e toda a beleza que é a Mãe Terra.

Eu quero fazer um agradecimento especial aos nossos povos nativos americanos da Primeira Nação que vão ler as minhas palavras, pois eles precisam de força e apoio. Saibam disso, meus amigos da Primeira Nação: vocês sofreram imensamente. Vocês foram maltratados. Vocês foram torturados. Vocês sofreram muitas coisas terríveis, mas os admiro por terem mantido seus corações abertos para a Mãe Terra. Apesar de todos os infortúnios, provações e crueldades que vocês vivenciaram como um povo e uma nação, vocês nunca desistiram de seus corações abertos para a Terra, e essa é uma grande dádiva a oferecer à humanidade.

Vocês devem ensinar todos os seres humanos a abrir seus corações para a Mãe. Vocês, a partir de seu eu futuro, podem trazer de volta luz e energia superiores para o presente. Vocês, um grupo espiritualmente expandido, são capazes de ensinar às pessoas que, na Terra ascensionada futura na quinta dimensão, elas andarão com seus corações abertos para a Mãe Terra.

[Canta] "Heya hoooo, heya hoooo". Carreguem essa luz e essa energia do coração para onde quer que vocês forem. Vocês detêm o futuro do planeta agora. Todas as minhas palavras são sagradas. Ho!

Capítulo 24

Preparem-se para a Nova Terra

Juliano e os arcturianos

Para falar sobre a Nova Terra, primeiro devemos discutir sobre a crise que este planeta está vivenciando. Mudança ocorre durante crises. Os nossos filósofos e líderes espirituais estudam o desenvolvimento planetário ao longo desta galáxia. Vocês podem ficar felizes em saber que a Terra não é o primeiro planeta a vivenciar esse tipo de crise. Outros planetas altamente desenvolvidos também passaram por isso. Nós observamos que alguns planetas resolvem com sucesso a crise e evoluem, enquanto outros planetas não conseguem e destroem suas biosferas e a si mesmos durante o processo.

Talvez seja uma escolha cruel que um planeta resolva os conflitos e as polarizações ou se desintegre em autodestruição. Designei isso como o estágio planetário 1. Esse estágio possui muitas características. Vocês estão bem no meio da parte mais profunda da crise no estágio planetário 1. Sei que é controverso atualmente entre algumas pessoas até mesmo falar sobre uma crise planetária, mas a cada dia existem mais evidências sobre a natureza dessa crise.

Este planeta está vivenciando atualmente sua sexta extinção em massa. Sim, houve outras cinco extinções em massa, e a mais famosa está relacionada ao asteroide que atingiu a Península de Yucatán, no México, que resultou em uma catástrofe ambiental que exterminou os dinossauros e muitas outras formas de vida naquela época. Algumas vezes ocorrem extinções em massa por causa de acontecimentos cósmicos. A extinção em massa na qual vocês estão é causada por uma espécie: o *Homo sapiens*. Nunca anteriormente uma espécie determinou quem vive e quem morre em um planeta.

O que precisa acontecer para essa crise ser resolvida? O *Homo sapiens* precisa dar o próximo passo evolutivo no desenvolvimento. Estou feliz em dizer que vocês não são a representação final do ciclo de evolução da forma humana. A antropologia demonstra a vocês que uma série de formas diferentes levaram ao *Homo sapiens*. E essa não é a forma final.

Na sua internet, vimos uma imagem de um neandertal. Era uma concepção artística da aparência que um neandertal teria no século XXI se a espécie tivesse sobrevivido. Essa é uma imagem interessante, porque vocês provavelmente imaginavam os neandertais como primitivos, peludos e animalescos. Na imagem que o artista criou, o neandertal está com o cabelo cortado e a barba feita e está vestindo um terno. É incrível o quão semelhante ele se parece com o *Homo sapiens*.

Atualmente, sabe-se que os *Homo sapiens* e os neandertais interagiram e, em alguns casos, até mesmo se cruzaram. Uma pesquisa de DNA revelou que quase todo mundo possui uma ligação genética com os neandertais. Por que essa observação é relevante? Ela é relevante porque os neandertais poderiam ser considerados uma forma de ser humano menos desenvolvida. Existe também uma forma mais desenvolvida e avançada que eu às vezes me refiro como as sementes estelares. As sementes estelares são *Homo sapiens* que possuem uma consciência expandida sobre a galáxia, o carma cósmico e a evolução planetária. Elas expandiram a consciência sobre outras espécies extrassolares de formas de vida superiores que existem em lugares tão bonitos quanto as Plêiades, Antares, Sirius, Alano e outros planetas altamente avançados próximos ao Sol Central.

Muitos planetas foram descobertos, mas quero destacar o que denomino de planetas lunares. Eles são luas aproximadamente tão grandes quanto a Terra, ou maiores que ela, e que têm as condições biológicas perfeitas necessárias para formas de vida superiores.

Nós poderíamos olhar para trás e dizer que o Cro-Magnon da árvore do *Homo sapiens* tinha vantagens sobre o neandertal e, portanto, sobreviveu. A força física provavelmente não foi o fator decisivo. Em muitos casos, os neandertais eram fisicamente mais fortes do que os *Homo sapiens*. Foi a capacidade de raciocinar, planejar e visualizar que permitiu aos *Homo sapiens* sobreviver, enquanto os neandertais foram extintos. Situações como eras do gelo e outras mudanças ambientais podem ter requerido uma lógica e um planejamento maiores, o que incluía a colheita de alimentos.

Os neandertais tinham algumas características muito fortes: eles enterravam seus mortos, produziam arte e tinham até mesmo fala. No entanto, a situação no planeta se tornou difícil e exigiu um funcionamento mais complexo, e os neandertais não tinham isso.

Existia também competição por comida, e há evidências de que os *Homo sapiens* lutaram com os neandertais e os mataram. Em muitos casos, os *Homo sapiens* mataram neandertais para controlar o suprimento de alimento limitado.

Observem o Panorama Completo

Eu denomino o próximo estágio de evolução humana necessário de consciência expandida, consciência da quinta dimensão ou consciência superior. Para os seres humanos modernos resolverem a crise planetária atual, uma consciência expandida é necessária, e as sementes estelares como vocês podem possuir essa consciência.

O termo "consciência expandida" requer mais explicações. A consciência expandida requer superar o autointeresse ou (como seus psicólogos denominam) o pensamento narcisista. Ela requer a compreensão de que tudo e todos neste planeta estão conectados. Aquilo que acontece em uma parte do planeta influencia a outra parte. Está se tornando evidente que aquilo que acontece em um lugar influencia todos os lugares. Se vocês lançarem uma bomba em uma região, ela afetará todo o planeta. Se houver uma guerra em algum lugar, ela afetará a economia do mundo todo.

Nós consideramos a consciência expandida como a capacidade de observar o panorama completo de um planeta. No entanto, isso vai mais além. A consciência expandida envolve a perspectiva geral da galáxia e do cosmo. Esta ideia pode parecer revolucionária, mas até mesmo os antigos mestres taoistas na China sabiam das influências que o cosmo tinha sobre este planeta. Eles até mesmo tinham meditações para se conectarem com Arcturus e outros sistemas estelares. Eles sabiam que existia uma técnica para se conectar com o cosmo e as civilizações superiores na galáxia.[8]

Atualmente, vocês, sementes estelares, reconhecem a importância e os benefícios de se conectar com os arcturianos. Vocês têm meditado e recebido a luz e as energias dos nossos mestres do templo. Vocês têm recebido as energias de cura da quinta dimensão que

---

8. Wong Kiew Kit. *The Art of Chi Kung: Making the Most of Your Vital Energy*. Rockport, Maine: Element Books Inc., 1993, p. 126.

os estão ajudando a ativar sua consciência superior e sua percepção da interação conosco, os arcturianos, no nível cósmico.

Um dos principais objetivos do seu trabalho com os arcturianos é aprimorar sua conexão com a consciência expandida da quinta dimensão. Nós somos seres da quinta dimensão e vivemos em um planeta que passou pelo estágio 1 do desenvolvimento planetário. Conseguimos resolver com sucesso conflitos semelhantes aos que a Terra está enfrentando e conduzimos o nosso planeta e a nossa civilização a um nível superior da quinta dimensão.

Eu sei que vocês querem ajudar a conduzir o planeta Terra para a quinta dimensão. Pode parecer impossível fazer isso, mas um pequeno grupo de pessoas que trabalham juntas pode ter formas-pensamento superiores. Como essas pessoas vão conduzir um planeta inteiro para o próximo estágio de desenvolvimento evolutivo? A resposta é esta: com muita ajuda dos mestres ascensionados! O grupo pode se conectar com a luz e a energia superiores, a fim de receber novas tecnologias dos mestres ascensionados da quinta dimensão. O grupo de sementes estelares pode receber informações sobre como acelerar o desenvolvimento de formas-pensamento superiores e energias evolutivas que conduzirão o *Homo sapiens* para o próximo nível de desenvolvimento.

Vamos dedicar um momento para alinhar seus pensamentos e seu chacra coronário com a luz arcturiana. Eu, Juliano, estou depositando um corredor de luz ao redor do ambiente em que vocês estão e estou preenchendo o local com luz azul e dourada da quinta dimensão. [Entoa] "Oooohhhh, oooohhhh". Respirem profundamente e abram as portas da sua consciência para o nível superior da quinta dimensão. Permitam a si mesmos abrir sua consciência para a luz arcturiana, a frequência arcturiana de evolução superior, consciência expandida e luz de cura da quinta dimensão. [Entoa] "Oooohhhh, oooohhhh". Pensem e sintam as famosas palavras pronunciadas pelos mestres hebreus: [Entoa] "Kadosh, Kadosh, Kadosh, Adonai Tzevaoth. Kadosh, Kadosh, Kadosh, Adonai Tzevaoth".

Existe um local no seu cérebro que é referido como sistema ativador reticular, e, nesse sistema, existe uma válvula perceptiva que pode ser aberta. Essa válvula também está relacionada ao ponto de encaixe usado em muitas práticas espirituais nativas/xamânicas superiores. Por meio de cerimônias e exercícios xamânicos, esse ponto de encaixe pode ser aberto para a consciência expandida.

Meditações e outras práticas espirituais oferecem as condições perfeitas para ativar e abrir sua válvula de percepção. Quando vocês a abrem, veem os objetos com mais clareza e as cores mais brilhantes. Vocês veem auras, os fios de luz etéricos e correntes de luz que estão conectados a tudo e a todos.

Quando sua válvula perceptiva está aberta, vocês veem os mestres e mentores espirituais ao redor de cada pessoa. Suas habilidades telepáticas se expandem, e seu raciocínio e sua habilidade de juntarem formas-pensamento e novas ideias se expandem. Vocês começam a compreender as relações entre diferentes formas, padrões geométricos e energias cósmicas.

Vocês também começam a compreender o desenvolvimento da consciência superior e da evolução no planeta Terra. Vocês se tornam abertos a energia e influência cósmicas. Existe uma influência cósmica na Terra. Posso assegurá-los de que aquilo que vocês estão vendo e vivenciando não é criado apenas pelo carma terrestre.

Sistemas de Crenças Antigos Estão Colapsando

Os astrólogos definiram a representação simbólica de planetas de uma forma que descreve as influências cósmicas na Terra. A Terra tem estado sob a influência de Urano e Netuno há algum tempo. Trânsitos planetários indicam que existe uma aceleração de energias não resolvidas que resultam em conflito e polarização e requerem uma resolução imediata.

Isso soa semelhante ao que está acontecendo na Terra? Existem conflitos e diferenças antigos que requerem uma resolução. Um famoso ditado na política norte-americana é "chutar a lata rua abaixo". Isso significa que vocês evitam resolver um problema e deixam a próxima geração resolver isso no futuro. No entanto, não é mais possível adiar. Os problemas planetários da terceira dimensão devem ser resolvidos, e isso pode ser feito com formas-pensamento superiores.

Durante uma crise planetária, as pessoas podem estar mais abertas a ideias desconhecidas e perspectivas diferentes. Os métodos antigos não funcionam mais, e uma nova perspectiva é necessária. Uma nova perspectiva pode ser descrita como um planeta que está operando em um paradigma totalmente novo. As regras e os regulamentos existentes do antigo planeta Terra não estão funcionando para todos. As regras antigas funcionam para algumas pessoas ricas e poderosas, e essas pessoas não querem renunciar ao poder que elas têm. Elas não querem participar de um novo paradigma porque perderão poder e controle. Esse conflito é o que as energias de Urano e Netuno representam – ou seja, os métodos antigos não são mais suficientes, e um novo paradigma deve ser desenvolvido.

Petróleo e carbono são fontes de energia para a civilização atualmente, mas vocês sabem que existem fontes de energia melhores e mais eficientes disponíveis. Vocês sabem que tecnologias avançadas podem abastecer automóveis e fornecer calor e outras formas de energia. No entanto, aqueles no poder não querem usar essa tecnologia. Vocês estão chegando a um estágio em que a tecnologia antiga falhará. O antigo paradigma é baseado em princípios de ganho próprio capitalista.

Parte do sistema de crenças desse paradigma foi o destino manifesto. O destino manifesto implica que aqueles com o poder tecnológico e capitalista estão destinados a dominar o planeta. Alguns filósofos e líderes religiosos poderiam fazer vocês acreditarem que está certo os poderes europeus conquistarem e destruírem a todos que não estão alinhados com suas teorias de dominação e controle. As pessoas mantêm o destino manifesto da maneira mais profunda e religiosa.

Esse sistema é perigoso. Ele levou a genocídios, e vocês estão novamente observando isso, bem como a destruição da biosfera da Terra. As pessoas que se atêm ao sistema de crenças do destino manifesto acreditam que têm direitos sobre os oceanos, as florestas e a atmosfera e que podem fazer o que quiserem para obter ganho pessoal. Sendo assim, elas acreditam que possuem direito sobre todos os recursos naturais na Terra e que podem usá-los da forma como quiserem, independentemente da poluição ou da contaminação produzidas.

Esse sistema de crenças vai colapsar. Vocês estão no meio desse colapso atualmente! Esse conflito e essa polarização criam um drama cósmico que tem se repetido em muitos planetas diferentes ao longo da galáxia. Esse conflito requer uma nova solução que abrirá o caminho para uma Nova Terra da qual cada um de vocês quer fazer parte.

Vocês desejam viver em uma Nova Terra, baseada em um novo paradigma, um novo sistema de crenças, e parte disso virá da sabedoria espiritual. Este é um conflito de espiritualidade contra tecnologias materialistas. As tecnologias no planeta Terra se desenvolveram mais rápido do que o avanço da sabedoria espiritual.

A Nova Terra Está Esperando

Existem formas melhores de existir que podem integrar a nova tecnologia com a sabedoria espiritual. Existem civilizações planetárias superiores ao longo desta galáxia que fizeram essa integração. Arcturus possui uma dessas civilizações superiores.

Vocês ouviram falar sobre o cruzamento de diferentes espécies. Outras espécies "alienígenas" interagiram e se cruzaram com seres terrestres, os *Homo sapiens*. No entanto, a Terra agora está se preparando para um cruzamento espiritual superior. Esse nível superior de cruzamento tem sido chamado de primeiro contato. Civilizações superiores estão vindo a este planeta para se cruzar de forma mental e espiritual com a humanidade. Isso pode resultar em uma população de sementes estelares expandida. Posso lhes assegurar de que uma Nova Terra está esperando para aparecer. A Terra solucionará o estágio 1 do desenvolvimento planetário e entrará na consciência expandida.

Novamente, transmito a luz arcturiana para este local. [Entoa] "Ooohhhh, oooohhhh". Vocês, como sementes estelares, participam do alicerce dessa mudança evolutiva maior para a Nova Terra. Vocês estão preparando as bases para uma mudança evolutiva.

★★★★

Há 2 mil anos, na época de Jesus, muitas pessoas espiritualizadas pensaram que fosse o fim do mundo. Na verdade, alguns grupos religiosos até mesmo se referiram a esse período como o fim dos tempos. Havia previsões assustadoras sobre quarenta anos de guerra que terminariam na destruição da ordem do mundo. Acreditava-se que essas guerras destrutivas abririam caminho para um novo mundo baseado nos ensinamentos de Jesus. No entanto, isso não aconteceu. As pessoas naquela época não compreendiam a verdadeira natureza da Terra e quantos continentes existiam no planeta. Elas também não compreendiam a verdadeira natureza do cosmo e a influência de outros planetas e galáxias na Terra.

Naquela época (durante o Império Romano), os exércitos militares não possuíam tecnologia para destruir o planeta e pôr fim à civilização. No entanto, esta era tem o potencial de se tornar o fim dos tempos. A tecnologia para destruir o planeta existe. Atividades militares globais, como o desenvolvimento de armas nucleares, se deixadas sem controle, poderiam resultar na destruição da biosfera. Pode ser mais preciso dizer que a Terra está perto de um acontecimento do fim dos tempos.

Isso é assustador. No entanto, também é uma grande oportunidade de cumprir a missão da qual vocês querem participar há muito tempo – reparar este planeta e trazer luz e formas-pensamento da quinta dimensão para ele, a fim de que a cura e a preparação para a Nova Terra possam continuar.

Apêndice A

A Meditação do Anel da Ascensão

Juliano e os arcturianos

Hoje, vamos visitar o anel da ascensão em nossa meditação. O anel da ascensão é um halo da quinta dimensão com propriedades especiais, que permite aos mestres da quinta dimensão interagirem diretamente com as sementes estelares da terceira dimensão. Quando vocês interagem diretamente conosco no anel da ascensão, podem receber energias e frequências superiores e ter grandes habilidades para manifestar essa energia na Terra.

Fechem os olhos, respirem profundamente três vezes e visualizem a Terra, também conhecida como a Joia Azul. É especialmente útil imaginar a Terra como a famosa foto tirada da Lua, mostrando a beleza de seus oceanos, de suas nuvens e de sua aura. Um halo dourado aparece nessa linda foto, e este é o anel da ascensão. Talvez vocês tenham visto imagens dos anéis de Saturno. Agora, vocês podem ver o anel da ascensão interativo da quinta dimensão.

Nós vamos começar agora o exercício de bilocação: transmitam uma representação completa de seu corpo etérico, também conhecido como duplo etérico, para qualquer lugar que desejarem. Sintam seu corpo espiritual, seu corpo astral, se elevar de seu corpo físico e sair pelo seu chacra coronário, indo diretamente para cima do local em que vocês estão. Vocês sentirão euforia, felicidade e liberdade.

Digam estas palavras a si mesmos: "Eu projeto pelo pensamento o meu corpo etérico para o anel da ascensão. Projeto pelo pensamento o meu corpo etérico para o anel da ascensão". Vocês estão agora no anel da ascensão. Ficaremos em silêncio enquanto meditamos e unimos as energias do anel da ascensão com seu corpo etérico. [Pausa.]

Nesta meditação, vocês interagem com mestres ascensionados da quinta dimensão, o que não é possível na terceira dimensão. Escolham o mestre do qual se sentirem mais próximos, como Sananda, Tomar,

Helio-ah, Quan Yin ou a mim. Permitam que o mestre se una energeticamente com seu corpo etérico. [Pausa.] Essas interações não são descritíveis; não tentem usar palavras.

Estamos tranquilamente na energia do anel da ascensão, o halo ao redor da Terra. Agora, olhamos para cima em direção ao Polo Norte e vemos o espelho Iskalia, um espelho etérico que possui as propriedades de um telescópio muito grande. Lembrem-se de que os telescópios são muito avançados e podem revelar estrelas e planetas que estão a muitas galáxias e bilhões de anos-luz de distância.

Esse espelho Iskalia pode acumular luz espiritual e transmiti-la para a Terra. O espelho Iskalia está direcionado ao Sol Central da galáxia da Via Láctea. O Sol Central é, energeticamente, o centro espiritual de todas as forças de energia vital superiores nesta galáxia. Como um grupo, nós nos bilocamos em um círculo ao redor do espelho Iskalia. Energeticamente e com o alinhamento quântico mais elevado, o espelho Iskalia está em um alinhamento exato para receber a luz quântica do Sol Central. Vocês e eu nos banhamos nessa luz de cura energética, dinâmica e estimulante. Ficaremos em silêncio agora. [Pausa.]

[Canta] "Luz Iskalia. Luz Iskalia". Sim, a luz Iskalia é uma luz da quinta dimensão, e nós agora a direcionamos ao espírito da Terra, conhecido como Gaia. Somos as ferramentas para esse alinhamento, para essa transmissão. O que essa energia faz? Ela permite que a Terra receba luz harmoniosa e energética que irradiará do espírito da Terra para todos os seres conscientes, iniciando uma nova interação entre a humanidade e a Terra.

Com essa consciência superior, as sementes estelares podem estabelecer intenções. Permitam que a luz Iskalia se alinhe com o poder de Gaia e transmita uma luz dourada harmoniosa para onde for necessário. [Entoa] "Oooohhhh".

Agora, cada um de vocês possui um determinado ponto de consciência sobre a Terra. Usem este momento para direcionar seus pensamentos por meio da nossa energia em grupo para o lugar (ou os lugares) que você sente que necessita dessa luz. Ficaremos em silêncio.

O nosso momento juntos ao redor do espelho Iskalia está completo. Biloquem-se de volta para o anel da ascensão. Seu corpo etérico está recebendo e integrando toda essa linda luz e energia.

Calibrem-se energeticamente a fim de se preparar para voltar ao seu corpo da terceira dimensão em seu local. Na contagem até três, retornem por meio da projeção do pensamento para a alto do local que você deixou – um, dois, três. Vocês estão agora no alto do local, em cima de seu corpo físico. Ordenem que seu corpo astral/espiritual/etérico retorne em um alinhamento perfeito. Um, dois, três – agora! Vocês estão de volta em seu corpo físico.

Esperem um momento para integrar essa energia. Vocês estão 100% de volta em seu corpo físico e ouvem os sons sagrados: "Kadosh, Kadosh, Kadosh, Adonai Tzevaoth". Preencham sua vibração espiritual, sua energia e seu equilíbrio.*

Apêndice B

A Importância do Trabalho do Templo

Tomar

Os meus ensinamentos se concentram na experiência do templo arcturiano. Explicarei a nossa perspectiva e a nossa filosofia sobre o uso e a importância do templo arcturiano.

O nosso entendimento básico é de que as formas-pensamento criam a realidade na qual vivemos. Na Terra, as formas-pensamento são muitas vezes aleatórias na natureza. Existem relatos de grupos, como os hopis, e até mesmo os monges tibetanos, que se reúnem e consistentemente trabalham e meditam para manter uma forma-pensamento para o planeta. A polarização na Terra é muito forte e requer uma energia do pensamento muito forte para dominá-la e substituí-la.

Existe uma diferença maior na abordagem do templo arcturiano e na sociedade arcturiana em geral. Como uma cultura, acreditamos que criamos o nosso campo energético para a nossa cultura e na nossa civilização. O método de criação dessa civilização é baseado em nossas formas-pensamento; sendo assim, escolhemos as formas-pensamento, ou o campo energético de pensamento, para criar a nossa cultura e manter sua ligação. Como podemos realizar isso da melhor forma? Prática e habilidade são necessárias para manter o campo de pensamento de nossa cultura unido. Esse campo de pensamento requer que os meditadores do templo se reúnam regularmente ao redor de um determinado cristal em um momento e em um lugar específicos. Nós depositamos uma grande importância na meditação do templo para manter unida a estrutura do nosso campo de pensamento; sendo assim, treinamos meditadores do templo para realizar essa tarefa sagrada e importante.

Não possuímos um sistema monetário, mas, se fôssemos comparar o nosso sistema com o de vocês, usando seu simbolismo, então o posto de meditador do templo seria remunerado. Determinados requerimentos e habilidades são necessários em um meditador do templo, e, em alguns casos, os meditadores do templo são treinados desde muito jovens. Além de meditar, um meditador do templo deve ser capaz de transmitir formas-pensamento e campos energéticos de pensamento. Pensem nisso como a transmissão de uma rede de energia. Nós também usamos técnicas de amplificação para aumentar o poder de uma energia do pensamento. Medimos a energia do pensamento usando o termo "arcano", que é uma designação da potência do pensamento. Um pensamento fraco pode ser de dez arcanos, e um pensamento forte pode ser de 50 arcanos.

Utilizamos cristais especiais na câmara de meditação do templo para aumentar os arcanos dos seus pensamentos. Existem algumas comparações na Terra em relação a esse método de aumentar o poder. Na Terra, vocês possuem templos sagrados, localizações geográficas sagradas, que possuem energia sagrada, e acredito que seja muito conhecido o fato de que as pessoas devem ter cuidado com o que pensam nesses lugares. Por outro lado, vocês podem ir até esses lugares para ampliar e acelerar os pensamentos que querem manifestar. É necessário purificar os pensamentos para que eles sejam ampliados e acelerados, e é por esse motivo que me refiro à habilidade e ao treinamento dos nossos meditadores do templo. É uma grande responsabilidade manter uma forma-pensamento ou um construto de pensamento para uma civilização e um planeta inteiros. Precisamos garantir que aqueles que realizam esse trabalho o façam com a maior integridade, a mente mais pura e a habilidade mais avançada.

Eu vou tentar explicar isso de uma forma simples, que se aplique à Terra: se vocês desejam manifestar uma afirmação, então observem a formulação que estão usando. Existem determinadas regras para as afirmações. Por exemplo, vocês não devem incluir negações. Vocês não devem usar a palavra "não" ou qualquer outra forma negativa. Este é um exemplo muito simples para criar o formato de meditação correto.

Meditação do Campo de Pensamento em Produção

Em relação à ideia do templo, existem os usos de construtos de pensamento e de trabalho do templo em nossas naves estelares. Nossos meditadores do templo trabalham em tempo integral. Eu disse que eles são "trabalhadores remunerados" e que se dedicam durante longas horas (usando sua terminologia) no sentido de que podem ter turnos de oito horas, nos quais eles vão ao templo e fazem a meditação necessária. Também descobrimos que esse trabalho do campo de pensamento deve ser feito em nossas naves espaciais quando viajamos ao longo da galáxia. Nós ainda temos de manter as formas-pensamento unidas para a nossa civilização; sendo assim, designamos determinadas áreas da nossa nave espacial como áreas do templo. Quando viajamos em nossas naves estelares, meditadores do templo habilidosos trabalham nelas, assim como fazem em nosso planeta. Essa atividade é tão importante que levamos conosco meditadores do templo especiais para manter a energia em nossa nave estelar. Nós também conectamos a área do templo em nossa nave estelar com a área de meditação do templo no planeta.

Essas práticas possuem importância e relevância para a Terra. Houve discussões sobre criar um templo arcturiano na Terra. Em um momento, até mesmo transmitimos, por meio do canalizador, um diagrama arquitetônico do formato ideal de um templo arcturiano para essa meditação. Transmitimos o diagrama com base em nosso conhecimento e nossa informação sobre as estruturas e os desenhos sagrados na Terra e sobre a estrutura e o formato que ofereceriam o campo energético arcano máximo, para permitir que os meditadores do templo proporcionem o melhor e mais elevado campo energético para seu planeta. Os formatos que descrevemos são baseados em duas estruturas conhecidas. Uma delas é o *hogan*, uma estrutura com oito lados, que os navajos usam como moradia e para cerimônias. A segunda estrutura simbólica que recomendamos foi a tenda, outra moradia e estrutura cerimonial nativa americana, que incorpora varas e couro de búfalo. Em essência, o templo arcturiano que recomendamos tem a altura e a estrutura da tenda em cima de um *hogan*. Evidentemente, existem algumas modificações baseadas nas dinâmicas da integridade estrutural e em como esse diagrama pode ser manifestado na realidade.

Eu conheço a história dos templos sagrados no seu planeta e sei que este é um planeta com livre-arbítrio que permitiu a proliferação de muitas línguas e muitos caminhos espirituais e religiosos. Tenho sido questionado sobre o motivo de este planeta necessitar de outra estrutura quando existem muitas outras estruturas sagradas. É verdade que existem muitas construções espirituais diferentes, igrejas, sinagogas, templos hindus, mesquitas, templos taoístas, e assim por diante. Essa estrutura é baseada em energias galácticas não confessionais que foram provadas e utilizadas pelos arcturianos. A decisão de trabalhar dentro dessa estrutura de templo é baseada no livre-arbítrio das sementes estelares arcturianas e na ideia de que essas meditações do templo podem ser feitas sem a designação real de um templo arcturiano.

Ajudem a Curar o Planeta Terra

Quais lugares têm a energia arcana mais elevada, nos quais essas meditações podem ser realizadas?

Nós designamos doze áreas no planeta com base no que denominamos de doze cristais etéricos que transmitimos. As pessoas podem ir a esses lugares. O Lago Puelo, na Patagônia, Argentina, está entre eles. Existem outros lugares também. No momento, estamos muito concentrados no Stonehenge, na Inglaterra, porque o consideramos um corredor interdimensional. Ele pode atrair a intersecção das dimensões, e aqueles que estão trabalhando nesse local podem vivenciar isso. Existem lugares na Índia. Três lugares que são mais abertos nos Estados Unidos são o Monte Shasta, na Califórnia, e Bell Rock e o Grand Canyon, no Arizona. Existem outros portais ao longo do sudoeste, mas esses são os três principais com os quais estamos trabalhando. Acreditamos que podemos trabalhar com as sementes estelares para criar e acelerar lugares sagrados.

Como podemos ajudar a estabelecer esses centros de cura espiritual que ajudariam a elevar a vibração espiritual do campo energético da Terra?

Isso entra em uma questão muito poderosa sobre como pegar um conceito da quinta dimensão e manifestá-lo na Terra. Essa é uma questão que desafia vocês e todos os mestres ascensionados com os quais vocês trabalham. Primeiramente, vocês ficariam radiantes em ajudar nesse projeto. A importância é que o projeto é não confessional, o que significa que não tem uma associação religiosa.

O segundo ponto é que a motivação espiritual é maravilhosa e vocês – como sementes estelares, pessoas que são altamente evoluídas – devem implementar uma nova estrutura para manter a energia do campo de pensamento neste planeta. Vamos oferecer o apoio espiritual, bem como uma instrução para treinar as pessoas sobre como fazer isso. Nós ofereceremos as lições espirituais nas dinâmicas para manter os campos de pensamento unidos.

Muitas das nossas exposições se concentraram na energia do campo de pensamento e em sua relação para criar uma civilização estruturada. Ainda assim, muitas pessoas têm dificuldade para compreender que essa é a estrutura principal do nosso sistema arcturiano. Os arcturianos respeitariam imensamente seu desejo de realizar um projeto tão ambicioso, e seríamos tão encorajadores quanto possível. Nós temos uma ideia do que podemos oferecer, e vocês têm a visão, dentro da missão encarnacional, para realizar esse projeto. Nós, no mínimo, ficaríamos radiantes com isso.

Muitas pessoas no sistema de grupo arcturiano tentaram fazer isso. Por exemplo, um senhor no Brasil, chamado Guillermo, realmente construiu essa estrutura da melhor forma que pôde, para poder se reunir com as sementes estelares e realizar esse tipo de trabalho. Ele se deparou com um sucesso moderado, mas houve diversos problemas em seus esforços. Ele escolheu construir a estrutura perto de um cristal etérico, mas a localização é tão isolada, que requer um grande esforço para que seja alcançada. Pode demorar duas horas do Rio de Janeiro para se chegar ao lugar, e, como ninguém que mora no local, ou perto dele, é uma semente estelar arcturiana, a conservação, ou o trabalho energético para manter a energia, não pode ser realizada. Além disso, sua existência não é muito conhecida. Apesar disso, ele construiu a estrutura consideravelmente semelhante à nossa indicação. O que pode ser aprendido com isso? É importante que o tempo esteja em algum lugar acessível e que existam pessoas por perto que possam cuidar da energia. Estas são apenas algumas lições.

Outra coisa que precisa ser considerada é quanto uma estrutura deve se adequar ao projeto e à aceitação dos códigos de construção padrão de uma região. Vocês provavelmente são muito sensíveis e sabem que as construções que não estão dentro de uma determinada estrutura podem ser consideradas problemáticas em termos de códigos de construção. É por esse motivo que enfatizo a importância de estar de acordo com códigos de construção e estruturas adequados. Apesar de termos um estado de projeto ideal, a energia e a intenção das pessoas trabalhando juntas, o uso apropriado da energia dos cristais e a amplificação dessa energia e o treinamento necessário para os meditadores do templo são mais importantes.

As pessoas são mais poderosas do que a construção. A construção acelera e amplifica a energia, mas as pessoas devem ser treinadas apropriadamente. Por exemplo, existe um centro famoso na França, denominado de Lourdes, que as pessoas visitam para se curar. Algumas pessoas vão até lá e não sentem nada. Algumas pessoas têm grandes experiências de cura. O sucesso está na preparação, na abertura para os sistemas de crenças e no pensamento apropriado. Mesmo se vocês forem para o maior centro de cura no planeta, ainda precisam estar espiritualmente preparados e se abrirem à energia. As pessoas são o fator mais importante. Se vocês estiverem abertos, então ir para Lourdes elevará muito sua vibração.

Quais formas-pensamento as pessoas precisam manter?

Existem determinados princípios que temos ensinado. A unidade contra a diversidade é uma forma-pensamento. Vocês observam que existe uma aceitação universal das diferenças nas pessoas. Isso não significa que, se vocês forem diferentes, não podem fazer parte da unidade. A segunda forma-pensamento é baseada no Triângulo Sagrado, que inclui a aceitação dos três aspectos que temos ensinado há muitos anos. Não vou falar sobre eles agora, porque acredito que vocês já estejam familiarizados com eles. Então, falamos sobre os princípios de sociedade justa, misericórdia divina e julgamento divino.

Muitos dos conceitos estão contidos na Árvore da Vida Planetária Arcturiana. Essa também é uma estrutura muito complexa, mas importante, que não mantém apenas ideias galacticamente, como justiça divina e misericórdia divina e uma sociedade justa e lugares sagrados, mas também existe o trabalho dos caminhos – linhas que oferecem formas-pensamento e estruturas de pensamento.

A estrutura de pensamento e as formas-pensamento estariam de acordo com o Triângulo Sagrado, a Árvore da Vida Planetária Arcturiana e outras formas-pensamento que denominamos de formas-pensamento elevadas, espirituais e vibracionais, como a unidade pela diversidade.

Vocês podem criar novas formas-pensamento que estejam em alinhamento com a luz superior e a energia superior. A Terra algumas vezes foi chamada de experimento. Existem mais religiões e línguas neste planeta do que em qualquer outro, e há mais intervenções e transmissões, até mesmo de extraterrestres inferiores neste planeta. Juntando tudo isso, é por esse motivo que digo que a unidade pela diversidade é uma forma-pensamento importante.

Glossário

Adam Kadmon: termo hebraico para primordial ou primeiro. Esse é o protótipo do primeiro ser que surgiu após o início da criação.

Adonai: uma palavra para Deus na Bíblia hebraica, que significa "Meu Senhor". É também a palavra galáctica para Deus.

Adonai Tzevaoth: termo hebraico para "senhor dos exércitos". Ver *Kadosh, Kadosh, Kadosh, Adonai Tzevaoth*.

Andrômeda: uma grande galáxia em espiral a 2,2 milhões de anos-luz da Via Láctea. A galáxia de Andrômeda é o maior membro do nosso aglomerado galáctico. Ela é comumente referida como nossa galáxia irmã.

Andromedanos: uma raça de seres avançados de dimensões superiores da galáxia de Andrômeda. Um grupo específico de andromedanos está atualmente trabalhando com os arcturianos em seus esforços para facilitar o processo de ascensão da Terra.

Antropólogos galácticos: sementes estelares que têm estado em outros sistemas planetários em outras encarnações. Essas sementes estelares estudaram outros planetas e outras civilizações galácticas e participaram de outras sociedades, como nas Plêiades.

Arcanjo: o grau mais elevado de anjos na hierarquia angélica. A Cabala cita dez arcanjos. Eles são considerados mensageiros portadores dos decretos divinos.

Arcano: um termo arcturiano usado para descrever o poder energético de formas-pensamento. É comparado ao watt. Quanto maior a potência em uma lâmpada, mais forte é a luz. Do mesmo modo, quanto maior o poder arcano de um pensamento, maior o efeito que ele pode ter nesta realidade.

Arcturianos: uma raça de seres avançados que vivem na quinta dimensão na área da estrela de Arcturus.

Arcturus: a estrela mais brilhante na constelação de Boötes, também conhecida como Boieiro. Essa é uma das mais antigas constelações registradas. Arcturus é a quarta estrela mais brilhante vista da Terra. Ela tem cerca de 25 vezes o diâmetro do Sol e é cem vezes mais luminosa. Ela está relativamente perto, a aproximadamente 40 anos-luz de distância da Terra. No alto do céu, no final da primavera e início do verão no hemisfério norte, Arcturus é a primeira estrela que pode ser vista após o pôr do sol. Nesse hemisfério, é possível encontrar Arcturus facilmente, seguindo a alça do asterismo Grande Carro.

Árvore da Vida: a Árvore da Vida foi transmitida inicialmente pelos antigos rabinos cabalistas e contém um plano galáctico para a criação desta realidade. Ela inclui dez códigos de energia depositados em esferas na forma de uma árvore. A Árvore da Vida é sempre multidimensional e holográfica. A Árvore da Vida possui caminhos para manifestação encontrados em suas 22 linhas. A Árvore da Vida se conecta às energias do cosmo.

Árvore da Vida Planetária Arcturiana: a versão atualizada da Árvore da Vida cabalística. Os arcturianos modificaram a Árvore da Vida cabalística de dez esferas, expandindo-a para doze esferas e designando guias espirituais (Sananda, Cacique Águia Branca, Quan Yin, entre outros) atualizados para cada esfera, em vez de utilizar as matriarcas e os patriarcas bíblicos (por exemplo, Jacó, Moisés, Aarão, Rei Davi, e assim por diante). Os arcturianos descreveram em mais detalhes como a Árvore da Vida Planetária Arcturiana pode ser interpretada e usada para a cura planetária. Sendo assim, doze localizações geográficas ao redor do planeta foram designadas para manter a energia específica das esferas.

Ascensão: um ponto de transformação alcançado pela integração dos eus físico, emocional, mental e espiritual. A unificação dos corpos permite transcender os limites da terceira dimensão e avançar para um reino superior. Isso tem sido comparado ao arrebatamento na teologia cristã. Isso também foi definido como uma aceleração espiritual da consciência, que permite que a alma retorne aos reinos superiores e, assim, seja libertada do ciclo de carma e renascimento.

Ashtar: o comandante de um grupo de seres espirituais dedicados a ajudar a Terra a ascender. Os seres que Ashtar supervisiona existem principalmente na quinta dimensão e vêm de muitas civilizações extraterrestres diferentes.

B'nai Elohim: as crianças da luz. Termo hebraico para "filhos de Elohim" ou "fraternidade de Elohim". Um termo usado para descrever seres ascensionados avançados que podem ir para outros sistemas planetários na galáxia, a fim de se tornarem profetas e guias espirituais para esses planetas.

Baruch Hu: transliteração hebraica para "bendito seja ele", referindo-se ao Criador.

Bilocar-se: a habilidade de estar em dois lugares ao mesmo tempo. Uma pessoa pode estar fisicamente em um corpo e mentalmente ou espiritualmente em outra dimensão simultaneamente.

Biorrelatividade: contempla o uso de telepatia mental e processos de pensamento para interagir com a Terra e o espírito dela. A transmissão de energia por corredores pode ser vista como uma aceleração da biorrelatividade. Quando vocês se conectam a uma consciência em grupo em um exercício de biorrelatividade, criam uma força interativa poderosa.

Podemos usar a biorrelatividade para transmitir energia de cura ao nosso planeta. A prática é semelhante a orações em grupo nas quais as pessoas transmitem pensamentos positivos para mudar a consequência de uma doença. Em exercícios de biorrelatividade, grupos de sementes estelares ao redor do planeta transmitem pensamentos de cura para regiões específicas no mundo. Tempestades, furacões e até mesmo terremotos podem ser evitados, impedidos ou enfraquecidos, a fim de que um dano mínimo seja infligido. Os arcturianos indicam que, em sistemas planetários superiores, grupos constantemente interagem telepaticamente com o planeta deles para garantir máxima harmonia entre os habitantes e as forças planetárias.

Biosfera: um termo usado para descrever todo o meio ambiente da Terra, que inclui os oceanos, a atmosfera e outros componentes necessários que mantêm e apoiam toda a vida.

Buracos na aura: uma aura saudável tem o formato de um ovo e é lisa. Buracos na aura são pequenas aberturas pelas quais a energia vital de uma pessoa pode vazar. Existem diversos métodos de cura que podem ser usados para fechar esses buracos.

Cacique Águia Branca: um guia ascensionado, nativo americano, da quinta dimensão, muito conectado a Jesus e a outros seres superiores da quinta dimensão.

Calibração espiritual: refere-se ao alinhamento de energias de fontes superiores. As energias espirituais precisam ser calibradas ou modificadas, de modo que as energias inferiores na Terra possam aceitar e processar essa energia superior. A incapacidade de calibrar ou receber luz elevada pode resultar em confusão e até mesmo em desorientação. Em alguns casos, as pessoas podem até ficar sobrecarregadas e, eventualmente, desmaiar. É importante, então, observar como está sua habilidade de receber energia, e é importante para os mestres calibrarem a energia recebida, de modo que vocês possam processá-la e utilizá-la.

Canalização: o processo de entrar em um transe meditativo para invocar outras entidades, a fim de que elas falem por meio de vocês.

Carma cósmico: a ideia de que o carma é representado não apenas com a reencarnação na Terra, mas também em outros planetas na galáxia, ou até mesmo em outras partes do universo (cosmo).

Chacras: centros de energia do corpo humano. Esses centros proporcionam integração e transferência de energia entre os sistemas espiritual, mental, emocional e biológico do corpo humano.

Chi-Lel: um trabalho energético de cura de Chi Gung baseado em um campo de pensamento multicósmico. O praticante de Chi-Lel realiza posturas taoistas, enquanto se conecta com energia em grupo cósmica para criar e manter um campo de pensamento em grupo de cura.

Cidades de luz planetárias: cidades de luz designadas por David K. Miller, codiretor do projeto Grupo de Quarenta. Para obterem essa designação, quatro membros do Grupo de Quarenta devem trabalhar ou viver em uma cidade e concordar em meditar e trabalhar com a energia da cidade para ajudar a torná-la mais própria da quinta dimensão. Uma cerimônia de ativação especial que inclui depositar cristais ao redor da cidade é realizada junto a uma cerimônia de meditação global especial. Existem atualmente 45 cidades de luz planetárias ativadas ao redor do mundo.

Cinturão/energia de fótons: uma energia que emana do centro da galáxia e está prestes a se intersectar com o nosso sistema solar e a Terra. Alguns previram que o cinturão de fótons contém partículas de energia que poderiam afetar o campo magnético da Terra, fazendo com que todos os equipamentos eletrônicos parassem de funcionar.

Códigos de ascensão: existem determinadas palavras nos textos sagrados que podem ser pronunciadas como mantras, a fim de abrir as partes da nossa mente para acelerar e ativar as nossas energias de ascensão. Uma dessas frases sagradas é "Santo, santo, santo é o senhor dos exércitos" (*Kadosh, Kadosh, Kadosh, Adonai Tzevaoth*).

Conceito de redefinição: uma redefinição da Terra envolve desativar temporariamente os paradigmas antigos, para que uma nova onda de energia e paradigmas possa ser usada para colocar a Terra em uma nova direção. Ver "primeiro contato".

Construtos de pensamento e campos de pensamento: pensamentos semelhantes se juntam para criar um campo de pensamento ou um campo energético. Os construtos de pensamento são compostos de múltiplos pensamentos que formam uma série de energias mentais que ajudam a criar realidades na Terra.

Corpo de luz: o corpo espiritual etérico superior que está diretamente conectado à alma de uma pessoa.

Corredor: um caminho ou túnel etérico na Terra que leva a uma dimensão superior. Os corredores podem ser encontrados em lugares de energia elevada, como locais sagrados na Terra. Os arcturianos acreditam que podemos estabelecer corredores em nossas áreas de meditação.

Cristais etéricos: cristais invisíveis que contêm energia da quinta dimensão, que os arcturianos transmitiram para a Terra. O propósito desses cristais etéricos é oferecer energias de cura para os meridianos da Terra. Ver "doze cristais etéricos".

Cura quântica: envolve transcender as leis de causa e efeito e os processos de pensamento lógico normais na Terra. Pode incluir cura xamânica, cura pelo som ou vibracional e qualquer técnica que usa energia da quinta dimensão.

Doze cristais etéricos: parte da Árvore da Vida Planetária Arcturiana. Eles representam as doze esferas dessa árvore da vida e foram transmitidos pelos arcturianos com a ajuda dos membros do Grupo de Quarenta em: Lago Puelo, Argentina; Vulcão Poás, Costa Rica; Barrancas del Cobre, México; Monte Shasta, Califórnia, Estados Unidos; Monte Fuji, Japão; Bodensee, Europa Central; Istambul, Turquia; Lago Taupo, Nova Zelândia; Grose Valley, Austrália; Lago Moraine, Alberta, Canadá; Serra da Bocaina, Brasil; e Montserrat, Espanha.

Efeito do centésimo macaco: um fenômeno baseado em um estudo sobre um macaco-japonês, no qual um novo comportamento ou uma nova ideia podem ser rapidamente difundidos por meios inexplicáveis de um grupo para todos os grupos relacionados, quando um número relevante de seres demonstra o novo comportamento ou reconhece a nova ideia. Nesse estudo, cientistas concluíram que um pequeno número de macacos, que tiveram uma nova percepção e aprenderam novas ferramentas e técnicas, poderia modificar de forma radical e quase mística o comportamento de todos os outros macacos em seu grupo cultural.

Eh'yeh: em hebraico, o nome supremo de Deus. Esse é o nome para Deus dado a Moisés em Gênesis 3:14.

Ehyeh, Asher, Ehyeh: "Eu Sou o que Sou", expandido para incluir "Eu Serei o que Serei" e "Eu Tenho Sido o que Tenho Sido".

El na refa na la: canto e oração de cura cabalístico especial. Significa "Por favor, Deus, cure-a agora!". Seu ritmo cria uma vibração de cura.

Elohim: o nome hebraico que descreve o Criador em Gênesis 1.

Entrantes: humanos que receberam outras entidades espirituais em seus corpos. O termo também é usado em referência a um novo espírito que entrou em um corpo. Em alguns casos, o espírito original da pessoa pode ter saído (por exemplo, após um acidente de carro ou alguma outra forma de trauma grave), e um novo espírito entrou no corpo antigo. Isso sempre acontece em concordância com a pessoa que deixou o corpo, antes de encarnar, para permitir que o corpo se mantenha a serviço após uma determinada encarnação ser completada. Isso também permite que o espírito entrante pule o processo da infância e da adolescência, indo direto para sua missão na Terra. O entrante concorda em honrar os compromissos do ocupante anterior da vida.

Escadas da ascensão: uma escada etérica transmitida pelos arcturianos a diversas localizações ao redor do planeta. Essas escadas podem ser comparadas à escada de Jacó na Bíblia hebraica, na qual Jacó, enquanto estava sonhando, viu anjos em uma escada. Essa escada era um portal para as outras dimensões. A escada da ascensão também é um portal para sua ascensão. Ela também leva para a nave estelar de Juliano. Sete escadas da ascensão foram transmitidas na Terra.

Espécie de Adão: um termo usado pelos arcturianos para descrever os *Homo sapiens*, ou seres humanos da Terra. O homem (Adão) é formado da terra.

Espiritualidade galáctica: uma filosofia ou teoria espiritual que aceita a existência de outros seres superiores por toda a galáxia e que assume uma visão galáctica na compreensão da nossa evolução planetária.

Estados de consciência alterados: um termo na psicologia moderna usado para descrever diferentes estados de consciência. Isso inclui o estado de sonho, transes, meditação e percepções maiores da realidade. Essas percepções costumam ser descritas como ser capaz de enxergar a verdade máxima e vivenciar o presente de forma mais completa. Na década de 1960, este termo também foi usado para descrever alterações de consciência induzidas por drogas.

Estágios de desenvolvimento planetário: os arcturianos relatam que existem cinco estágios de desenvolvimento planetário. A Terra está no fim do estágio 1, uma crise de sobrevivência contra autodestruição. O estágio 1 também apresenta conflito entre sabedoria espiritual e tecnologia. Os outros estágios de desenvolvimento envolvem adoção de valores espirituais pelo planeta, que o permitem superar a crise do estágio 1.

Etérico: um termo usado para designar os corpos superiores no sistema humano. Na Índia, "etérico" é usado para descrever a energia e os pensamentos invisíveis dos seres humanos.

Ferramentas de ascensão: ferramentas espirituais oferecidas pelos arcturianos e por outros mestres espirituais para ajudar as sementes estelares a aprenderem as técnicas para acelerar o trabalho de ascensão. Algumas das ferramentas espirituais incluem receber terapia de vidas passadas, tremulação e libertar-se de vínculos da realidade da terceira dimensão.

Fraternidade Branca: uma hierarquia espiritual de mestres ascensionados que residem na quinta dimensão. A palavra "branca" não é usada aqui como um termo racial. Ela se refere à luz branca, ou frequência mais elevada, que esses mestres alcançaram. Os mestres incluem Sananda, Kuthumi, Mãe Maria, Quan Yin, Sanat Kumara, Arcanjo Miguel, Saint Germain e muitos outros seres ascensionados.

Grupo de Quarenta: um conceito de consciência coletiva sugerido pelos arcturianos para ser utilizado no processo de ascensão em grupo. De acordo com os arcturianos, 40 é um número poderoso espiritualmente. Os arcturianos enfatizam o valor e o poder de se reunir em grupos. Um Grupo de Quarenta consiste em 40 membros localizados em todo o mundo, que se concentram em meditar juntos em um determinado momento a cada mês. Interações em grupo e reuniões presenciais anuais são recomendadas. Os membros concordam em ajudar uns aos outros no desenvolvimento espiritual. Os arcturianos pediram que 40 Grupos de Quarenta fossem organizados. Esses grupos ajudarão a curar a Terra e fornecerão uma base para a ascensão de cada membro.

Helio-ah: uma mestra ascensionada arcturiana que é a chama gêmea de Juliano.

Homem ou mulher ômega: a bela imagem do homem ômega representa o ponto evolutivo aperfeiçoado da humanidade.

Kachina Galáctica: na tradição dos hopis e navajos nativos americanos, a kachina é um intermediário entre o mundo espiritual superior e este mundo. A Kachina Galáctica é o intermediário entre o Sol Central e este planeta. A existência dessa nova kachina foi anunciada por Juliano, e, até onde o autor sabe, ela ainda não foi aceita pelos hopis ou pelos navajos.

Kadosh, Kadosh, Kadosh, Adonai Tzevaoth: "Santo, santo, santo é o senhor dos exércitos". Uma frase muito conhecida de uma oração judaica que as sementes estelares atualmente usam para desbloquear os códigos de ascensão.

Linhas de grade: outro nome para as linhas de energia que percorrem o planeta. Na medicina chinesa, as linhas de energia que percorrem o corpo são chamadas de "meridianos".

Luz harmônica: luz da quinta dimensão que frequentemente aparece como esferas douradas de energia etérica. Essa luz pode ser transmitida pela noosfera e difundir a energia de equilíbrio e harmonia para onde for direcionada. As sementes estelares podem direcioná-la ao redor do planeta pelos pensamentos e orações.

Luz ômega: uma luz da quinta dimensão que possui elevadas propriedades de cura. A luz pode ajudar a transcender o mundo de causa e efeito a produzir curas milagrosas. Os efeitos dessa luz de cura podem ser intensificados ao se entoar "luz ômega".

Meridianos (da Terra): canais de energia pela terra que são semelhantes em propósito e função aos meridianos em um corpo humano, conforme explicados na medicina chinesa. A teoria é que, se os meridianos estiverem bloqueados, haverá doença ou desequilíbrio planetário.

Mestres ascensionados: mestres que graduaram da Terra, ou que estão em dimensões superiores. Um mestre ascensionado pode ser de qualquer religião da Terra, incluindo tradições nativas americanas. Os mestres ascensionados podem incluir arcanjos, seres superiores do mundo galáctico, mentores e profetas. Eles frequentemente voltam para a Terra a fim de nos ensinar a partir dos reinos superiores.

Metatron: a tradição associa Metatron a Enoque, que "andou com Deus" (Gênesis 5:22), subiu ao céu e foi transformado de ser humano a anjo. Seu nome foi definido como Anjo da Presença, ou aquele que ocupa o trono ao lado do trono do Divino. Outra interpretação é a de que seu nome é baseado na palavra em latim "*metator*", que significa "guia" ou "medidor". No mundo do misticismo judaico, Metatron detém o posto de mais supremo dos anjos o de arcanjo. De acordo com os arcturianos, Metatron é associado ao portal estelar arcturiano e ajuda as almas em sua ascensão a mundos superiores.

Miguel: seu nome é na verdade uma pergunta: "Quem é como Deus?". Ele talvez seja o mais conhecido dos arcanjos e é reconhecido pelas três tradições sagradas ocidentais. Ele foi chamado de Príncipe da Luz e lutou uma guerra contra os filhos das trevas. Nesse papel, ele é descrito, na maioria das vezes, como alado, portando uma espada desembainhada, o guerreiro de Deus e matador do dragão. Seu papel na ascensão está focado em nos ajudar a cortar os fios de conexão ao plano terrestre, o que nos permitirá avançar para uma consciência superior.

Mulher Búfalo Branco: na tradição nativa americana lakota, ela é o ser espiritual da quinta dimensão que apareceu a esse povo, trazendo informações especiais sobre cerimônias sagradas e acessando o espírito superior. Ela ensinou a necessidade de estar em harmonia com a Terra. Seu foco está na união de todos os seres. Ela é representativa do início de uma Nova Era.

Multiverso: um termo usado para descrever a existência de muitos universos.

Neutralização: o processo pelo qual vocês podem interromper a energia negativa de atacar seu campo energético ou aura. Aqueles que estão cometendo ações negativas direcionadas a vocês geralmente querem tirar energia e criar um déficit energético. A neutralização significa que as ações deles não podem mais tirar energia de vocês ou do planeta.

Noorrelatividade: a habilidade de interagir com a noosfera e modificá-la em uma direção positiva. Isso é baseado em princípios semelhantes aos da biorrelatividade. A diferença é que, na noorrelatividade, vocês usam seus poderes de energia do pensamento para criar e aprimorar a evolução tanto do planeta Terra quanto da humanidade. Campos de pensamento existem e influenciam a noosfera. Formas-pensamento transmitidas na noosfera criam e moldam esta realidade.

Noosfera (planetária): o campo de energia do pensamento contido na aura da Terra. Pode ser comparada ao subconsciente planetário, mas é mais do que isso. A noosfera contém a energia acumulada do pensamento coletivo de todos os seres na Terra, no passado e no presente. A noosfera é composta por um campo energético de partículas de pensamento subatômicas, ou ondas de pensamento. Essas partículas de pensamento subatômicas existem ao redor de corpos planetários no universo e permitem que a energia de pensamento ao redor de um planeta seja armazenada e transmitida instantaneamente ao redor do universo em velocidades mais rápidas do que a velocidade da luz (299.792.458 metros por segundo). A noosfera influencia o campo energético planetário total.

Or HaKadosh Baruch Hu: frase hebraica para "Luz santa, bendito seja ele".

Órion: uma incrível constelação que domina o céu ao sul no inverno do hemisfério norte. A parte mais notável dessa constelação é o cinturão, que consiste em três estrelas brilhantes. Nenhuma outra constelação contém tantas estrelas brilhantes. Rígel, que está fora do cinturão, por exemplo, é uma estrela gigante, a mais de 500 anos-luz de distância. Betelgeuse, outra estrela fora do cinturão de Órion, está a cerca de 300 anos-luz de distância.

Órions: uma cultura extraterrestre que descende de outra antiga civilização perto da constelação de Órion.

Ovo cósmico: o formato ideal da sua aura para benefícios à saúde. Quando sua aura está no formato de um ovo, vocês pode expressar possibilidades energéticas máximas. O ovo é um formato universal do todo.

Paradigma da Terra: o nosso paradigma da Terra atual é baseado em dualismo e polarização. Até mesmo modelos espirituais incluem dualidades masculinas e femininas. O dualismo faz parte do modelo em grupo, do paradigma em grupo e do paradigma planetário. Quando vocês estão usando o paradigma planetário da era atual, deparam-se com muitas contradições, como pensar que estão profundamente separados do cosmo, apesar de tudo fazer parte do mesmo sistema universal. Vocês se deparam com a contradição de que são seres espirituais com vida eterna que vivem em um planeta como seres finitos em um tempo linear. Os arcturianos desenvolveram um novo paradigma para a cura planetária, que, se aceito e utilizado, pode ser transformador.

Pensamento de unidade: a habilidade de criar uma forma-pensamento que une as dimensões superiores com as dimensões inferiores. A união dos pensamentos repara ou cura a realidade da terceira dimensão.

Plêiades: um pequeno aglomerado estelar conhecido como as Sete Irmãs, em algumas mitologias. Alguns nativos americanos acreditam ser descendentes das Plêiades. Esse sistema fica perto da constelação de Touro, a cerca de 450 anos-luz da Terra, e é o lar dos pleiadianos, que frequentemente interagiram com a Terra e suas culturas. Dizem que os pleiadianos possuem uma ancestralidade comum conosco.

Portal: uma abertura no fim de um corredor que permite a vocês entrarem em um espaço interdimensional.

Portal estelar: um portal multidimensional para reinos superiores. O portal estelar arcturiano está localizado muito próximo ao sistema estelar de Arcturus e é supervisionado pelos arcturianos. Esse ponto de passagem poderoso requer que os terráqueos que desejam passar por ele completem todas as lições e encarnações na Terra associadas à experiência da terceira dimensão. Ele serve como uma entrada para a quinta dimensão. Novas missões de alma são oferecidas nele, e as almas podem, então, ser enviadas para muitos reinos superiores diferentes na galáxia e no universo. O Arcanjo Metatron e muitos outros seres superiores estão presentes no portal estelar. Muitas pessoas usam o termo "portal estelar" para se referir a aberturas na Terra para dimensões superiores, quando, na verdade, estão descrevendo corredores. O portal estelar é uma incrível estrutura etérica, semelhante a um templo, que pode processar e transformar muitas almas.

Presença multidimensional: nós existimos em diversas dimensões diferentes simultaneamente.

Primeiro contato: refere-se aos seres extraterrestres entrarem em contato com a Terra. Os arcturianos se referem ao primeiro contato como acontecendo em um nível global. Na história antiga, extraterrestres entraram em contato com grupos; contudo, o primeiro contato ao qual nos referimos resultaria em uma redefinição maior do funcionamento da Terra, porque ocorreria globalmente.

Projeção do pensamento: uma técnica descrita pelos arcturianos que envolve projetar pensamentos por um corredor para alcançar a quinta dimensão e além.

Pulsação: descreve a velocidade ou a vibração da aura.

Pung: um termo originado no mundo da arte marcial chinesa de Tai Chi. Ele descreve a elasticidade, a resiliência e a flexibilidade refletidas do campo energético de uma pessoa. Quando uma pessoa tem um pung bom, a energia negativa é facilmente rebatida de sua aura, protegendo seu campo energético.

Purificação ritual: o processo arcturiano para purificação envolve atualmente se desapegar das energias da terceira dimensão, das preocupações e dos vínculos da Terra em geral. A purificação é um processo no qual a energia vinculativa é desassociada das preocupações terrestres. Algumas dessas preocupações fazem parte da vida cotidiana, como preocupações que todo mundo tem. Tornar-se purificado para a ascensão significa não ter ou não se concentrar na energia do mundano ou nas atividades diárias na Terra. Vocês não teriam nenhuma energia nem nenhum vínculo em relação a interações negativas com outras pessoas. A técnica para a purificação ritual envolve realizar o exercício de tremulação.

Quan Yin: uma mestra ascensionada da hierarquia espiritual. Em sua encarnação anterior, ela realizou muitos atos de bondade e compaixão, e é conhecida como a Deusa da Misericórdia.

Quinta dimensão: uma dimensão superior da existência, acima da primeira e da terceira dimensões. Atualmente, vivemos na terceira dimensão e estamos ligados às leis de causa e efeito e à reencarnação. A quarta dimensão é o reino astral e o reino dos sonhos. A quinta dimensão transcende a quarta dimensão e é o reino de energia e amor infinitos, que pode ser comparado ao Jardim do Éden. A ascensão se concentra em ir para a quinta dimensão.

Reservas oceânicas de luz planetárias: semelhantes às cidades de luz planetárias, mas baseadas em reservas oceânicas especiais. A ideia é preservar áreas oceânicas, como se elas fossem parques nacionais. O Grupo de Quarenta ajudou a desenvolver praticamente dez reservas oceânicas de luz ao redor do globo.

Sananda: o nome galáctico de Mestre Jesus, um ser evoluído que é conhecido e atua em toda a galáxia.

Sementes estelares: pessoas que possuem ou nascem com a percepção da consciência galáctica. As sementes estelares também podem ter memórias de vidas passadas em outros planetas, como as Plêiades ou Arcturus, e se sentirem conectadas às civilizações deles. Algumas sementes estelares vieram neste momento para a Terra, a fim de ajudá-la em sua transformação evolutiva.

Sexta extinção em massa: recentemente, mais de 15 mil cientistas de 184 países concluíram que a Terra está vivenciando seu evento de sexta extinção em massa. O asteroide que atingiu a Terra há 66 milhões de anos foi um desses eventos, exterminando os dinossauros e muitas outras espécies vegetais e animais. A extinção em massa atual é principalmente o resultado das atividades humanas, como consumo de carne, pesca excessiva, acidificação dos oceanos e superpopulação humana.

Sol Central: o centro de um sistema galáctico. Todos os aglomerados estelares, nebulosas e galáxias contêm um núcleo em seu centro. O Sol Central da Via Láctea é multidimensional e oferece uma energia espiritual vivificante para toda a galáxia. O centro da nossa galáxia é muitas vezes referido em círculos espirituais como o Sol Central.

Teilhard de Chardin: filósofo francês do século XX que escreveu que as pessoas estão evoluindo em direção a um ponto mais elevado no desenvolvimento da espécie. Ele se referiu a esse estágio de evolução superior como se mover em direção ao ponto ômega.

Templo de cristal/lago de cristal: um templo etérico na quinta dimensão que foi disponibilizado para o nosso uso. O templo de cristal contém um lago com mais de 1,5 quilômetro de diâmetro, que abriga um enorme cristal da metade do tamanho do lago em si. Um enorme domo de cristal recobre todo o lago e a área ao seu redor, permitindo que os visitantes observem as estrelas.

Tikkun: na Cabala, a palavra hebraica para "reparação do mundo". Os arcturianos expandiram esse conceito para incluir a cura planetária, ou reparação da Mãe Terra. Em hebraico, esse termo também significa "restauração", ou "restauração divina do cosmo".

Tomar: um mestre ascensionado arcturiano especializado em usar e descrever a energia do templo arcturiano.

Tons e sons sagrados: sons que produzem uma ressonância vibratória que ajuda a ativar e alinhar os chacras.

Trabalho dos caminhos na Árvore da Vida Arcturiana: existem doze esferas na Árvore da Vida Planetária Arcturiana e mais de 22 linhas, ou caminhos, para conectar essas esferas. Os caminhos nos ajudam a nos conectar energeticamente a essas esferas, que estão geralmente separadas em pares de opostos. O trabalho dos caminhos, então, oferece as lições necessárias para integrar as esferas opostas.

Tremulação: uma metodologia ensinada pelos arcturianos, na qual as sementes estelares da terceira dimensão são atualizadas para uma modalidade da quinta dimensão. Em um nível pessoal, a tremulação permite que seu campo áurico vibre em uma frequência que permite que a aura mude os elétrons. A estrutura atômica das suas células transmuta em um campo energético vibratório, que muda as estruturas celulares para a quinta dimensão, causando uma modalidade de ir e vir, ou tremulante. Essa modalidade realmente influencia os níveis atômico e quântico das suas estruturas celulares. Também é possível realizar um exercício de tremulação para a Terra, o que ajudará na ascensão dela. A tremulação é precursora da ascensão.

Triângulo Sagrado: um termo usado pelos arcturianos para denotar a unificação de três forças espirituais poderosas na Terra: os mestres ascensionados da Fraternidade Branca, incluindo Sananda/Jesus; os mestres extraterrestres de dimensões superiores, como os arcturianos e os pleiadianos; e os mestres ascensionados nativos americanos, como o Cacique Águia Branca e o Cacique Coração de Búfalo. A unificação dessas forças espirituais criará o Triângulo Sagrado que ajudará na cura e na ascensão da Terra.

Velocidade vibracional da aura: descreve a velocidade de pulsação da aura. Quanto mais rápido ela pulsa, mais elevada é a consciência que vocês podem ter.

Vínculo parasita: refere-se ao método físico com o qual um parasita (um ser que deseja energia) emite estruturas de vínculos ou ganchos a seu hospedeiro para sugar energia da aura.

Vínculos da aura: conexões que ocorrem quando as pessoas ou entidades se prendem etericamente ao seu campo energético para tirar sua energia.

Vywamus: mestre ascensionado considerado um especialista sobre psicologia da alma.

Zona morta: uma área de água na qual todo o oxigênio foi retirado e não pode existir vida. Fertilizantes e outras substâncias químicas são os culpados comuns que contribuem para as zonas mortas.

Zona nula: uma zona fora da terceira dimensão, mas não necessariamente em alguma outra dimensão. É uma área fora da nossa estrutura do universo espaço-temporal, onde o tempo é inexistente. Alguns especularam que o cinturão de fótons contém regiões de zona nula e que a Terra estava temporariamente nessa zona nula até o ano de 2011.

MADRAS® Editora

Para mais informações sobre a Madras Editora,
sua história no mercado editorial
e seu catálogo de títulos publicados:

Entre e cadastre-se no site:

www.madras.com.br

Para mensagens, parcerias, sugestões e dúvidas, mande-nos um e-mail:

marketing@madras.com.br

SAIBA MAIS

Saiba mais sobre nossos lançamentos,
autores e eventos seguindo-nos no facebook e twitter:

@madraseditora   @madraseditora   /madraseditora